四部要籍選刊・子部　蔣鵬翔 主編

孫子十家注

一

〔春秋〕孫武 著
〔清〕孫星衍 校刻

浙江大學出版社・杭州

據上海圖書館藏清嘉慶二年刻本影印原書框高一八四毫米寬一三九毫米

出版説明

《孫子十家注》十三卷，宋吉天保輯，據上海圖書館藏清嘉慶二年（一七九七）刻本影印。

《孫子》又稱《孫子兵法》，題孫武作。它是中國古代最著名的兵書，有『百代談兵之祖』的美譽（《四庫全書總目》語）。全書分十三篇，從不同角度對治兵、用兵的各方面問題加以系統的論述。雖然所言皆屬軍事，但因其闡釋的理論既高度概括，又極爲深刻，影響遂及於政治、外交、經濟等衆多領域，魏源《孫子集注序》説：『經之易也，子之老也，兵家之孫也，其道皆冒万有，其心皆照宇宙，其術皆合天人、綜常變者』，並非過分的誇讚。作爲先秦兵學的代表，《孫子》在中國思想史、哲學史上都佔據著重要地位，甚至有學者認爲《孫子》藴藏的軍事辯證法一變而爲《老子》的政治辯證法，再變而爲《韓非子》的生活辯證法，最終被儒家的實用理性精神吸收同化，共同構成中國智慧的本質特徵（參見李澤厚《孫老韓合説》）。無怪乎今日重編十三經，要將《孫子》納入其中，與傳統的儒家經典等量齊觀。

即使與同時期的子學著作相比，《孫子》也是篇幅最小者之一（全文約六千字），然而這麽一部小書，涉及的疑點卻很不少。首先是作者。《史記·孫子本傳》云：『孫子武者，齊人也。以兵法見於吴王闔廬。……於是闔廬知孫子能用兵，卒以爲將。西破彊楚，入郢，北威齊晉，顯名諸侯，孫子與有力焉。』但其事跡不見於《左傳》等先秦史料，故宋人多疑爲依託。葉適《習學記言》卷四十六云：『詳味《孫子》，與《管子》《六韜》《越語》相出入，春秋末戰國初山林處士所爲，其言得用於吴者，其徒夸大之説也。』陳振孫《直齋書録解題》卷十二也説：『然孫武事吴闔廬而不見於《左氏傳》，未知其果何時人也。』追問之下，連孫武是否真實存在都成了問題，齊思和《孫子兵法著作時代考》就説『詳研其書，遍考之於先秦群籍，然後知孫武實未必有其人，十三篇乃戰國之書』。其次是篇數。《史記·孫子本傳》明言『子之十三篇』，《漢書·藝文志》『兵書略』卻著録『《吴孫子兵法》八十二篇』，至曹操注《孫子》，又稱『（孫子）作《兵法》十三篇』。前人對此篇數變化問題有多種解釋，或以爲書分多卷，『十三篇爲上卷，又有中下二卷』（阮孝緒《七録》語），或以爲曹操删削至十三篇，與古本原貌大相徑庭，『武所著書，凡數十萬言，曹魏武帝削其繁剩，筆其精切，凡十三篇，成爲一編』（杜牧《注孫子序》語）。今本《孫子》雖然仍分十三篇，但其與太史公所言之十三篇究竟是删削之後的篇數偶合，還是承續原書的基本一致，不能不費人思量。再者是孫武與孫臏的關係。《史記》稱『孫武既死，後百餘歲有孫臏。臏生阿鄄之間，臏亦孫武之後世子孫也』，《漢志》『兵書略』也分别著録《吴孫子兵法》八十二篇和《齊孫子》八十九篇，然而孫武事跡存疑，《孫子》所言又多與戰國情狀相合，且《齊孫子》久佚（《隋書·經籍志》已不載該書），於是錢穆《先秦諸子繫年》『孫武辨』『孫臏考』竟懷疑孫臏是孫武之别名，失傳的《孫臏兵法》（《齊孫子》）即《吴孫子兵法》。凡此種種，不一而足，可見《孫子》性質之複雜。幸運的是，一九七二年四月，山東臨沂銀雀山漢墓同時出土了《吴孫子》和《齊孫子》的竹書殘本，證明《漢志》著録無誤，孫武與孫臏不是同人異名。李零《孫子十三篇綜合研究》根據銀雀山出土的簡書及先秦文獻流傳形態的規律做出判斷：《孫子》並非孫武手著。其包含的學派思想，醖釀形成於春秋末期的吴國，由孫武後學結集成書於戰國時期的齊國，並在大體定型化後仍有進一步的增益、删選和修改，故其文本跨度較大，兼有春秋、戰國時期的内容。先秦子書，類皆如此（參見余嘉錫《古書通例》『古書不皆手著』一節），所以既不能因爲語涉戰國即否定其與孫武的聯繫，也不能因爲出土簡書就認定其爲孫武親著。簡書《孫子》分上、下兩編，上編與今本十三篇對應，出入很小，下編係與孫武或《孫子》十三篇有關的五篇殘簡，或爲注解，或爲史料，這爲解決漢人著録《孫子》篇數不一的問題提供了新的思路。西漢初流傳的《孫子》確爲十三篇，後劉向、劉歆校定天下經籍，『以人類書』，匯集與《孫子》相關的文獻而成八十二篇，其中十三篇爲核心文獻，大致相當於《莊子》的『内篇』，此外六十九篇爲衍生文獻，可以『外篇』『雜篇』目之。《七録》著録的《孫子》分三卷，上卷十三篇，正鮮明地反映出這種文本層次的差異。至曹操時，認爲《孫子》『況文煩富，行於世者，失其旨要』，又將核心的十三篇抽出單獨作注，基本恢復了漢初本的原貌，曹氏注本從此成爲後世流傳的各種《孫子》版本的源頭。

《孫子》的傳世版本，一般分爲三個系統：《魏武帝注孫子》（單注本）、《武經七書》本（叢書本）和《十一家注孫子》（集注本）。其中《魏武帝注孫子》清嘉慶時尚有宋本流傳，據黄丕烈跋語及孫星衍序文，知其原書係宋刻《孫吴司馬法》叢書中的一種。孫星衍摹刻此宋本，收入《平津館叢書》。現在宋刻原書已不知去向，只能依據孫星衍的影宋本了解其面目内容。李零指出：『《魏武帝注孫子》是現存最早的《孫子》注本，宋代單行舊注保存至今，祇剩這一種。此本注文與古書引文及宋本《十一家注孫子》對勘，看來有不少節略之處，已非曹注單本之舊，但其注文位置却較拼合各家注本的宋本《十一家注孫子》更加可靠。此本《孫子》有注，可以當作單注本使用，但同時它又與《吴子》《司馬法》合刻，實際上是一種合刻本。這種三書合刻本未見宋代著録，應當是帶曹注《孫子》的《武經七書》的一種節本或殘本』，『此本與宋《十一家注》本差異較大，但與宋《武經七書》本幾乎全同，不同處祇有不多幾條』。所以嚴格地説，這個單注本也應納入《武經七書》本的系統中。元豐三年（一〇八〇）四月乙未，宋神宗下詔校定《孫子》《吴子》《六韜》《司馬法》《三略》《尉繚子》《李衛公問對》並雕版刊行，號稱『七書』，即所謂《武經七書》。當時特别强調『《孫子》止用魏武帝注，餘不用注』。而日本静嘉堂文庫所藏宋本《武經七書》（有《續古逸叢書》影印本）全書無注，因知早期的《武經七書》僅《孫子》有曹注，其餘六經無注，後期的《武經七書》則删去曹注而使全書無注。孫星衍影刻的底本源於前者。

『(《孫子》)此書注本極夥,《隋書·經籍志》所載,自曹操外,有王凌、張子尚、賈詡、孟氏、沈友諸家,《唐志》益以李筌、杜牧、陳皥、賈林、孫鎬諸家,馬端臨《經籍考》又有紀燮、梅堯臣、王晳、何氏諸家。然至今傳者寥寥,坊刻講章,鄙俚淺陋,無一可取,故今但存其本文,著之於録。』(《四庫全書總目》語)從《武經七書》的演變到《四庫全書總目》的評價,都呈現出存本文而略注釋的鮮明傾向,即使是考據學大興的清代,也未出現一部有分量的新注本,所以李零認爲儘管《孫子》的注釋者很多,但其基礎性研究很差,遠遜於《老》《莊》《墨》等同類子書。在這樣的歷史背景下,現存最早、保存諸家注文最豐富的《十一家注孫子》無疑是研究《孫子》的核心文獻,重要性要超過《武經七書》。

《十一家注孫子》始見於宋尤袤《遂初堂書目》,僅載書名。《宋史·藝文志》著録『吉天保《十家孫子會注》十五卷』,開始注明編者及卷數。這是目前所知的書目中關於十一家注本較早的記載。落實到實物上,現存宋刻《十一家注孫子》三部,上海圖書館藏本刷印時間較早(稍有殘闕,有上海古籍出版社一九七八年影印本),中國國家圖書館藏足本一部(刷印時間晚於上圖本,有北京圖書館出版社二〇〇三年影印本)、殘本一部(僅存卷下一册),皆爲不題編者的三卷本。此種宋刻本既不題編者，也無刊語、牌記，故後世讀者的相關判斷多有分歧，這裡只能簡要介紹一下主流看法：尤袤著録的本子即吉天保編本，之所以或稱十家或稱十一家，是因爲其中的杜佑注係轉引《通典》之説，並非杜佑專門撰作的注本，故數杜佑則爲十一家注本，不數杜佑則爲十家注本。今存宋本與《宋志》著録者卷數迥異（有學者認爲《宋志》著録本之『十五卷』可能爲『十三卷』之誤，一篇對應一卷，也可能確爲十五卷，除正文十三卷外，還包含附録二卷），非同一版本，但可能《宋志》著録者爲初刻，今存宋本爲重編。此宋本附録鄭友賢《十家注孫子遺説並序》云：『十家之注出而愈見十三篇之法如五聲、五色之變，惟詳其耳目之所聞見，而不能悉其所以爲變之妙。是則武之意不得謂盡於十家之注也。……頃因餘暇，摭武之微旨而出於十家之不解者，略有數十事，托或者之問，具其應答之義，名曰十注遺説。』鄭友賢當先見一十家注本，然後能補撰《遺説》，進而有此合刊『十一家注』與《遺説》之宋本。這也可證明宋代至少存在兩種十家注或十一家注刊本。今存宋本三部屬於同一版本，從避諱字及刻工來看，當爲宋孝宗時期付梓。元代未見此集注的重刊本。至明英宗正統年間據宋孝宗時刻本重刻爲《道藏》本《孫子注解》（其殘缺處與今存宋本不同，當爲明人所見的另一部印本），《道藏》本與宋本相比，除改題爲《孫子注解》，又改三卷爲十三卷外，所附鄭友賢《遺説並序》的佈局亦有變化，並增刻魏武帝序。嘉靖乙卯（一五五五），談愷據《道藏》本刻《孫子集注》十三卷。隆慶壬申（一五七二）、萬曆己丑（一五八九），李棣和黄邦彦先後依據談愷本重刻《孫子集注》十三卷（都可能參考《道藏》或其他版本進行了部分校改）。

清乾嘉時期的學者孫星衍以孫子後人自居，其《孫子兵法序》云：『吾家出樂安，真孫子之後』，故校刻《孫子》，不遺餘力，先於嘉慶二年（一七九七）校刻《孫子十家注》，又於嘉慶五年（一八〇〇）影刻《魏武帝注孫子》。後者被公認爲現存單注本之最佳者，前者的影響更遠遠超過同類的宋明諸本。孫刻《十家注》内封題曰：『嘉慶二年以道藏本校刊於兖州觀察署／孫子注／魏武十家注／遺説敍録附　孫氏藏板』，自序云：

此本十五卷，爲宋吉天保所集，見《宋藝文志》，稱『十家會注』。十家者：一魏武，二梁孟氏，三唐李筌，四杜牧，五陳皥，六賈林，七宋梅聖俞，八王哲（筆者按哲當作晳），九何延錫，十張預也。書中或改『曹公』爲『曹操』，或以孟氏置唐人之後，或不知何延錫之名，稱爲『何氏』，或多出杜佑，而置在其孫杜牧之後。吉天保之不深究此書可知，今皆校勘更正。杜佑實未注《孫子》，其文即《通典》也，多與曹注同而文較備。疑佑用曹公、王凌、孟氏諸人古注，故有『王子曰』即凌也，今或非全。注本《孫子》有王凌、張子尚、賈詡、沈友，鄭本所採不足，今佚矣。曩予遊關中，讀華陰嶽廟《道藏》，見有此書，後有鄭友賢《遺説》一卷；友賢亦見鄭樵《通志》，蓋宋人；又從大興朱氏處見明人刻本，餘則世無傳者。國家令甲，以《孫子》校士，所傳本或多錯謬，當用古本是正其文。適吴念湖太守、畢恬溪孝廉皆爲此學，所得或過于予，遂刊一編，以課武士。

內封與自序的文字係孫星衍親自寫定，校刻時間、地點、經過及目的都已説明，毋庸再辨，但另有一些重要信息語焉不詳，導致後世研究者争論未休，甚至連同時期的孫氏友朋都難免誤會。謝祥皓《孫子十家注考辨》和謝德、謝祥皓《孫子十家注源流軌跡》兩文討論此事較爲精密，故以其説爲基礎，結合相關材料，試加撮述。

孫星衍能見到的舊本不外乎上述諸本，宋刻本作三卷，明刻本作十三卷，均非十五卷，故自序中的『此本十五卷』，蓋附會《宋志》之言，不是實録。所記該本的十家稱呼及順序與上述宋明諸本吻合，也可見並非另有所本。他對該本的『校勘更正』，包括改曹操爲曹公，置孟氏於李筌之前，置杜佑於杜牧之前，都針對該本缺陷而作（只有『何氏』仍舊，未改爲『何延錫』）。孫星衍於《謀攻篇》出校云：『按杜佑作《通典》，每全引曹注，義有未了，即以己意增釋之』，劉春生以《長短經》校《通典》，發現《通典》部分不署名的注文同樣被《長短經》引用，且冠以『曹公曰』，於是指出孫氏認爲《通典》『以己意增釋』曹注的觀點不確。但自序明言《通典》『多與曹注同而文較備。疑佑用曹公、王凌、孟氏諸人古注，故有「王子曰」即凌也，今或非全』，足見孫氏已意識到《通典》所引注文即使未署名，也可能是曹操等人古注的遺文，並未武斷地全部定爲杜佑自己的發揮。

『注本《孫子》有王凌、張子尚、賈詡、沈友，鄭本所採不足，今佚矣。』從王凌到沈友的舊注均見於《隋志》，自序認爲它們亡佚的原因是集注本『所採不足』。有趣的是，上文已判定十家注本『爲宋吉天保所集』，這裡卻將集注本稱爲『鄭本』，如果不是手民之失，或可理解成孫氏認爲作《遺説》的鄭友賢是十家注本的重編者，所以舊注的亡佚要最終歸咎於鄭友賢的疏忽。這並非孫氏一人的異見，《天禄琳瑯書目後編》也稱『蓋本有十家注，友賢輯且補之爲十一家也』。鄭友賢雖然生平不詳，卻是最早見到十家注本的讀者之一，考慮到宋本取舊注與《遺説》合刊，鄭氏確實有可能對十家注的編纂施加影響，這已超出普通讀者的範疇，故孫氏『鄭本』之稱不無道理。

孫刻的底本、校本分别依據何本，是讀十家注的人都關心的問題。其内封云『以道藏本校刊』，依慣例當即以《道藏》本爲底本之意，連孫氏的朋友大藏書家黄丕烈也作如是觀：『道藏本雖已爲孫淵如觀察刻過，然皆校改，非道藏原本也』，『近孫淵如觀察刻《孫子十家注》，謂出於道藏本』。然而細玩自序文意，實指以一不附鄭氏《遺説》的舊本爲底本，又參校《道藏》本和『大興朱氏處明人刻本』而成。大興朱氏當指朱筠家族，孫星衍曾爲朱筠撰《笥河先生行狀》，冠於《笥河文集》卷首，云：『星衍不識先生而受知文正（筆者按，文正指朱珪，朱筠弟），與先生子錫庚交最久，故深悉先生學行。』既與朱家有此交誼，自不難見其藏書。所謂明人刻本，黄丕烈稱『當即黄邦彦本』，而楊守敬《日本訪書志》云：黄邦彦本『卷首題孫子集注卷之一，次行題新都後學黄邦彦校正。……按陽湖孫氏校刻本稱《道藏》原本題曰集注，大興朱氏明刻本題曰注解。今此題集注，則知亦原於《道藏》。……按此書自《道藏》本外，明人重刻有朱氏所藏《注解》本，又有此本（黄邦彦本），而《四庫》皆不著録，則流傳之少可知也』。則以爲朱氏所藏並非黄邦彦本。兩家説法不一，暫時只能存疑。

孫星衍所説的『華陰嶽廟《道藏》』，楊丙安將之歸爲萬曆中頒賜的『北藏』，與正統《道藏》不同（即所謂『南藏』）。因爲今傳《道藏》本《孫子》與孫氏刻本多有不同，如《九地篇》『争地則無功』句注文，正統《道藏》本作『梅堯臣曰：形勝之地，先據乎利。敵若已得其處，則不可攻』，孫本作『王晳曰：敵居形勝之地，先據乎利，而我不得其處，則不可攻』。另一處正統《道藏》本作『張預曰：不當攻而争之，當後發先至也』，孫本作『我欲往而争之，而敵已先至也』。楊氏認爲孫本據《道藏》本刻成，又與正統《道藏》本不同，正因爲其依據的是特殊的『北藏』本，孫本與正統《道藏》本的差異就是北藏與南藏本的差異。這個推論有兩個問題，一是《道藏》並不存在所謂南北兩藏之分，正統《道藏》和萬曆《道藏》是正續本的關係，而非品種重複的不同版本，所以只存在一種《道藏》本《孫子》，即正統《道藏》本，萬曆續刻的《道藏》不包括《孫子》（楊氏也承認『北藏』本《孫子》已不可見，只是從孫氏校語可以看出，它與正統《道藏》本《孫子》並非同書，『二者大同而小異』）；二是孫星衍據以刊刻的底本不是《道藏》本，而是源出《道藏》的明談愷刻本，今檢《四部叢刊》影印的明談愷刻本《孫子集注》，與上述孫本的文字若合符節。這才是孫本與《道藏》本内容出入的原因。

判定孫本以談愷本爲底本最有力的證據是二者在文本錯亂闕失細節上的一致。謝祥皓指出，《行軍篇》『必依水草而背衆樹』『衆草多障者疑也』『軍擾者將不重也』三句注文，孫星衍出校所云『原本』之錯亂，均僅見於談愷本。又如《九地篇》『争地則無攻』句注文，《道藏》本闕二十七字，孫本有兩處墨釘佔七個字的空間，其餘文字完整。這些文字與談愷本臆補的文字相同，卻與宋本原文大異。此類例子都足以證明孫本確實以談愷本爲底本。但我們也應注意到，除去這些特徵明顯的文字吻合外，還有部分文字孫本有别於談愷本且不出校記，如《計篇》『令民與上同意』句孫校云『「令民」二字原本脱』，《九地篇》『上下不相扶』句孫校云『原本作「救」』，但前者談愷本不脱，後者談愷本作『收』，都與孫校所言不合。這可能緣於談愷本先後印次的差異（謝祥皓認爲孫氏所據是一部有蛀壞殘闕的談愷本）。

總而言之，孫星衍以明談愷本爲底本，參校《道藏》本、明黄邦彦本（存疑）等多種版本，訂正了十一家注在編排時代上的錯亂問題，對正文也多有校改。特别是他能重視利用《通典》《太平御覽》等古書的引文，『把眼界擴大到宋版書以前』（李零語），一定程度上彌補了未見宋本

《十一家注孫子》的缺憾，於是自其成書以來，直到宋本影印以前，整理研究《孫子》者大都以之爲依據，孫本被公認爲清代成績最大、影響最廣的版本，學界甚至視其爲十家注本系統取代《武經》本系統在孫子兵學史上地位的標誌。即使在能看到銀雀山漢簡和宋本《孫子》的今天，孫本的文獻意義仍然是不容小覷的。

清光緒初年，浙江書局輯刻《二十二子》，其中《孫子》即取孫星衍刻本重刊。一九八六年上海古籍出版社影印《二十二子》初印本，這也是目前市面上最容易找到的《孫子》孫星衍刻本。需要説明的是，首先《二十二子》題孫本爲平津館本，不確。孫星衍刻的《孫子十家注》被收入自編《岱南閣叢書》，《魏武帝注孫子》被收入自編《平津館叢書》，《二十二子》所收是《孫子十家注》，所以犯了張冠李戴的錯誤；其次《二十二子》雖説據孫氏刻本重校刻，但並不可靠，最典型的例子就是《軍争篇》『此治氣者也』句漏刻注文四百七十餘字。楊丙安認爲浙江書局刻《二十二子》時依據的是孫星衍的嘉慶二年（一七九七）觀察署本，這個本子時間雖早，『校對似欠精善』，有大段漏刻注文的現象，導致《二十二子》也有相同漏誤，『《岱南閣叢書》所收觀察署本是據嘉慶三年（一七九八）本重刻』，没有此處脱文問題，所以後來據浙江書局本重刻重印的《四部備要》《諸子集成》都有此處脱文，而據《岱南閣叢書》本重印的《叢書集成初編》則不然。這大概是一個誤會：《岱南閣叢書》本所收也是嘉慶二年（一七九七）兖州觀察署本，與此次影印的上圖嘉慶二年（一七九七）本相同。這個嘉慶二年（一七九七）本『此治氣者也』注文完整，與《二十二子》本相比，多出『杜佑曰避其精鋭之氣』至『凡人之氣初來新至則勇鋭』五百餘字，正好是一個筒子葉的兩面，這説明《二十二子》漏刻了嘉慶二年（一七九七）本的一葉，並不是嘉慶二年（一七九七）本原有脱文，此亦可見讀書溯源的必要。

孫刻《孫子十家注》付梓較晚，傳播又廣，並非傳統意義上的文物性善本，但從上引衆説之紛紜，就可看出這部清刻子書中還有許多疑問亟待解決。無論是關注《孫子十家注》還是有志於清代學術史的讀者，都有研讀此本的必要，希望此次《四部要籍選刊》影印該書，能對相關問題的研究推進有所貢獻。

二〇二二年七月十五日 蔣鵬翔撰於湖南大學嶽麓書院

全書目録

第一册

第二册

本册目録

嘉慶二年以道藏本校刊
於兗州觀察署

孫子注

魏武十家注
遺說敘錄附

孫氏藏板

孫子兵法序

黃帝李法周公司馬法巳佚太公六韜原本今不傳兵家言惟孫子十三篇最古古人學有所受孫子之學或卽出于黃帝故其書通三才五行本之仁義佐以權謀其說甚正古之名將用之則勝違之則敗稱爲兵經比于六藝良不媿也孫子爲吳將兵以三萬破楚二十萬入郢威齊晉之功歸之子胥故春秋傳不載其名葢功成不受官越絕書稱巫門外大冢吳王客孫武冢是其証也其著兵書八十二篇圖九卷見藝文志其圖八陳有苹車之陳見周官鄭注有算經今存有雜占六甲兵法見隋志其與吳王問荅見于吳越春秋諸書者甚多或卽八十二篇之文今惟傳此十三篇者史記稱闔閭有十三篇吾盡觀之之語七錄孫子兵法三卷史記正義云十三篇爲上卷又有中下

二卷則上卷是孫子手定見於吳王故歷代傳之勿失也秦漢已來用兵皆用其法而或祕其書不肯注以傳世魏武始爲之注云撰爲畧解謙言解其觕畧漢官解詁稱魏氏瑣連孫武之法則謂其捷要杜牧疑爲魏武刪削者謬也此本十五卷爲宋吉天保所集見宋藝文志稱十家會注十家者一魏武二梁孟氏三唐李筌四杜牧五陳皞六賈林七宋梅聖俞八王晳九何延錫十張預也書中或改曹公爲曹操或以孟氏置唐人之後或不知何延錫之名稱爲何氏或多出杜佑而置在其孫杜牧之後吉天保之不深究此書可知今皆校勘更正杜佑實未注孫子其文卽通典也多與曹注同而文較備疑佑用曹公王淩孟氏諸人古注故有王子曰卽淩也今或非全注本孫子有王淩張子尙賈詡沈友鄭本所採不足今佚矣曩予游關中讀華

陰嶽廟道藏見有此書後有鄭友賢遺說一卷友賢亦見鄭樵通志蓋宋人又從大興朱氏處見明人刻本餘則世無傳者國家令甲以孫子校士所傳本或多錯謬當用古本是正其文適吳念湖太守畢恬溪孝廉皆爲此學所得或過于予遂刊一編以課武士孔子曰軍旅之事未之學又曰我戰則克孔子定禮正樂兵則五禮之一不必以爲專門之學故云未學所爲聖人有所不知或行軍好謀則學之或善將將如伍子胥之用孫子又何必自學之故又曰我戰則克也今世泥孔子之言以爲兵書不足觀又泥趙括徒能讀父書之言以爲成法不足用又見兵書有權謀有反間以爲非聖人之法皆不知吾儒之學者吏之治事可習而能然古人猶有學製之懼兵凶戰危將不素習未可以人命爲嘗試則十三篇之不可不觀也項梁教籍兵法

籍畧知其意不肯竟學卒以傾覆不知兵法之弊可勝言哉宋襄徐偃仁而敗兵者危機當用權謀孔子猶有要盟勿信微服過宋之時安得妄責孫子以言之不純哉孫子葢陳書之後陳書見春秋傳稱孫書姓氏書以爲景公賜姓言非無本又泰山新出孫夫人碑亦云與齊同姓史遷未及深考吾家出樂安眞孫子之後媿余徒讀祖書考証文字不通方畧亦享承平之福者久也陽湖孫星衍撰

孫子本傳

孫子武者齊人也以兵法見於吳王闔閭闔閭曰子之十三篇吾盡觀之矣可以小試勒兵乎對曰可闔閭曰可試以婦人乎曰可於是許之出宮中美人得百八十人孫子分爲二隊以王之寵姬二人各爲隊長皆令持戟令之曰汝知而心與左右手背乎婦人曰知之孫子曰前則視心左視左手右視右手後卽視背婦人曰諾約束既布乃設鈇鉞卽三令五申之於是鼓之右婦人大笑孫子曰約束不明申令不熟將之罪也復三令五申而鼓之左婦人復大笑孫子曰約束不明申令不熟將之罪也既已明而不如法者吏士之罪也乃欲斬左右隊長吳王在臺上觀見且斬愛姬大駭趣使使下令曰寡人已知將軍能用兵矣寡人非此二姬食不甘味願勿斬也孫子曰臣既已受命

爲將將在軍君命有所不受遂斬隊長二人以徇用其次爲隊長於是復鼓之婦人左右前後跪起皆中規矩繩墨無敢出聲於是孫子使使報王曰兵既整齊王可試下觀之唯王所欲用之雖赴水火猶可也吳王曰將軍罷休就舍寡人不願下觀孫子曰王徒好其言不能用其實於是闔閭知孫子能用兵卒以爲將西破彊楚入郢北威齊晉顯名諸侯孫子與有力焉孫武既死越絶書曰吳縣巫門外大冢孫武冢也去縣十里後百餘歲而有孫臏臏生阿鄄之閒臏亦孫武之後世孫也臏嘗與龐涓俱學兵法龐涓既事魏得爲惠王將軍而自以爲能不及孫臏乃陰使召孫臏臏至龐涓恐其賢於已疾之則以法刑斷其兩足而黥之欲隱勿見齊使者如梁孫臏以刑徒陰見說齊使齊使以爲奇竊載與之齊齊將田忌善而客待之忌數與齊公子馳逐重射孫子見其

馬足不甚相遠馬有上中下輩於是孫子謂田忌曰君弟重射
臣能令君勝田忌信然之與王及諸公子逐射千金及臨質孫
子曰今以君之下駟與彼上駟取君上駟與彼中駟取君中駟
與彼下駟既馳三輩畢而田忌一不勝而再勝卒得王千金於
是忌進孫子於威王威王問兵法遂以爲師其後魏伐趙趙急
請救於齊齊威王欲將孫臏臏辭謝曰刑餘之人不可於是乃
以田忌爲將而孫子爲師居輜車中坐爲計謀田忌欲引兵之
趙孫子曰夫解雜亂紛糾者不控捲救鬬者不搏撠批亢擣虛
形格勢禁則自爲解耳今梁趙相攻輕兵銳卒必竭於外老弱
罷於內君不若引兵疾走大梁據其街路衝其方虛彼必釋趙
而自救是我一舉解趙之圍而收弊於魏也田忌從之魏果去
邯鄲與齊戰於桂陵大破梁軍後十五年魏與趙攻韓韓告急

於齊齊使田忌將而往直走大梁魏將龐涓聞之去韓而歸齊軍既已過而西矣孫子謂田忌曰彼三晉之兵素悍勇輕齊齊號爲怯善戰者因其勢而利導之兵法百里而趨利者蹶上將魏武帝曰蹶猶挫也五十里而趨利者軍半至使齊軍入魏地爲十萬竈明日爲五萬竈又明日爲二萬竈龐涓行三日大喜曰我固知齊軍怯入吾地三日士卒亡者過半矣乃棄其步軍與其輕銳倍日并行逐之孫子度其行暮當至馬陵馬陵道狹而旁多阻隘可伏兵乃斫大樹而書之曰龐涓死於此樹之下於是令齊軍善射者萬弩夾道而伏期曰暮見火舉而俱發龐涓果夜至斫木下見白書乃鑽火燭之讀其書未畢齊軍萬弩俱發魏軍大亂相失龐涓自知智窮兵敗乃自剄曰遂成豎子之名齊因乘勝盡破其軍虜魏太子申以歸孫臏以此名顯天下世傳其

兵法

孫子序傳終

孫子序 按太平御覽作孫子兵法序

魏武帝策

操聞上古有弧矢之利，論語曰足兵御覽足兵上有足食二字，尚書八政曰師，易曰師貞丈人吉，詩曰王赫斯怒爰征其旅，黃帝湯武咸用干戚以濟世也。司馬法曰人故殺人殺之可也，恃武者滅，恃文者亡二恃字御覽皆作用，夫差偃王是也。聖人之用兵御覽作聖賢之於兵也戢而時動，不得已而用之。吾觀兵書戰策多矣，孫武所著深矣。孫子者齊人也，名武，為吳王闔閭作兵法一十三篇，試之婦人，卒以為將，西破強楚入郢，北威齊晉。後百歲餘有孫臏，是武之後也自孫子者以下五十字據御覽補。按史記正義引魏武帝注云孫子者齊人事於吳王闔閭為吳將作兵法十三篇，正義所引即謂此文也。審計重舉，明畫深圖，不可相誣，而但世人未之深亮訓說，況文煩富，行於世者失其旨要，故撰為略解焉。

[illegible]武序

孫子敘錄一卷

文登　畢以珣　撰

史記曰孫子武者齊人也以兵法見於吳王闔閭卒以爲將吳越春秋曰吳王登臺向南風而嘯有頃而歎羣臣莫有曉王意者子胥知王之不定乃薦孫子於王孫子者吳人也善爲兵法辟隱幽居世人莫知其能

按孫子本齊人後奔吳故吳越春秋謂之吳人也鄧名世姓氏辨證書曰齊敬仲五世孫書爲齊大夫伐莒有功景公賜姓孫氏食采於樂安生憑爲齊卿憑生武字長卿以田鮑四族謀作亂奔吳爲將軍是也

史記又曰後百餘歲有孫臏亦武之後世孫也

按姓氏辨證書曰武生三子馳明敵明食采於富春生臏即

破魏軍擒太子申者也按此所說則臏乃武之孫也史記之
言猶爲未審
又按紹興四年鄧名世上其書胡松年稱其學有淵源多所
按據序又云自五經子史以及風俗通姓苑百家譜姓纂諸
書凡有所長盡用其說是其書內所云皆可依據也
越絕書曰巫門外大冢吳王客孫武冢也去縣十里
按武惟爲客卿故春秋左氏傳言伍員而不詳孫武也其史
稱伐楚及齊晉者蓋武以客卿將兵故也
史記闔閭曰可以小試勒兵乎對曰可闔閭曰可試以婦人乎
曰可於是許之出宮中美人得百八十人孫子分爲二隊以王
之寵姬二人各爲隊長皆令持戟令之曰汝知而心與左右手
背乎婦人曰知之孫子曰前則視心左視左手右視右手後卽

視背婦人曰諾約束既布乃設鈇鉞卽三令五申之於是鼓之右婦人大笑孫子曰約束不明申令不熟將之罪也復三令五申而鼓之左婦人復大笑孫子曰約束不明申令不熟將之罪也既已明而不如法者吏士之罪也乃欲斬左右隊長吳王在臺上觀見且斬愛姬大駭趣使使下令曰寡人已知將軍能用兵矣寡人非此二姬食不甘味願勿斬也孫子曰臣既已受命爲將將在軍君命有所不受遂斬隊長二人以徇用其次爲隊長於是復鼓之婦人左右前後跪起皆中規矩繩墨無敢出聲於是孫子使使報王曰兵既整齊王可試下觀之唯王所欲用之雖赴水火猶可也吳王曰將軍罷休就舍寡人不願下觀孫子曰王徒好其言不能用其實於是闔閭知孫子能用兵卒以爲將西破彊楚入郢北威齊晉顯名諸侯孫子與有力焉

吳越春秋曰吳王問曰兵法寧可以小試耶孫子曰可可以小試於後宮之女王曰諾孫子曰得大王寵姬二人以爲軍隊長各將一隊令三百人皆被甲兜鍪操劍盾而立告以軍法隨鼓進退左右迴旋使知其禁乃令曰一鼓皆振二鼓操進三鼓爲戰形於是宮女皆掩口而笑孫子乃親自操枹擊鼓三令五申其笑如故孫子顧視諸女連笑不止孫子大怒兩目忽張聲如駭虎髮上衝冠項旁絕纓顧謂執法曰取鈇鑕孫子曰約束不明申令不信將之罪也既以約束三令五申卒不却行士之過也軍法如何執法曰斬武乃令斬隊長二人即吳王之寵姬也吳王登臺觀望正見斬二愛姬馳使下之令曰寡人已知將軍用兵矣寡人非此二姬食不甘味宜勿斬之孫子曰臣既已受命爲將將法在軍君雖有令臣不受之孫子復撝鼓之當左右

進退迴旋規矩不敢瞬目二隊寂然無敢顧者於是乃報吳王曰兵已整齊願王觀之惟所欲用使赴水火猶無難矣而可以定天下吳王忽然不悅曰寡人知子善用兵雖可以霸然而無所施也將軍罷兵就舍寡人不願孫子曰王徒好其言而不用其實子胥諫曰臣聞兵者凶事不可空試故爲兵者誅伐不行兵道不明今大王虔心思士欲興兵戈以誅暴楚以霸天下而威諸侯非孫武之將而誰能涉淮踰泗越千里而戰者乎於是吳王大悅因鳴鼓會軍集而攻楚孫子爲將拔舒殺吳亡將二公子蓋餘燭傭

史記曰光謀欲入郢將軍孫武曰民勞未可且待之

又曰闔廬謂伍子胥孫武曰始子之言郢未可入今果何如二子對曰楚將子常貪而唐蔡皆怨之王必欲大伐必得唐蔡乃

可闔廬從之悉興師五戰楚五敗遂入郢

吳越春秋曰吳王謀欲入郢孫武曰民勞未可恃也楚聞吳使孫子伍子胥白喜爲將楚國苦之羣臣皆怨

又曰闔閭聞楚得湛盧之劒遂使孫武伍胥白喜伐楚拔六與潛二邑

又曰楚使公子囊瓦伐吳吳使伍胥孫武擊之圍於豫章大破之

又曰吳王謂子胥孫武曰始子言郢不可入今果何如二將曰夫戰借勝以成其威非常勝之道吳王曰何謂也二將曰楚之爲兵天下彊敵也今臣與之爭鋒十亡一存而王入郢者天也臣不敢必吳王曰吾欲復擊楚奈何而有功伍胥孫武曰囊瓦者貪而多過於諸侯而唐蔡怨之王必伐得唐蔡

又曰樂師扈子非荆王信讒佞作窮刼之曲曰吳王哀痛助忉怛垂涕舉兵將西伐伍胥白喜孫武決三戰破郢王奔發

淮南子曰君臣乖心則孫子不能以應敵

劉向新序曰孫武以三萬破楚二十萬者楚無法故也

漢官解詁曰魏氏瑣連孫武之法

史記又曰孫武以兵法見於吳王闔閭闔閭曰子之十三篇吾盡觀之矣

按史記惟言以兵法見闔閭不言十三篇作於何時考魏武序云爲吳王闔閭作兵法一十三篇試之婦人卒以爲將則是十三篇特作之以干闔閭者也今考其首篇云將聽吾計用之必勝留之將不聽吾計用之必敗去之言聽從吾計則必勝吾將留之不聽吾計則必敗吾將去之是其干之之事

也

又按虚實篇云越人之兵雖多亦奚益於勝敗哉是爲闔閭言之也九地篇云吳人與越人相惡也當其同舟而濟遇風其相救也如左右手亦對闔閭言也故魏武云爲吳王闔閭作之其言信已

吳越春秋曰吳王召孫子問以兵法每陳一篇王不知口之稱善

按十三篇之外又有問荅之辭見於諸書徵引者蓋武未見闔閭作十三篇以干之旣見闔閭相與問荅武又定著爲若干篇皆在漢志八十二篇之内也

吳王問孫武曰散地士卒顧家不可與戰則必固守不出若敵攻我小城掠吾田野禁吾樵採塞吾要道待吾空虚而急來攻

則如之何武曰敵人深入吾都多背城邑士卒以軍爲家專志輕鬭吾兵在國安土懷生以陳則不堅以鬭則不勝當集人合衆聚穀蓄帛保城備險遣輕兵絶其糧道彼挑戰不得轉輸不至野無所掠三軍困餧因而誘之可以有功若與野戰則必因勢依險設伏無險則隱於天氣陰晦昏霧出其不意襲其懈怠可以有功

吳王問孫武曰吾至輕地始入敵境士卒思還難進易退未背險阻三軍恐懼大將欲進士卒欲退上下異心敵守其城壘整其車騎或當吾前或擊吾後則如之何武曰軍至輕地士卒未專以入爲務無以戰爲故無近其名城無由其通路設疑佯惑示若將去乃選騎銜枚先入掠其牛馬六畜三軍見得進乃不懼分吾良卒密有所伏敵人若來擊之勿疑若其不至捨之而

去

吳王問孫武曰爭地敵先至據要保利簡兵練卒或出或守以備我奇則如之何武曰爭地之法讓之者得爭之者失敵得其處慎勿攻之引而佯走建旗鳴鼓趣其所愛曳柴揚塵惑其耳目分吾良卒密有所伏敵必出救人欲我與人棄吾取此爭先之道若我先至而敵用此術則選吾銳卒固守其所輕兵追之分伏險阻敵人還鬥伏兵旁起此全勝之道也

吳王問孫武曰交地吾將絕敵令不得來必全吾邊城修其所備深絕通道固其阨塞若不先圖敵人已備彼可得來而吾不可往衆寡又均則如之何武曰既我不可以往彼可以來吾分卒匿之守而易怠示其不能敵人且至設伏隱廬出其不意可以有功也

吳王問孫武曰衢地必先吾道遠發後雖馳車驟馬至不能先則如之何武曰諸侯參屬其道四通我與敵相當而傍有國所謂先者必重幣輕使約和傍國交親結恩兵雖後至衆以屬矣簡兵練卒阻利而處親吾軍事實吾資糧令吾車騎出入瞻候我有衆助彼失其黨諸國犄角震鼓齊攻敵人驚恐莫知所當

吳王問孫武曰吾引兵深入重地多所踰越糧道絶塞設欲歸還勢不可過欲食於敵持兵不失則如之何武曰凡居重地士卒輕勇轉輸不通則掠以繼食下得粟帛皆貢於上多者有賞士無歸意若欲還出切爲戒備深溝高壘示敵且久敵疑通途私除要害之道乃令輕車銜枚而行塵埃氣揚以牛馬爲餌敵人若出鳴鼓隨之陰伏吾士與之中期內外相應其敗可知

吳王問孫武曰吾入圮地山川險阻難從之道行久卒勞敵在

吾前而伏吾後營居吾左而守吾右良車驍騎要吾隘道則如之何武曰先進輕車去軍十里與敵相候接期險阻或分而左或分而右大將四觀擇空而取皆會中道倦而乃止

吳王問孫武曰吾入圍地前有强敵後有險難敵絕糧道利我走勢敵鼓噪不進以觀吾能則如之何武曰圍地之宜必塞其闕示無所往則以軍爲家萬人同心三軍齊力并炊數日無見火煙故爲毁亂寡弱之形敵人見我備之必輕告勵士卒令其奮怒陳伏良卒左右險阻擊鼓而出敵人若當疾擊務突前鬥後拓左右犄角

又問曰敵在吾圍伏而深謀示我以利縈我以旗紛紛若亂不知所之奈何武曰千人操旍分塞要道輕兵進挑陳而勿搏交而勿去此敗謀之法

已上皆孫子遺文見通典

又曰軍入敵境敵人固壘不戰士卒思歸欲退且難謂之輕地當選驍騎伏要路我退敵追來則擊之也

吳王問孫武曰吾師出境軍於敵人之地敵人大至圍我數重欲突以出四塞不通欲勵士激衆使之投命潰圍則如之何武曰深溝高壘示爲守備安靜勿動以隱吾能告令三軍示不得已殺牛燔車以饗吾士燒盡糧食塡夷井竈割髮捐冠絶去生慮將無餘謀士有死志於是砥甲礪刃并氣一力或攻兩旁震鼓疾譟敵人亦懼莫知所當銳卒分兵疾攻其後此是失道而求生故曰困而不謀者窮窮而不戰者亡吳王曰若我圍敵則如之何武曰山峻谷險難以踰越謂之窮寇擊之之法伏卒隱廬開其去道示其走路求生逃出必無鬥志因而擊之雖衆必

破兵法又曰若敵人在死地士卒勇氣欲擊之法順而勿抗陰守其利絕其糧道恐有奇兵隱而不覩使吾弓弩俱守其所按何氏引此文亦云兵法曰則知問荅之詞亦在八十二篇之內也

已上見何氏注

按此皆釋九地篇義辭意甚詳故其篇帙不能不多也

吳王問孫武曰敵勇不懼驕而無慮兵衆而強圖之奈何武曰詘而待之以順其意無令省覺以益其懈怠因敵遷移潛伏候待前行不瞻後往不顧中而擊之雖衆可取攻驕之道不可爭鋒

見通典

吳王問孫武曰敵人保據山險擅利而處之糧食又足挑之則不出乘間則侵掠爲之奈何武曰分兵守要謹備勿懈潛探其

情密候其怠以利誘之禁其樵牧按牧字誤當作採久無所得自然變改待離其固奪其所愛敵據險隘我能破之也

見通典及太平御覽

按以上問荅皆非十三篇文吴越春秋所云問以兵法不知口之稱善者是也

孫子曰將者智也仁也敬也信也勇也嚴也是故智以折敵仁以附衆敬以招賢信以必賞勇以益氣嚴以一令故折敵則能合變衆附則思力戰賢智集則陰謀利賞罰必則士盡力氣勇益則兵威令自倍威令一則惟將所使

按此所釋計篇五事亦荅闔閭之問也見潛夫論

孫子曰凡地多陷曲曰天井

按此釋行軍篇義見太平御覽

孫子曰故曰深草蓊穢者所以逃遁也深谷險阻者所以止禦車騎也隘塞山林者所以少擊衆也沛澤杳冥者所以匿其形也

見通典

孫子曰強弱長短雜用

又曰遠則用弩近則用兵兵弩相解也

又曰以步兵十人擊騎一匹

亦見通典

孫子曰人效死而士能用之雖優游暇譽令猶行也

又曰長陳爲甄

又曰其鎮如岳其停如淵

見文選注

按已上七條今十三篇內亦無之

孫子八陣有苹車之乘

見鄭君周禮注

按隋經籍志有孫子八陣圖一卷此其遺文也

孫子占曰三軍將行其旌旗從容以向前是爲天送必亟擊之得其大將三軍將行其旌旗墊音店然若雨是爲天霑其帥失三軍將行旌旗亂於上東西南北無所主方其軍不還三軍將陣雨師是爲浴師勿用陣戰三軍將戰有雲其上而赤勿用陣先陳戰者莫復其迹三軍方行大風飄起於軍前右周絕軍其將亡右周中其師得糧

見太平御覽

按隋志又有孫子雜占四卷此其遺文也

又按北堂書鈔引孫子兵法云貴之而無驕委之而不專扶之而無隱危之而不懼故良將之動也猶璧玉之不可污也太平御覽以爲出諸葛亮兵要又引孫子兵法祕要云良將思計如飢所以戰必勝攻必克也按兵法祕要孫子無其書魏武有兵法接要一卷或亦名爲孫子兵法接要猶魏武所作兵法亦名爲續孫子兵法也北堂書鈔又引孫子兵法論云非文無以平治非武無以治亂善用兵者有三畧焉上畧伐智中畧伐義下畧伐勢按此亦不似孫武語蓋後世言兵多祖孫武故作兵法論即名爲孫子兵法論也附識於此以備考

陳振孫書錄解題曰孫武事吳闔閭而事不見於春秋傳未知其果何代人也

又曰孫吳或是古書

按孫子生於敬王之代故周秦兩漢諸書皆多襲用其文陳氏于此猶有不盡信之言疏謬甚矣

戰國策孫臏曰兵法百里而趨利者蹶上將五十里走者軍半至 語本孫子軍政篇

又曰馬陵道狹而旁多阻險可伏兵 語意本行軍篇

又曰攻其懈怠出其不意 語出計篇

吳起曰投之無所往天下莫當 語本九地篇

又曰凡過山川邱陵亟行勿留 語本行軍篇

又曰治寡如治衆 語出勢篇

又曰以半擊倍百戰不殆 語意本謀攻篇

又曰必死則生幸生則死 語意本九變篇

又曰以近待遠以佚待勞以飽待飢語出軍爭篇

又曰夫鼙鼓金鐸所以威目旌旗麾幟所以威耳語意本軍爭篇

又曰晝以旌旗旛幟爲節夜以金鼓笳笛爲節語意本軍爭篇

又曰遇諸邱陵林谷深山大澤疾行亟去勿得從容語意本行軍篇

又曰敵若絶水半渡而擊之語出行軍篇

又趙奢救閼與軍士許歷曰先據北山者勝後至者敗語意本地形篇

尉繚子曰守法一而當十語意本謀攻篇

又曰治兵者若祕於地若邃於天語意本形篇

鶡冠子曰發如鏃矢聲如雷霆語意本軍爭篇

又曰埶急節短語出勢篇

又曰百戰而勝非善之善者也不戰而勝善之善者也語本謀攻篇

史記陳餘曰吾聞兵法十則圍之倍則戰之語出謀攻篇

又黥布擊楚或説楚將曰兵法自戰其地爲散地語出九地篇

又高帝遣劉敬視匈奴劉敬曰此必能而示之不能語出計篇

又韓信曰兵法不曰陷之死地而後生置之亡地而後存乎語出九地篇

呂氏春秋曰若鷙鳥之擊也搏攫則殪語出勢篇

又曰夫兵貴不可勝不可勝在己可勝在彼聖人必在己者不必在彼者語本形篇

淮南子曰高者爲生下者爲死語本計篇及行軍篇

又曰同舟而濟於江卒遇風波捷捽抬杼船若左右手語本九地篇

又曰主孰賢將孰能語本計篇

又曰卒如雷霆疾如風雨若從地出若從天下語本軍爭及形篇

又曰不襲堂堂之寇不擊塡塡之旗語出軍爭篇

又曰勇者不得獨進怯者不得獨退 語出軍爭篇

又曰如決積水於千仞之隄若轉員石於萬丈之谿 語本勢篇

又曰是故令之以文齊之以武是謂必取 語出行軍篇

又曰疾如彍弩勢如發矢 語本勢篇

又曰晝則多旌夜則多火 語本軍爭篇

又曰避實就虛若驅羣羊 語出勢篇及九地篇

又曰故曰無恃其不吾奪也恃吾不可奪 語本九變篇

又曰飢者能食之勞者能息之有功者能得之 語意本虛實篇

太元經曰卵破石碫 語本埶篇

潛夫論曰將者民之司命而國安危之主也 語出作戰篇

又曰其敗者非天之所災將之過也 語出地形篇

按孫子惟爲古書故先秦兩漢多述其文東漢以後諸傳記

所徵引者更不可以悉舉乃陳氏忽疑其書並疑其人何也

孫子曰不知三軍之事而同三軍之政則軍士惑矣不知三軍之權而同三軍之任則軍士疑矣

按孫子古書多存古義今畧舉數事以袪陳氏之惑

按同有冒義故字從冃也釋言云弇蓋也弇同也是同有覆冒之義也同三軍之政同三軍之任者猶言奄有其政奄有其任也此古訓不作同異解向來注者殊夢夢

又按尚書太保奉同瑁馬氏以同瑁爲一物天子所執玉瑞名也

孫子曰𦮼秆一石當吾二十石

按𦮼說文作萁豆稭也其忌聲同故又作𦮼也詩云夜如何其其語助以聲同又借忌爲之詩又云抑釋掤忌抑鬯弓忌

是也此其作悳者春秋已後或體字也諸字書皆缺載

孫子曰朝氣銳晝氣惰暮氣歸

按廣雅歸息也列子云鬼歸也又云古者爲死人爲歸人是歸乃滅息之義也左氏一鼓作氣再而衰三而竭竭盡正與滅息義相發明今杜佑等以欲歸釋之言若士卒暮而欲歸不明古義疏矣

孫子曰爲兵之事在於順詳敵之意

按曹注曰佯愚也是以詳爲佯古通用字也

孫子曰不得已則鬥

按書內鬥字皆如此說文云鬥兩士相對兵杖在後象鬥形也今諸書皆假鬭爲之鬥字弗著于篇矣

孫子曰勵於廟堂之上以誅其事

按說文誅討也討治也故誅亦得爲治也又誅治聲近故可假借爲之猶且得爲此期得爲近析得爲斯之類是也他字書皆不載

孫子曰絶水必遠水

按絶者越也言過水而處軍則必遠於水也故上文云絶山依谷言過山而處軍必依於谷也又云絶斥澤唯亟去勿留言過斥澤則不可處軍必亟去之勿留也爾雅曰正絶流曰亂正絶流猶言直渡水也其名爲亂者亦厲之意卽爾雅以衣涉水爲厲是也詩云涉渭爲亂鄭君云絶流而南是鄭固以絶爲越也至孔穎達則云水以流爲順横渡則絶其流是爲隔絶之義唐人不達古訓無足怪也又呂氏春秋曰章子令人視水可絶者有芻水旁者曰水淺深易知荆人所盛守

者皆其淺者也所簡守皆其深者也是絕訓爲越之証也

又按此古訓諸字書皆缺載

孫子曰將者君之輔也輔周則國必强輔隙則國必弱

按周者無缺也隙者有缺也周隙相對言之古語之常故云圍師必闕圍者周也闕者隙也此言將之智勇能周則强不能周則弱也今賈氏以才周其國釋周字以內懷其貳釋隙字不明對文之義疏矣

孫子曰犯三軍之衆若使一人

按曹注謂犯爲用非當云犯動也故下文云犯之以事勿告以言犯之以利勿告以害若以用釋之下文不可通矣又犯字本無用意蓋凡文字皆有本訓有轉訓犯爲侵故又得爲動魏武不明于聲音訓詁之源流以用釋犯旣不經見妄爲

之說謬已

孫子曰是故方馬埋輪不足恃也

按方者繫縛之也曹注方縛也是已說文方象兩舟總其頭謂聚束兩船之頭也爾雅諸侯維舟大夫方舟維縶四舟曰維舟繫併兩舟曰方舟故方又有併義呂氏春秋曰窬木方版以爲舟楫言併其版亦拘縛之意也又爲法爲所論語遊必有方是方爲所亦繫定之意也論語又曰子貢方人鄭注謂言人過惡言以禮法拘縛人也陸德明釋文云鄭本方作謗按此似唐以後人不明注意以爲言人過惡無當於方人之義卒臆改之非鄭原本也

又按此古訓諸字書皆缺載

又按書內古義多不經見而精當不可移易眞古書也後之

爲字書者以其兵家言不悉置意故多漏畧陳氏不察而妄議之謬之謬矣

又按今所傳孫子算經三卷無名字宋史藝文志云不知名考孫子兵法形篇云兵法一曰度二曰量三曰數四曰稱五曰勝地生度度生量量生數數生稱稱生勝而算經則云度之所起起於忽稱之所起起於黍量之所起起於粟凡大數之法萬萬曰億篇首卽以度量數稱四事分爲四節與他算書不同則斷知其爲孫武之書無疑也

又中興書目云或云五曹算經出于孫武按此所說是也五曹者一爲田曹地利爲先也旣有田疇必資人力故次兵曹人衆必用食飲次集曹衆旣會集必務儲蓄次倉曹倉廩貨幣相交質次金曹而其意則以兵爲要田疇食幣皆爲兵用

也又按夏侯陽算經曰田曹云度之所起起於忽倉曹云量之所起起於粟以孫子算經之文而謂之五曹則固知其爲一人之書也書目之言信足徵已

孫子篇卷異同

漢藝文志兵權謀家吳孫子兵法八十二篇圖九卷

按八十二篇者其一爲十三篇未見闔閭時所作今所傳孫子兵法是也其一爲問荅若干篇既見闔閭所作卽諸傳記所引遺文是也一爲八陣圖鄭注周禮引之是也一爲兵法雜占太平御覽所引是也外又有牝八變陣圖戰鬭六甲兵法俱見隋經籍志又有三十二壘經見唐藝文志按漢志惟云八十二篇而隋唐志於十三篇之外又有數種可知其具在八十二篇之内也

七錄孫子兵法三卷史記正義曰案十三篇爲上卷又有中下二卷

案此孫子本書無注文其云又有中下二卷則唐時故書猶存不僅今所傳之十三篇也

又按所云三卷者蓋十三篇爲上卷問荅之辭爲中下卷也其八陣圖雜占諸書則別本行之故隋唐志諸書亦皆別出

又按宋藝文志有孫武孫子三卷朱服校定孫子三卷即此也

隋書經籍志兵部孫子兵法二卷吳將孫武撰魏武注梁三卷諸書皆云三卷惟晁氏讀書志以爲一卷文獻通考因之孫子兵法一卷魏武王淩集解諸書無著錄惟通志畧有之孫武兵經二卷張子尚注通志畧云三卷諸書無錄鈔孫子兵法一卷魏太尉賈詡鈔諸書無錄通志畧有之梁有孫子兵法二卷孟氏

解詁亦見唐志及通志畧孫子兵法一卷吳處士沈友撰見唐志及通志畧唐志云三卷通志畧云二卷又孫子八陣圖一卷亡亦見通志畧吳孫子牝八變陣圖一卷見通志畧孫子兵法雜占四卷見通志畧梁有孫子戰鬬六甲兵法一卷諸書皆不著録

新唐書藝文志兵書類魏武注孫子三卷　孟氏解孫子二卷　沈友注孫子三卷　孫子三十二壘經一卷通志畧作三十三壘經蓋字誤　李筌注孫子二卷晁氏讀書志作三卷文獻通考因之通志畧及宋史皆云一卷　杜牧注孫子三卷通志畧云一卷案杜牧注最爲詳贍故諸書皆録爲三卷作一卷者誤　陳皥注孫子一卷晁氏志云三卷通考因之　賈林注孫子一卷晁氏志無録文獻通考同

按唐志又有兵書捷要七卷孫武撰此字誤當云魏武也見隋志及通志畧

郡齋讀書志兵家類魏武注孫子一卷　李筌注三卷　杜牧

注三卷　陳皥注三卷　紀燮注三卷　梅聖俞注三卷宋志無錄
通志畧云一卷　王晳注三卷宋志無錄　何氏注三卷宋志無錄通志畧云一卷又晁氏云未詳其名近代人也按何氏名延錫見通志畧
直齋書錄解題兵書類孫子三卷漢志八十一篇魏武削其繁
冗定爲十三篇　杜牧之注孫子三卷
按書錄解題惟載曹杜二家注他書皆未及見也
通志兵畧孫子兵法三卷吳將孫武撰魏武注　又一卷魏武
王凌集解　又二卷蕭吉注隋唐志無錄　又二卷孟氏解詁　又
二卷吳沈友撰　又一卷唐李筌撰　又一卷唐杜牧撰　又
一卷唐陳皥注　又一卷唐賈林注　又一卷何延錫注　又
一卷張預注宋志無錄　又三卷王晳注　又一卷梅堯臣撰　孫
武兵經三卷張子尚注　鈔孫子兵法一卷魏太尉賈詡鈔

續孫子兵法二卷魏武撰　孫子遺說一卷鄭友賢撰右兵書
孫子八陣圖一卷　吳孫子牝八變陣圖二卷右營陣　吳
孫子三十二壘經一卷　孫子兵法雜占四卷右兵陰陽
文獻通考魏武注孫子一卷　李筌注三卷　杜牧注三卷
陳皥注三卷　紀燮注三卷　梅聖俞注三卷　王晳注三
卷　何氏注三卷

按通考所録悉本晁公武讀書志

宋史藝文志兵書類孫武孫子三卷　朱服校定孫子三卷
魏武注孫子三卷　蕭吉注孫子一卷或題曹蕭注　賈林注
孫子一卷　陳皥注孫子一卷　宋奇孫子解并武經簡要二
卷諸書皆不著録　李筌注孫子一卷　五家注孫子三卷魏武杜牧
陳皥賈林孟氏　杜牧孫子注三卷　曹杜注孫子三卷　吉

天保十家孫子會注十五卷按今本十三篇爲十三卷又按梅堯臣王晳何延錫張預四家注志內皆不著錄

杜牧曰孫武書數十萬言魏武削其繁剩筆其精粹成此書

按孫子十三篇者出於手定史記兩稱之而杜牧以爲魏武筆削所成誤已

晁公武曰唐李筌以魏武所解多誤約歷代史依遁甲注成三卷

又曰唐杜牧以武書大略用仁義使機權曹公所注解十不釋一蓋惜其所得自爲新書爾因備注之世謂牧慨然最喜論兵欲試而不得者其學能道春秋戰國時事甚博而詳知兵者有取焉

又曰唐陳皞以曹公注隱微杜牧注闊疎重爲之注

又曰唐紀燮集唐孟氏賈林杜佑三家所解

歐陽修曰世所傳孫子十三篇多用曹公杜牧陳皥注號三家

又曰三家之注皥最後其說時時攻牧之短

晁公武曰王晳以古本校正闕誤又爲之注仁廟天下承平人不習兵元昊旣叛邊將數敗朝廷頗訪知兵者士大夫人人言兵矣故本朝注解孫武書者大抵皆當時人也

按今孫子集注本由華陰道藏録出卽宋吉天保所合十家注也十家者一魏武二李筌三杜牧四陳皥五賈林六孟氏七梅堯臣八王晳九何延錫十張預也

十家本內又有杜佑君卿注案杜佑乃作通典引孫子語而訓釋之非注也通典引孫子曰利而誘之親而離之注云以

利誘之使五間并入辯士馳說親彼君臣分離其形勢若秦遣反間誑趙使廢廉頗而任趙奢之子是也考利而誘之親而離之二語孫子本文不相屬通典摘引之又爲之注求其意義幾成一事與孫子句各爲義者異已

又按杜佑注例每先引曹注下附已意故前之所說後或不同也

又杜佑注自引用曹注之外亦或間引孟氏

又按十家注自魏武之後孟氏爲先見隋書經籍志原本次于陳皞賈林之後誤也今改正晁公武以爲唐人亦誤也又按杜佑雖非爲孫子作注然旣引用其文不當次于賈林之後梅氏之前今改正次孟氏

又按杜牧者佑之孫也原本列牧于佑前大謬

又孫子道藏原本題曰集注大興朱氏本題曰注解今改爲孫子十家注從宋志也
又道藏本有鄭友賢孫子遺說一卷見通志藝文畧今仍原本附刻於後

孫子篇目

孫子敘錄篇卷考卷終

十家註孫子遺說序

鄭樵通志藝文畧孫子遺說一卷鄭友賢撰

求之而益深者天下之備法也叩之而不窮者天下之能言也爲法立言至於益深不窮而後可以垂教於當時而傳諸後世矣儒家者流惟苦易之爲書其道深遠而不可窮學兵之士嘗患武之爲說微妙而不可究則亦儒者之易乎蓋易之爲言也兼三才備萬物以陰陽不測爲神是以仁者見之謂之仁智者見之謂之智百姓日用而不知武之爲法也包四種籠百家以奇正相生爲變是以謀者見之謂之謀巧者見之謂之巧三軍由之而莫能知之迨夫九師百氏之說興而益見大易之義如日月星辰之神徒推步其輝光之迹而不能考其所以爲神之深十家之註出而愈見十三篇之法如五聲五色之變惟詳其耳目之所聞見而不能悉其所以爲變之妙是則武之意不得

謂盡於十家之註也然而學兵之徒非十家之説亦不能窺武之藩籬尋流而之源由徑而入戶於武之法不可謂無功矣頃因餘暇撫武之微旨而出於十家之不解者畧有數十事託或者之問具其應答之義名曰十註遺説學者見其説之有遺則始信益深之法不窮之言庶幾大易不測之神矣滎陽鄭友賢撰

孫子遺說

或問死生之地何以先存亡之道曰武意以兵事之大在將得其人將能則兵勝而生兵生於外則國存於內將不能則兵敗而死兵死於外則國亡於內是外之生死繫內之存亡也是故兵敗長平而趙亡師喪遼水而隋滅太公曰無智畧大謀彊勇輕戰敗軍散衆以危社稷王者愼勿使爲將此其先後之次也故曰知兵之將生民之司命國家安危之主也

或問得算之多得算之少況於無算何以是多少無之義曰武之文固不汗漫而無據也蓋經之以五事校之以七計彼我之算盡於此矣五事之經得三四者爲多得一二者爲少七計之校得四五者爲多得二三者爲少五七俱得者爲全勝不得者爲無算所謂冥冥而決事先戰而求勝圖乾沒之利出浪戰之

師者也

或問計利之外所佐者何勢曰兵法之傳有常而其用之也有變常者法也變者勢也書者可以盡常之言而言不能盡變之意五事七計者常法之利也詭道不可先傳者權勢之變也常而求勝如膠柱鼓瑟以書御馬趙括所以能書而不能戰易言而不知變也蓋法在書之傳而勢在人之用武之意初求用於吳恐吳王得書聽計而棄己也故以此辭動之乃謂書之外尚有因利制權之勢在我能用耳

或問因糧於敵者無遠輸之費也取用必於國者何也曰兵械之用不可假人亦不可假於人器之於人固在積習便熟而適其長短重輕之宜與夫手足不相鉏鋙而後可以濟用而害敵矣吾之器敵不便於用敵之器吾不習其利非國中自備而習

慣於三軍則安可一旦倉卒假人之兵而給己之用哉易曰萃除戎器以戒不虞太公曰慮不先設器械不備此皆言取用於國不可因於人也

或問兵以伐謀爲上者以其有屈人之易而無血刃之難伐兵攻城爲之次下明矣伐交之智何異於伐謀之工而又次之曰破謀者不費而勝破交者未勝而費帷幄樽俎之間而揣摩折衝心戰計勝其未形已成之策不煩毫釐之費而彼奔北降服之不暇者伐謀之義也或遣使介約車乘聘幣之奏或使間諜出土地金玉之資張儀散六國之從陰厚者數年尉繚子破諸侯之援出金三十萬如此之類費已廣而敵未服非加以征伐之勞則未見全勝之功宜乎次於晏嬰子房寇恂荀彧之智也

或問武之書皆法也獨曰此謀攻之法也此軍爭之法也曰餘

法繫論兵家之術惟二篇之說及於用誠其易用而稱其所難夫告人以所難而不濟之以成法則不足爲完書蓋謀攻之法以全爲上以破次之得其法則兵不鈍而利可全非其法則有殺士三分之災軍爭之法以迂爲直以患爲利得其法則後發而先至非其法則至於擒三將軍此二者豈用兵之易哉乃云必以全爭於天下又云莫難於軍爭難之之辭也欲濟其所難者必詳其法凡所謂屈人非戰拔城非攻毀國非久者乃謀攻之法也凡所謂十一而至先知迂直之計者乃軍爭之法也見其法而知其難於餘篇矣

或問將能而君不御者勝後魏太武命將出師從命者無不制勝違教者率多敗失齊神武任用將帥出討奉行方便罔不克捷違失指教多致奔亡二者不幾於御之而後勝哉曰知此而

後可以用武之意既曰將能而君不御者勝則其意固謂將不能而君御之則勝也夫將帥之列才不一槩智愚勇怯隨器而任用者付之以閫寄不能者授之以成算亦猶後世責曹公使諸將以新書從事殊不識公之御將因其才之小大而縱抑之張遼樂進守門之偏才也合淝之戰封以函書節宣其用夏侯惇兄弟有大帥之畧假以節度便宜從事不拘科制何嘗一槩而御之邪傳曰將能而君御之則爲縻軍將不能而君委之則爲覆軍惟公得武之法深而後太武神武庶幾公之英畧耳非司馬宣王安能知武之蘊哉

或問勝可知而不可爲者以其在彼者也佚而勞之親而離之佚與親在敵而吾能勞且離之豈非可爲歟曰傳稱用師觀釁而動敵有釁不可失蓋吾觀敵人無可乘之釁不能彊使爲吾

可勝之資者不可爲之義也敵人既有可乘之隙吾能置術於其間而不失敵之敗者可知之義也使敵人主明而賢將智而忠不信小說而疑不見小利而動其佚也安能勞之其親也安能離之有楚子之暗與囊瓦之貪而後吳人亟肄以疲之有項王之暴與范增之隘而後陳平以反間疎之夫釁隙之端隱於佚親之前勞離之策發於釁隙之後者乃所謂可知也則惟無釁隙者乃不可爲也

或問守則不足攻則有餘其義安在曰謂吾所以守者力不足吾所以攻者力有餘者曹公也謂力不足者可以守力有餘者可以攻者李筌也謂非强弱爲辭者衛公也謂守之法要在示敵以不足攻之法要在示敵以有餘者太宗也夫攻守之法固非己實强弱亦非虛形視敵也蓋止用其有餘不足之形勢以

固已勝敵夫所謂不足者吾隱形於微而敵不能窺也有餘者吾乘勢於盛而敵不能支也不足者微之稱也當吾之守也滅跡於不可見韜聲於不可聞藏形於微妙不足之際而使敵不知其所攻矣所謂藏於九地之下者是也有餘者盛之稱也當吾之攻也若迅雷驚電壞山決塘作勢於盛強有餘之極而使敵不知其所守矣所謂動於九天之上者是也此有餘不足之義也

或問三軍之衆可使必受敵而無敗者奇正是也受敵無敗二義也其於奇正有所主乎曰武論分數形名奇正虛實四者獨於奇正云云者知其法之深而二義所主未白也復曰凡戰以正合以奇勝正合者正主於受敵也奇勝者奇主於無敗也以合爲受敵以勝爲無敗不其明哉

或問武論奇正之變二者相依而生何獨曰善出奇者曰闕文也凡所謂如天地江河日月四時五色五味皆取無窮無竭相生相變之義故首論以正合奇勝終之以奇正之變不可勝窮相生如循環之無端豈以一奇而能生變交相無已哉宜曰善出奇正者無窮如天地也

或問其勢險者其義易明其節短者其旨安在曰力雖甚勁者非節量短近而適其宜則不能害物曾縞之脆也强弩之末不能穿毫末之輕也衝風之衰不能起鷙鳥雖疾也高下而遠來至於竭羽翼之力安能擊搏而毀折哉嘗以遠形爲難戰者此也是故麴義破公孫瓚也發伏於數十步之内周訪敗杜曾也奔赴於三十步之外得節短之義也

或問十三篇之法各本於篇名乎曰其義各主於題篇之名未

嘗泛濫而爲言也如虛實者一篇之義首尾次序皆不離虛實之用但文辭差異耳其意所主非實即虛非虛即實非我實而彼虛則我虛而彼實不然則虛實在於彼此而善者變實而爲虛變虛而爲實也雖周流萬變而其要不出此二端而已凡所謂待敵者佚者力實也趨戰者勞者力虛也致人者虛在彼也不致於人者實在我也利之也者役彼於虛也害之也者養我之實也佚能勞之飽能飢之安能動之者佚飽安實也勞飢動虛也彼實而我能虛之也行於無人之地者趨彼之虛而資我之實也攻其所不守者避實而擊虛也守其所不攻者措實而備虛也敵不知所守者鬥敵之虛也敵不知所攻者犯我之實也無形無聲者虛實之極而入神微也不可禦者乘敵備之虛也不可追者畜我力之實也攻所必救者乘虛則實者虛也乖

其所之者能實則虛者實也形人而敵分者見彼虛實之審也無形而我專者示吾虛實之妙也所與戰約者彼虛無以當吾之實也寡而備人者不識虛實之形也衆而備己者能料虛實之情也千里會戰者預見虛實也左右不能救者信人之虛實也越人無益於勝者越將不識吳之虛實也策之候之形之角之者辨虛實之術也得也動也生也有餘也者實也失也靜也死也不足也者虛也不能窺謀者外以虛實之變惑敵人也莫知吾制勝之形者内以虛實之法愚士衆也水因地制流兵因敵制勝者以水之高下喻吾虛實變化不常之神也五行勝者實也囚者虛也四時來者實也往者虛也日長者實也短者虛也月生者實也死者虛也皆虛實之類不可拘也以此推之餘十二篇之義皆倣於此但說者不能詳之耳

或問軍爭爲利衆爭爲危軍之與衆也利之與危也義果異乎曰武之辭未嘗妄發而無謂也軍爭爲利者下所謂軍爭之法也夫惟所爭而得此軍爭之法然後獲勝敵之利矣衆爭爲危者下所謂舉軍而爭利也夫惟全舉三軍之衆而爭則不及於利而反受其危矣蓋軍爭者案法而爭也衆爭者舉軍而趨也爲利者後發而先至也爲危者擒三將軍也

或問兵以詐立以利動以分合爲變立也動也變也三者先後而用乎曰先王之道兵家者流所用皆有本末先後之次而所尚不同耳蓋先王之道尚仁義而濟之以權兵家者流貴詐利而終之以變司馬法以仁爲本孫武以詐立司馬法以義治之孫武以利動司馬法以正不獲意則權孫武以分合爲變蓋本仁者治必爲義立詐者動必爲利在聖人謂之權在兵家名曰

變非本與立無以自修非治與動無以趨時非權與變無以勝敵有本立而後能治動能治動而後可以權變權變所以濟治動治動所以輔本立此本末先後之次畧同耳

或問武所論舉軍動衆皆法也獨稱此用衆之法者何也曰武之法奇正貴乎相生節制權變兩用而無窮既以正兵節制自治其軍未嘗不以奇兵權變而勝敵其於論勢也以分數形名居前者自治之節制也以奇正虛實居後者勝敵之權變也是先節制而後權變也凡所謂立於不敗之地而不失敵之敗修道而保法自保而全勝者皆相生兩用先後之術也蓋鼓鐸旌旗所以一人之耳目人既專一勇者不得獨進怯者不得獨退此何法也是節制自治之正法也止能用吾三軍之衆而已其法也固未及於勝人之奇也談兵之流往往至此而止矣武則

不然曰此用吾衆之法也凡所謂變人之耳目而奪敵之心氣是權謀勝敵之奇法也

或問奪氣者必曰三軍奪心者必曰將軍何也曰三軍主於鬥將軍主於謀鬥者乘於氣謀者運於心夫鼓作鬥爭不顧萬死者氣使之也深思遠慮以應萬變者心生之也氣奪則怯於鬥心奪則亂於謀下者不能鬥上者不能謀敵人上下怯亂則吾一舉而乘之矣傳曰一鼓作氣三而竭者奪鬥氣也先人有奪人之心者奪謀心也三軍將軍之事異矣

或問自計及間上下之法皆要妙也獨云此用兵之法妙者何也曰夫事至於可疑而後知不疑者爲明機至於難決而後知能決者爲智用兵之法出於衆人之所不可必者而吾之明智了然不至於猶豫者其所得固過於衆人而通於法之至妙也

所謂高陵勿向背邱勿逆蓋亦有可向可逆之機佯北勿從銳卒勿攻亦有可從可攻之利餌兵勿食歸兵勿遏亦有可食可遏之理圍師必闕窮寇勿追亦有不闕可追之勝此兵家常法之外尚有反覆微妙之術智者不疑而能決所謂用兵之法妙也

或問九變之法所陳五事者何曰九變者九地之變也散輕爭交衢重圮圍死此九地之名也一其志使之屬趨其後謹其守固其結繼其食進其塗塞其闕示不活此九地之變也九而言五者闕而失次也下文曰將通於九變之地利者知用兵矣將不通於九變之利者雖知地形不能得地之利矣是九變主於九地明矣故特於九地篇曰九地之變人情之理不可不察也然則既有九地何用九變之文乎曰武所論將不通九變之利

又曰治兵不知九變之術蓋九地者陳變之利故曰不知變不得地之利九變者言術之用故曰不知術不得人之用是故六地有形九地有名九名有變九變有術知形而不知名決事於冥冥知名而不知變驅衆而浪戰知變而不知術臨用而事屈此所以六地九地九變皆論地利而爲篇異也李筌以塗有所不由而下五利兼之爲十變者誤也復指下文爲五利何嘗有五利之義也絶地無留當作輕地蓋輕有無止之辭

或問凡軍好高而惡下太公曰凡三軍處山之高則爲敵所棲豈好高之義乎曰武之高非太公之高也公所論天下之絶險也高山盤石其上亭亭無有草木四面受敵蓋無草木則芻牧樵採之利面面受敵則絶出入運饋之路可上而不可下可死而不可久此固有棲之之害也武之所論假勢利之便也處

隆高卭陵之地使敵人來戰則有高隆向陵逆卭之害而我得因高乘下建瓴走丸轉石決水之勢加以養生處實先利糧道戰則有乘勢之便守則有處實之固居則有豐芻足食之利去則有便道向生之路雖有百萬之敵安能棲我於高哉太武棲姚興於天渡李先計令遣奇兵邀伏絶柴壁之糧道此與犯處高之忌而先得棲敵之法明矣學孫武者深明好高之論而不悟處於太公之絶險知其勢利之便者後可與議其書矣

或問六地者地形也復論將有六敗者何曰後世學兵者泥勝負之理於地形者故曰地形者兵之助非上將之道也太公論主帥之道擇善地利者三人而委之則地形固非將軍之事也所謂料敵制勝者上將之道也知此爲將之道者戰則必勝不知此爲將之道者戰則必敗凡所言曰走曰弛曰崩曰陷曰亂

曰北者此六者敗之道將之至任不可不察也是勝敗之理不可泥於地形而繫於將之工拙也至於九地亦然曰剛柔皆得地之理也將軍之事靜以幽正以治驅三軍之衆如羣羊往來不知其所之者將軍之事也特垂誡於六地九地者孫武之深旨也

或問死焉不得士人盡力諸家釋爲二句者何曰夫人之情就其甚難者不顧其甚易捨其至大者不吝其至微死難於生也甘其萬死之難則況出於生之甚易者哉身大於力也棄其一身之大則況用於力之至微者哉武意以謂三軍之士投之無所往則白刃在前有所不避也死且不避況於生乎身猶不慮況於生乎故曰死且不北夫三軍之士不畏死之難者安得不人人用力乎死焉不得士人盡力諸家斷爲二句者非武之本

意也

或曰方馬埋輪諸家釋爲方縛或謂縛馬爲方陳者何也曰解方爲縛者義不經據縛而方之者非武本辭蓋方當爲放字武之說本乎人心離散則雖强爲固止而不足恃也固止之法莫過於柅其所行古者用兵人乘車而戰車駕馬而行今欲使人固止而不散不得齊勇之政雖放去其馬而牧之陷輪於地而埋之亦不足恃之爲不散也噫車中之士轅不得馬而駕輪不得轍而馳尚且奔走散亂而不一則固在以政而齊其心也

或問兵情主速又曰爲兵之事夫情與事義果異乎曰不可探測而蘊於中者情也見於施爲而成乎其外者事也情隱於事之前而事顯於情之後此用兵之法隱顯先後之不同也所謂兵之情主速者蓋吾之所由所攻欲出於敵人之不虞不戒也

夫以神速之兵出於人之所不能虞度而戒備者固在中情祕密而不露雖智者深間不能前謀先窺也所謂為兵之事者蓋敵意既順而可詳敵釁已形而可乘一向并敵之勢千里殺敵之將使陳不暇戰而城不及守者彼敗事已顯而吾兵業已成於外也故曰所謂巧能成事者此也是則情事之異隱顯先後也

或曰九地之中復有絕地者何也曰興師動衆去吾之國中越吾之境土而初入敵人之地疆埸之限所過關梁津要使吾踵軍在後告畢書絕者所以禁人内顧之情而止其還遁之心也司馬法曰書親絕是謂絕顧壹慮尉繚子踵軍令曰遇有還者誅之此絕地之謂也然而不預九地者何九地之法皆有變而絕地無變故論於九地之中而不得列其數也或以越境為越

人之國如秦越晉伐鄭者鑿也

或問不知諸侯之謀不能預交不知山林險阻沮澤之形不能行軍不用鄉導不能得地利重言於軍爭九地二篇者何也曰此三法者皆行師爭利出沒往來遲速先後之術也蓋軍爭之法方變迂爲直後發先至之爲急也九地之利盛言爲客深入利害之爲大也非此三法安能舉哉噫與人爭迂直之變趨險阻之地踐敵人之生地求不識之迷途若非和鄰國之援爲之引軍明山川林麓險難阻阨沮洳濡澤之形而爲之標表求鄉人之習熟者爲之前導引動而必迷舉而必窮何異卽鹿無虞惟入於林不行其野強違其馬欲爭迂直之勝圖深入之利安能得其便乎稱之二篇不亦旨哉

或問何謂無法之賞無政之令曰治軍御衆行賞之法施令之

政蓋有常理今欲犯三軍之衆使不知其利害多方悞敵而因利制權故賞不可以拘常法令不可以執常政噫常法之賞不足以愚衆常政之令不足以惑人則賞有時而不拘令有時而不執者將軍之權也夫進有重賞有功必賞賞法之常也吳子相敵北者有賞馬隆募士未戰先賞此無法之賞也先庚後甲三令五申政令之常也若曰若驅羣羊往來莫知所之李愬襲元濟初出衆請所向曰東六十里止至張柴諸將請所止復曰入蔡州此無政之令也

或問用閒使閒聖智仁義其旨安在曰用閒者用閒之道也或以事或以權不必人也聖者無所不通智者深思遠慮非此聖智之明安能坐以事權閒敵哉使閒者使人爲閒也吾之與閒彼此有可疑之勢吾疑閒有覆舟之禍閒疑我有害已之計非

仁恩不足以結閒之心非義斷不足以決已之惑主無疑於客客無猜於主而後可以出入於萬死之地而圖攻矣秦王使張儀相魏數年無效而陰厚之者恩結閒之心也高祖使陳平用金數十萬離楚君臣平楚之亡虜也吾無問其出入者義決已之惑也

或問伊摯呂牙古之聖人也豈嘗爲商周之閒邪武之所稱豈非尊閒之術而重之哉曰古之人立大事就大業未嘗不守於正正不獲意則未嘗不假權以濟道夫事業至於用權則何所不爲哉但處之有道而卒反於正則權無害於聖人之德也蓋在兵家名曰閒在聖人謂之權湯不得伊摯不得悉夏政之惡伊摯不在夏不能成湯之美武不得呂牙不能審商王之罪呂牙不在商不能就武之德非此二人者不能立順天應人伐罪

弔民之仁義則非爲閒於夏商而何惟其處之有道而終歸於正故名曰權兵家之閒流而不反不能合道而入於詭詐之域故名曰閒所謂以上智成大功者眞伊呂之權也權與閒實同而名異

或問閒何以終於篇之末曰用兵之法惟閒爲深微神妙而不可易言也所謂非聖智不能用閒非微妙不能得閒之實者難之之辭也武始以十三篇干吳者亦欲以其書之法教闔閭之知兵也教人之初蒙昧之際要在從易而入難先明而後幽本末次序而導之使不惑也是故始教以計量校算之法而次及於戰攻形勢虛實軍爭之術漸至於行軍九變地形地名火攻之備諸法皆通而後可以論閒道之深矣噫教人之始者務令明白易曉而遽期之以聖智微妙之所難則求之愈勞而索之

愈迷矣何異王通謂不可驟而語易者哉或曰廟堂多算非不難也何不列之於終篇也曰計之難者經之以五事校之以七計而索其情也夫敵人之情最爲難知不可取於鬼神不可求象於事不可驗於度先知者必在於間蓋計待情而後校情因間而後知宜乎以間爲深而以計爲淺也孫武之蘊至於此而知十家之說不能盡矣

孫子十家註遺說卷十一終

孫子十家註卷一

賜進士及第署山東提刑按察使分巡兗沂曹濟黄河兵備道孫星衍　賜進士出身署萊州府知府候補同知吳人驥同校

計篇

曹公曰計者選將量敵度地料卒遠近險易計於廟堂也　李筌曰計者兵之上也太乙遁甲先以計神加德宮以斷主客成敗故孫子論兵亦以計為篇首　杜牧曰計算也曰計算何事曰下之五事所謂道天地將法也於廟堂之上先以彼我之五事計算優劣然後定勝負勝負既定然後興師動衆用兵之道莫先此五事故著為篇首耳　王晳曰計者謂計主將天地法令兵衆士卒賞罰也　張預曰管子曰計先定於內而後兵出境故用兵之道以計為首也或曰兵貴臨敵制宜曹公謂計於廟堂者何也曰將之賢愚敵之強弱地之遠近兵之衆寡安得不先計之及乎兩軍相臨變動相應則在於將之所裁非可以隃度也

孫子曰兵者國之大事

杜牧曰傳曰國之大事在祀與戎　張預曰國之安危在兵故講武練兵實先務也

死生之地存亡之道不可不察也

李筌曰兵者凶器死生存亡繫於此矣是以重之恐人輕行者也　杜牧曰國之存亡人之死生皆由於兵故須審察也　賈林曰地猶所也亦謂陳師振旅戰陳之地得其利則生失其便則死故曰死生之地道者權機立勝之道得之則存失之則亡故曰不可不察也書曰有存道者輔而固之有亡道者推而亡之　梅聖俞曰地有死生之勢戰有存亡之道　王晳曰兵舉則死生存亡繫之　張預曰民之死生兆於此則國之存亡見於彼然死生曰地存亡曰道者以死生在勝負之地而存亡繫得失之道也得不重慎審察乎

故經之以五校之計而索其情通典古本如此今本作經之以五事校之以計蓋後人因注內有五事之言又下文有校之以計句故臆改之也按本書言兵之所重在計故云經之以五校之計也且五事與計自一事原非截然兩端今因注內五事之言而改其文然則下文又有七事之語又可臆改為七計乎從通典

曹公曰謂下五事彼我之情原本作謂下五事七計求彼我之情也按此亦後人臆增從通典御覽改正　李筌曰謂下五事也校量也量計遠近而求物情以應敵　杜牧曰經者經度也五者即下所謂五事也校者校量也計者即篇首計算也索者搜索也情者彼我之情也此言先須經度五事之優劣次復校量計算之得失然後始可搜索彼我勝負之情狀　賈林曰校量彼我之計謀搜索兩軍之情實則長短可知勝負易見　梅堯臣曰經紀五事校定計利　王晳曰經常也又經緯也計者謂下七計索盡也兵之大經不出道天地將法耳就而校之以七計然後能盡彼已勝負之情狀也　張預曰經經緯也上先經緯五事之次序下乃用五事以校計彼我之優劣探索勝負之情狀

一曰道

杜佑曰德化據通典補下四句同　張預曰恩信使民

二曰天

杜佑曰惠覆　張預曰上順天時

三曰地

杜佑曰慈愛　張預曰下知地利

四曰將

杜佑曰經略　張預曰委任賢能

五曰法

杜佑曰制作　杜牧曰此之謂五事也　王晳曰此經之五事也夫用兵之道人和爲本天時與地利則其助也三者具然後議舉兵兵舉必須將能將能然後法修孫子所次此之謂矣　張預曰節制嚴明夫將與法在五事之末者凡舉兵

伐罪廟堂之上先察恩信之厚薄後度天時之逆順次審地形之險易三者已孰然後命將征之兵既出境則法令一從於將此其次序也

道者令民與上同意也令民二字原本脫今據通典北堂書鈔太平御覽補又按下文主孰有道張預注云所謂令民與上同意之道也

張預曰以恩信道義撫衆則三軍一心樂爲上用易曰悅以犯難民忘其死

故可與之死可與之生而民不畏危原本作可以與之死可以與之生而不畏危今據通典北堂書鈔太平御覽改正又通典引民作人避唐諱危作佹字之誤也

曹公曰謂道之以教令危者危疑也　孟氏曰一作人不疑謂始終無二志也一作人不危道謂道之以政令齊之以禮教故能化服民志與上下同一也故用兵之妙以權術爲道

大道廢而有法法廢而有權權廢而有勢勢廢而有術術廢而有數大道淪替人情訛僞非以權數而取之則不得其欲也故其權術之道使民上下同進趨同愛憎一利害故人心歸於德得人之力無私之至也故百萬之衆其心如一可與俱同死力動而不至危亡也臣之於君下之於上若子之事父弟之事兄若手臂之捍頭目而覆胸臆也如此始可與上同意死生同致不畏懼於危疑　杜佑曰謂導之以政令齊之以禮教也危者疑也上有仁施下能致命也故與處存亡之難不畏傾危之敗若晉陽之圍沈竈產蛙人無叛疑心矣

李筌曰危亡也以道理衆人自化之得其同用何亡之有

杜牧曰道者仁義也李斯問兵於荀卿對曰彼仁義者所以修政者也政修則民親其上樂其君輕爲之死復對趙孝

成王論兵曰百將一心三軍同力臣之於君也下之於上也若子之事父弟之事兄若手臂之捍頭目而覆胸臆也如此始可令與上同意死生同致不畏懼於危疑也　陳皥註同杜牧　賈林曰將能以道爲心與人同利共患則士卒服自然心與上者同也使士卒懷我如父母視敵如仇讎者非道不能也黃石公云得道者昌失道者亡　梅堯臣曰危戾也主有道則政教行人心同則危戾去故主安與安主危與危

王晳曰道謂主有道能得民心也夫得民之心者所以得死力也得死力者所以濟患難也易曰悅以犯難民忘其死如是則安畏危難之事乎　張預曰危疑也士卒感恩死生存亡與上同之決然無所疑懼

天者陰陽寒暑時制也　通典制上有節字誤御覽一引作節制一引作時制

曹公曰順天行誅因陰陽通典及御覽陰陽下有剛柔二字四時之制故司馬法曰冬夏不興師所以兼愛民也　孟氏曰兵者法天運也陰陽者剛柔盈縮也用陰則沉虚固靜用陽則輕捷猛厲後則用陰先則用陽陰無蔽也陽無察也陰陽之象無定形故兵法天天有寒暑兵有生殺天則應殺而制物兵則應機而制形故曰天也　杜佑曰謂順天行誅因陰陽四時剛柔之制故司馬法曰冬夏不興師所以兼愛吾人若細雨沐軍臨機必有捷囬風相觸道還而無功雲類羣羊必走之道氣如驚鹿必敗之勢氣雲出壘赤黑臨軍皆敗之兆若烟非烟此慶雲也必勝若霧非霧是泣軍也必敗是知風雲之占其來久矣故司馬法曰以下原本無今據通典及太平御覽補　李筌曰應天順人因時制敵　杜牧曰陰陽者五行刑德向背之類是也今五緯行

止最可據驗巫咸甘氏石氏唐蒙史墨梓愼裨竈之徒皆有著述咸稱祕奧察其指歸皆本人事準星經曰歲星所在之分不可攻攻之反受其殃也左傳昭三十二年夏吳伐越始用師於越史墨曰不及四十年越其有吳乎越得歲而吳伐之必受其凶註曰存亡之數不過三紀歲星三周三十六歲故曰不及四十年也此年歲在星紀星紀吳分也歲星所在其國有福吳先用兵故反受其殃哀二十二年越滅吳至此三十八歲也李淳風曰天下誅秦歲星聚於東井秦政暴虐失歲星仁和之理違歲星恭肅之道拒諫信讒是故胡亥終於滅亡復曰歲星清明潤澤所在之國分大吉君令合於時則歲星光嘉年豐人安君尚暴虐令人不便則歲星色芒角而怒則兵起由此言之歲星所在或有福德或有災祥豈不

皆本於人事乎夫吳越之君德均勢敵闔閭興師志於吞滅非爲拯民故歲星福越而禍吳秦之殘酷天下誅之上合天意故歲星禍秦而祚漢熒惑罰星也宋景公出一善言熒惑移三舍而延二十七年以此推之歲爲善星不福無道火爲罰星不罰有德舉此二者其他可知况所臨之分隨其政化之善惡各變其本色芒角大小隨爲禍福各隨時而占之淳風曰夫形器著於下精象係於上近取之身耳目爲肝腎之用鼻口實心腹所資彼此影響豈不然歟易曰在天成象在地成形變化見矣蓋本於人事而已矣刑德向背之說尤不足信夫刑德天官之陳背水陳者爲絕紀向山坂陳者爲廢軍武王伐紂背清水向山坂而陳以二萬二千五百人擊紂之億萬之衆今可目覩者國家自元和已後至今三十年間

凡四伐趙寇昭義軍加以數道之衆常號十萬圍之臨城縣攻其南不拔攻其北不拔攻其東不拔攻其西不拔其四度圍之通有十歲十歲之內東西南北豈有刑德向背王相吉辰哉其不拔者豈不曰城堅池深糧多人一哉復以往事驗之秦累世戰勝竟滅六國豈天道二百年間常在乾方福德常居鶉首豈不曰穆公已還卑身趨士務耕戰明法令而致之乎故梁惠王問尉繚子曰黃帝有刑德可以百戰百勝其有之乎尉繚子曰不然黃帝所謂刑德者刑以伐之德以守之非世之所謂刑德也夫舉賢用能者不時日而利明法審令者不卜筮而吉貴功養勞者不禱祠而福周武王伐紂師次於氾水共頭山風雨疾雷鼓旗毀折王之驂乘惶懼欲死太公曰夫用兵者順天道未必吉逆之未必凶若失人事則

三軍敗亡鬼神視之不見聽之不聞故智者不法愚者拘之若乃好賢而任能舉事而得時此不看時日而事利不假卜筮而事吉不待禱祀而福從遂命驅之前進周公曰今時太歲逆龜灼言凶卜筮不吉星凶爲災請還師太公怒曰今紂剖比干囚箕子以飛廉爲政伐之有何不可枯草朽骨安可知乎乃焚龜折蓍率衆先涉武王從之遂滅紂宋高祖圍慕容超於廣固將攻城諸將諫曰今往亡之日兵家所忌高祖曰我往彼亡吉孰大焉乃命悉登遂克廣固後魏太祖武帝討後燕慕容麟甲子晦日進軍太史令鼂崇奏曰昔紂以甲子日亡帝曰周武豈不以甲子日興乎崇無以對遂戰破之後魏太武帝征夏赫連昌於統萬城師次城下昌鼓噪而前會有風雨從賊後來太史進曰天不助人將士飢渴願且避

之崔浩曰千里制勝一日豈得變易風道在人豈有常也待從之昌軍大敗或曰如此者陰陽向背定不足信孫子敘之何也荅曰夫暴君昏主或爲一瑶一馬則必殘人逞志非以天道鬼神誰能制止故孫子敘之蓋有深旨寒暑時氣節制其行止也周瑜爲孫權數曹公四敗一曰今盛寒馬無藁草驅中國士衆遠涉江湖不習水土必生疾病此用兵之忌也寒暑同歸於天時故聯以敘之也　賈林曰讀時制爲時氣謂從其善時占其氣候之利也　梅堯臣曰兵必參天道順氣候以時制之所謂制也司馬法曰冬夏不興師所以兼愛民也　王晳曰謂陰陽總天道五行四時風雲氣象也善消息之以助軍勝然非異人特授其訣則末由也若黄石授書張良乃太公兵法是也意者豈天機神密非常人所得知耶

其諸十數家紛紜抑未足以取審矣寒暑若吳起云疾風大寒盛夏炎熱之類聘制因時利害而制宜也范蠡云天時不作弗爲人客是也　張預曰夫陰陽者非孤虛向背之謂也蓋兵自有陰陽耳范蠡曰後則用陰先則用陽盡敵陽節盈吾陰節而奪之又云設右爲牝益左爲牡早晏以順天道李衛公解曰左右者人之陰陽早晏者天之陰陽奇正者天人相變之陰陽此皆言兵自有陰陽剛柔之用非天官日時之陰陽也今觀尉繚子天官之篇則義最明矣太白陰經亦有天無陰陽之篇皆著爲卷首欲以決世人之惑也太公曰聖人欲止後世之亂故作爲譎書以寄勝於天道無益於兵也是亦然矣唐太宗亦曰凶器無甚於兵行兵苟便於人事豈以避忌爲疑也寒暑者謂冬夏興師也漢征匈奴士多墮指

馬援征蠻卒多疫死皆冬夏興師故也時制者謂順天時而制征討也太白陰經言天時者乃水旱蝗雹荒亂之天時非孤虛向背之天時也

地者遠近險易廣狹死生也

曹公曰言以九地形勢不同因時制利也〔通典及御覽作制度非〕論在九地篇中　李筌曰得形勢之地有死生之勢　梅堯臣曰知形勢之利害凡用兵貴先知地形知遠近則能爲迂直之計知險易則能審步騎之利知廣狹則能度衆寡之用知死生則能識戰散之勢也

將者智信仁勇嚴也〔按潛夫論引作智仁敬信勇嚴是漢時故書如此〕

曹公曰將宜五德備也　李筌曰此五者爲將之德故師有丈人之稱也　杜牧曰先王之道以仁爲首兵家者流用智

爲先蓋智者能機權識變通也信者使人不惑於刑賞也仁者愛人憫物知勤勞也勇者決勝乘勢不逡巡也嚴者以威刑肅三軍也楚申包胥使於越越王勾踐將伐吳問戰焉夫戰智爲始仁次之勇次之不智則不能知民之極無以詮度天下之衆寡不仁則不能與三軍共飢勞之殃不勇則不能斷疑以發大計也　賈林曰專任智則賊偏施仁則固守信則愚恃勇力則暴令過嚴則殘五者兼備各適其用則可爲將帥　梅堯臣曰智能發謀信能賞罰仁能附衆勇能果斷嚴能立威　王晳曰智者先見而不惑能謀慮通權變也信者號令一也仁者惠撫惻隱得人心也勇者狥義不懼能果毅也嚴者以威嚴肅衆心也五者相須闕一不可故曹公曰將宜五德備也　何延錫曰非智不可以料敵應機非信不

可以訓人率下非仁不可以附衆撫士非勇不可以決謀合戰非嚴不可以服强齊衆全此五才將之體也　張預曰智不可亂信不可欺仁不可暴勇不可懼嚴不可犯五德皆備然後可以爲大將

法者曲制官道主用也

曹公曰曲制者部曲旛幟金鼓之制也官者百官之分也道者糧路也主用者主軍費用也原本作主君誤今從通典御覽改正　李筌曰曲部曲也制節度也官爵賞也道路也主掌也用者軍資用也皆師之常法而將所治也　杜牧曰曲者部曲隊伍有分畫也制者金鼓[redacted]有節制也官者偏裨校列各有官司也道者營陳開闔各有道徑也主者管庫厮養職守主張其事也用者車馬器械三軍須用之物也荀卿曰械用有數兵者

以食爲本須先計利糧道然後興師　梅堯臣曰曲制部曲隊伍分畫必有制也官道裨校首長統率必有道也主用主軍之資糧百物必有用度也　王皙曰曲者卒伍之屬制者節制其行列進退也官者羣吏偏裨也道者軍行及所舍也主者主守其事用者凡軍之用謂輜重糧積之屬　張預曰曲部曲也制節制也官謂分偏裨之任道謂利糧餉之路主者職掌軍資之人用者計度費用之物六者用兵之要宜處置有其法

凡此五者將莫不聞知之者勝（御覽無知字非）不知者不勝

曹公曰同聞五者將知其變極卽勝也（原本誤於而索其情下今改正）　張預曰以上五事人人同聞但深曉變極之理則勝不然則敗

故校之以計（通典上有用兵之道四字竝意增也又御覽計字上有五字）而索其情

曹公曰索其情者勝負之情　杜佑曰索其勝負之情索音山格反搜索之義也據通典御覽補　杜牧曰謂上五事將欲聞知校量計算彼我之優劣然後搜索其情狀乃能必勝不爾則敗　賈林曰書云非知之艱行之惟艱　王晳曰當盡知也言雖周知五事待七計以盡其情也　張預曰上已陳五事自此而下方考校彼我之得失探索勝負之情狀也

曰主孰有道

杜牧曰孰誰也言我與敵人之主誰能遠佞親賢任人不疑也　梅堯臣曰誰能得人心也　王晳曰若韓信言項王匹夫之勇婦人之仁名雖爲霸實失天下心謂漢王入武關秋毫無所害除秦苛法秦民亡不欲大王王秦者是也　何氏曰書曰撫我則后虐我則讎撫虐之政孰有之也　張預曰

先校二國之道誰有恩信之道即上所謂令民與上同意者之道也若淮陰料項王仁勇過高祖而不賞有功爲婦人之仁亦是也

將孰有能

曹公曰道德智能按御覽引校之以計作校之以五計五計者主孰有道將孰有能一也天地孰得二也法令孰行三也兵衆孰強士卒孰練四也賞罰孰明五也故其注文各附正文而主孰有道將孰有能爲一節兵衆孰強士卒孰練爲一節今杜佑注于兵衆士卒二句亦合解之然則魏武解辨本詳其注意亦與杜佑同也道德智能四字既統釋二句不當在主孰有道句下今改正　杜佑曰道德智能主君也原本作主君也道道德也此合注者改之今從通典御覽訂正必先考校兩國之君主知能否也原本作兩國之君誰知誰否也據通典御覽改正若荀息料虞公貪而好寶宮之奇懦而不能強諫是也　李筌曰孰實也有道之主必有智能之將范增辭楚陳平歸漢即其義也按李筌及杜佑注原本誤附于主孰有道句下今改

正　杜牧曰將孰有能者上所謂智信仁勇嚴若漢高祖料魏將柏直不能當韓信之類也

天地孰得

曹公李筌並曰天時地利　杜佑曰視兩軍所據知誰得天時地利　杜牧曰天者上所謂陰陽寒暑時制也地者上所謂遠近險易廣狹死生也　梅堯臣曰稽合天時審察地利　王晳同杜牧註　張預曰觀兩軍所舉誰得天時地利若魏武帝盛冬伐吳慕容超不據大峴則失天時地利者也

法令孰行

曹公曰設而不犯犯而必誅　杜佑曰設而不犯犯而必誅原本刪去此八字今據通典御覽補發號出令知誰能施行也原本作校孰下不敢犯今從通典御覽改正　杜牧曰縣法設令貴賤如一魏絳戮僕曹公斷髮

是也　梅堯臣曰齊衆以法一衆以令　王晳曰孰能法明令便人聽而從　張預曰魏絳戮揚干穰苴斬莊賈呂蒙誅鄉人卧龍刑馬謖兹所謂設而不犯犯而必誅誰爲如此

兵衆孰强

杜牧曰上下和同勇於戰爲强卒衆車多爲强　梅堯臣曰内和外附　王晳曰强弱足以相形而知　張預曰車堅馬良士勇兵利聞鼓而喜聞金而怒誰者爲然

士卒孰練

杜佑曰知誰兵器强利士卒簡練者故王子曰士不素習當陳惶惑將不素習臨陳闇變　梅堯臣曰車騎閑習孰國精粗　王晳曰孰訓之精　何氏曰勇怯强弱豈能一槩　張預曰離合聚散之法坐作進退之令誰素閑習

賞罰孰明

杜佑曰賞善罰惡知誰分明者故王子曰賞無度則費而無恩罰無度則戮而無威　杜牧曰賞不僭刑不濫　梅堯臣曰賞有功罰有罪　王皙曰孰能賞必當功罰必稱情　張預曰當賞者雖仇怨必錄當罰者雖父子不舍又司馬法曰賞不逾時罰不遷列於誰爲明

吾以此知勝負矣

曹公曰以七事計之知勝負矣　杜佑曰以上七事料敵情知勝負所在（據通典御覽補）　賈林曰以上七事校彼我之政則勝敗可見　梅堯臣曰能索其情則知勝負　張預曰七事俱優則未戰而先勝七事俱劣則未戰而先敗故勝負可預知也

將聽吾計用之必勝留之將不聽吾計用之必敗去之

曹公曰不能定計則退而去也　孟氏曰將裨將也聽吾計畫而勝則留之違吾計畫而敗則除去之　杜牧曰若彼自備護不從我計形勢均等無以相加用戰必敗引而去故春秋傳曰允當則歸也　陳皡曰孫武以書干闔閭曰聽用吾計策必能勝敵我當留之不去不聽吾計策必當負敗我去之不留以此感動庶必見用故闔閭曰子之十三篇寡人盡觀之矣其時闔閭行軍用師多用爲將故不言主而言將也

梅堯臣曰武以十三篇干吳王闔閭故首篇以此辭動之謂王將聽吾計而用戰必勝我當留此也王將不聽我計而用戰必敗我當去此也　王晳曰將行也用謂用兵耳言行聽吾此計用兵則必勝我當留行不聽吾此計用兵則必敗

我當去也　張預曰將辭也孫子謂今將聽吾所陳之計而用兵則必勝我乃留此矣將不聽吾所陳之計而用兵則必敗我乃去之他國矣以此辭激吳王而求用

計利以聽乃爲之勢以佐其外

曹公曰常法之外也　李筌曰計利既定乃乘形勢之便也佐其外者常法之外也　杜牧曰計算利害是軍事根本利害既見聽用然後於常法外更求兵勢以助佐其事也　賈林曰計其利聽其謀得敵之情我乃設奇譎之勢以動之外者或傍攻或後躡以佐正陳　梅堯臣曰定計於內爲勢於外以助成勝　王晳曰吾計之利已聽復當知應變以佐其外　張預曰孫子又謂吾所計之利若已聽從則我當復爲兵勢以佐助其事於外蓋兵之常法即可明言於人兵之勢

利須因敵而爲

勢者因利而制權也

曹公曰制由權也權因事制也　李筌曰謀因事勢　杜牧曰自此便言常法之外勢夫勢者不可先見或因敵之害見我之利或因敵之利見我之害然後始可制機權而取勝也　梅堯臣曰因利行權以制之　王晳曰勢者乘其變者也　張預曰所謂勢者須因事之利制爲權謀以勝敵耳故不能先言也自此而後畧言權變

兵者詭道也

曹公曰兵無常形以詭詐爲道　杜佑曰兵無常形以詭詐爲道若息侯誘蔡楚子謀宋也據御覽補　李筌曰兵不厭詐　梅堯臣曰非譎不可以行權非權不可以制敵　王晳曰詭

者所以求勝敵御衆必以信也　張預曰用兵雖本於仁義然其取勝必在詭詐故曳柴揚塵欒枝之譎也萬弩齊發孫臏之奇也千牛俱奔田單之權也囊沙壅水淮陰之詐也此皆用詭道而制勝也

故能而示之不能

張預曰實强而示之弱實勇而示之怯李牧敗匈奴孫臏斬龐涓之類也

用而示之不用

杜佑曰言已實能用師外示之怯也（原本作言已實能用外示之以不能不用使敵不我備也按此後人所改今從御覽訂正）若孫臏減竈而制龐涓　李筌曰言已實用師外示之怯也漢將陳豨反連兵匈奴高祖遣使十輩視之皆言可擊復遣劉敬報曰匈奴不可擊上問其故對曰

夫兩國相制宜矜誇其長今臣往徒見羸老此必能而示之不能臣以爲不可擊也高祖怒曰齊虜以口舌得官今妄沮吾衆械婁敬廣武以三十萬衆至白登高祖爲匈奴所圍七日乏食此師外示之以怯之義也　杜牧曰此乃詭詐藏形夫形也者不可使見於敵敵人見形必有應傳曰鷙鳥將擊必藏其形如匈奴示羸老於漢使之義也　王晳曰强示弱勇示怯治示亂實示虛智示愚衆示寡進示退速示遲取示捨彼示此　何氏曰能而示之不能者如單于羸師誘高祖圍於平城是也用而示之不用者李牧按兵於雲中大敗匈奴是也　張預曰欲戰而示之退欲速而示之緩班超擊莎車趙奢破秦軍之類也

近而示之遠遠而示之近

杜佑曰欲進而理去道也言多宜設其近原本作欲近而設其遠也欲遠而設其近也按此後人改之以牽合二句辭義殊僻又與下文不接今從御覽訂正誑耀敵軍示之以遠本從其近若韓信之襲安邑陳舟臨晉而渡夏陽陳舟句原本刪去今從御覽補　李筌曰令敵失備也漢將韓信虜魏王豹初陳舟欲渡臨晉乃潛師浮木罌從夏陽襲安邑而魏失備也耿弇之征張步亦先攻臨淄皆示遠勢也　杜牧曰欲近襲敵必示以遠去之形欲遠襲敵必示以近進之形韓信盛兵臨晉而渡於夏陽此乃示以近形而遠襲敵也後漢末曹公袁紹相持官渡紹遣將郭圖淳于瓊顔良等攻東郡太守劉延於白馬紹引兵至黎陽將渡河曹公北救延津荀攸曰今兵少不敵分兵勢乃可公致兵延津將欲渡兵向其後紹必西應之然後輕兵襲白馬掩其不備顔良可擒也公從之紹聞兵渡

卽留分兵西應之公乃引趨白馬未至十餘里良大驚來戰使張遼關羽前進擊破斬顏良解白馬圍此乃示以遠形而近襲敵也　賈林曰去就在我敵何由知　梅堯臣曰使其不能測　王晳同上註　何氏曰遠而示之近者韓信陳舟臨晉而渡夏陽是也近而示之遠者晉侯伐虢假道于虞是也　張預曰欲近襲之反示以遠吳與越夾水相拒越爲左右句卒相去各五里夜爭鳴鼓而進吳人分以禦之越乃潛涉當吳中軍而襲之吳大敗是也欲遠攻之反示以近韓信陳兵臨晉而渡於夏陽是也

利而誘之

杜牧曰趙將李牧大縱畜牧人衆滿野匈奴小入佯北不勝以數千人委之單于聞之大喜率衆大至牧多爲奇陳左右

夾擊大破殺匈奴十餘萬騎也　賈林曰以利動之動而有形我所以因形制勝也　梅堯臣曰彼貪利則以貨誘之　何氏曰利而誘之者如赤眉委輜重而餌鄧禹是也　張預曰示以小利誘而克之若楚人伐絞莫敖曰絞小而輕請無扞采樵者以應之於是絞人獲楚三十人明日絞人爭出驅楚役徒於山中楚人設伏兵於山下而大敗之是也

亂而取之

李筌曰敵貪利必亂也秦王姚興征禿髮傉檀悉驅部內牛羊散放於野縱秦人虜掠秦人得利既無行列傉檀陰分十將掩而擊之大敗秦人斬首七千餘級亂而取之之義也　杜牧曰敵有昏亂可以乘而取之傳曰兼弱攻昧取亂侮亡武之善經也　賈林曰我令姦智亂之候亂而取之也　梅

堯臣曰彼亂則乘而取之　王晳曰亂爲無節制取言易也　張預曰詐爲紛亂誘而取之若吳越相攻吳以罪人三千示不整而誘越罪人或奔或止越人爭之爲吳所敗是也言敵亂而後取者是也春秋之法凡書取者言易也魯師取鄁是也

實而備之

曹公曰敵治實須備之也　李筌曰備敵之實蜀將關羽欲圍魏之樊城懼吳將呂蒙襲其後乃多留備兵守荆州蒙知其旨遂詐之以疾羽乃撤去其備兵遂爲蒙所取而荆州没吳則其義也　杜牧曰對壘相持不論虛實常須爲備此言居常無事鄰封接境敵若修政治實上下相愛賞罰明信士卒精練即須備之不待交兵然後爲備也　陳皥曰敵若不

動完實謹備則我亦自實以備敵也　梅堯臣曰彼實則不可不備　王晳曰彼將有以擊吾之不備也　何氏曰彼敵但見其實而未見其虛之形則當蓄力而備之也　張預曰經曰角之而知有餘不足之處有餘則實也不足則虛也言敵人兵勢既實則我當爲不可勝之計以待之勿輕舉也李靖軍鏡曰觀其虛則進見其實則止

强而避之

曹公曰避其所長也　杜佑曰彼府庫充實士卒鋭盛則當退避以伺其虛懈變而應之　李筌曰量力也楚子伐隨隨之臣季梁曰楚人上左君必左無與王遇且攻其右右無良焉必敗偏敗衆乃攜矣少師曰不當王非敵也不從隨師敗績隨侯逸攻强之敗也　杜牧曰逃避所長言敵人乘兵强

氣銳則當須且回避之待其衰懈候其間隙而擊之晉末嶺南賊盧循徐道覆乘虛襲建鄴劉裕禦之曰賊若新亭直上且當避之回泊蔡洲乃成擒耳徐道覆欲焚舟直上循以爲不可乃泊於蔡洲竟以敗滅　賈林曰以弱制强理須待變　梅堯臣曰彼强則我當避其銳　王晳曰敵兵精銳我勢寡弱則須退避　張預曰經曰無邀正正之旗無擊堂堂之陳言敵人行陳修整節制嚴明則我當避之不可輕肆也若秦晉相攻交綏而退蓋各防其失敗也

怒而撓之

曹公曰待其衰懈也　孟氏曰敵人盛怒當屈撓之　李筌曰將之多怒者權必易亂性不堅也漢相陳平謀撓楚權以太牢具進楚使驚是亞夫使邪乃項王使邪此怒而撓之者

也　杜牧曰大將剛戾者可激之令怒則逞志快意志氣撓亂不顧本謀也　梅堯臣曰彼褊急易怒則撓之使憤急輕戰　王晳曰敵持重則激怒以撓之　何氏曰怒而撓之者漢兵擊曹咎於汜水是也　張預曰彼性剛忿則辱之令怒志氣撓惑則不謀而輕進若晉人執宛春以怒楚是也尉繚子曰寬不可激而怒言性寬者則不可激怒而致之也

卑而驕之

杜佑曰彼其舉國興師怒而欲進則當外示屈撓以高其志俟惰歸要而擊之故王子曰善用法者如狸之與鼠力之與智示之猶卑靜而下之　李筌曰幣重而言甘其志不小後趙石勒稱臣於王浚左右欲擊之浚曰石公來欲奉我耳敢言擊者斬設饗禮以待之勒乃驅牛羊數萬頭聲言上禮實

以塡諸街巷使浚兵不得發乃入薊城擒浚於廳斬之而并燕卑而驕之則其義也　杜牧曰秦末匈奴冒頓初立東胡强使使謂冒頓曰欲得頭曼時千里馬冒頓以問羣臣羣臣皆曰千里馬國之寶勿與冒頓曰奈何與人鄰國愛一馬乎遂與之居頃之東胡使使來曰願得單于一閼氏冒頓問羣臣皆怒曰東胡無道乃求閼氏請擊之冒頓曰與人鄰國愛一女子乎與之居頃之東胡復曰匈奴有棄地千里吾欲有之冒頓問羣臣羣臣皆曰與之亦可不與亦可冒頓大怒曰地者國之本也本何可與諸言與者皆斬之冒頓上馬令國中有後者斬東襲東胡東胡輕冒頓不爲之備冒頓擊滅之冒頓遂西擊月氏南并樓煩白羊河南北侵燕代悉復收秦所使蒙恬所奪匈奴地也　陳皞曰所欲必無所顧惜子女

以惑其心玉帛以驕其志范蠡鄭武之謀也　梅堯臣曰示以卑弱以驕其心　王晳曰示卑弱以驕之彼不虞我而擊其間　張預曰或卑辭厚賂或羸師佯北皆所以令其驕怠吳子伐齊越子率衆而朝王及列士皆有賂吳人皆喜惟子胥懼曰是豢吳也後果爲越所滅楚伐庸七遇皆北庸人曰楚不足與戰矣遂不設備楚子乃爲二隊以伐之遂滅庸皆其義也

佚而勞之御覽作引而勞之親而離之下又有佚而勞之四字按本文誘與取爲韻備與避爲韻撓驕與勞爲韻不應于親而離之下復重出也

一本作引而勞之　曹公曰以利勞之　李筌曰敵佚而我勞之者善功也吳伐楚公子光問計於伍子胥子胥曰可爲三師以肆焉我一師至彼必盡衆而出彼出我歸亟肆以疲

之多方以誤之然後三師以繼之必大克從之楚於是始病吳矣　杜牧曰吳公子光問伐楚於伍員員曰可爲三軍以肄焉我一師至彼必盡出彼出則歸亟肄以疲之多方以誤之然後三師以繼之必大克從之於是子重一歲七奔命於是乎始病吳終入郢後漢末曹公旣破劉備備奔袁紹引兵欲與曹公戰別駕田豐曰操善用兵未可輕舉不如以久持之將軍據山河之固有四州之地外結英豪內修農戰然後揀其精銳分爲奇兵乘虛迭出以擾河南救右則擊其左救左則擊其右使敵疲於奔命人不安業我未勞而彼已困矣不及三年可坐克也今釋廟勝之策而決成敗於一戰悔無及也紹不從故敗　梅堯臣曰以我之佚待彼之勞　王晳曰多奇兵也彼出則歸彼歸則出救左則右救右則左所以

罷勞之也　何氏曰孫子有治力之法以佚而待勞故論敵佚我宜多方以勞弊之然後可以制勝　張預曰我則力全彼則道敝若晉楚爭鄭久而不決晉知武子乃分四軍爲三部晉各一動而楚三來于是三駕而楚不能與之爭又申公巫臣教吳伐楚於是子重一歲七奔命是也

親而離之

曹公曰以間離之　杜佑曰以利誘之使五間并入辯士馳說親彼君臣分離其形勢若秦遣反間欺誑趙君使廢廉頗而任趙奢之子卒有長平之敗（按通典摘引利而誘之親而離之二語故其釋之如此）　李筌曰破其行約間其君臣而後攻也昔秦伐趙秦相應侯間於趙王曰我惟懼趙用括耳廉頗易與也趙王然之乃用括代頗爲秦所敗坑卒四十萬於長平則其義也　杜牧

曰言敵若上下相親則當以厚利啗而離間之陳平言於漢王曰今項王骨鯁之臣不過亞父鍾離昧龍且周殷之屬不過數人大王誠能用數萬斤金間其君臣彼必內相誅漢因舉兵而攻之滅楚必矣漢王然之出黃金四萬斤與平使之反間項王果疑亞父不急擊下滎陽漢王遁去　陳皞曰彼悋爵祿此必捐之彼嗇財貨此必輕之彼好殺罰此必緩之因其上下相猜得行離間之說由余所以歸秦英布所以佐漢也　梅堯臣同杜牧註　王晳曰敵相親則以計謀離間之　張預曰或間其君臣或間其交援使相離貳然後圖之應侯間趙而退廉頗陳平間楚而逐范增是君臣相離也秦晉相合以伐鄭燭之武夜出說秦伯曰今得鄭則歸於晉無益於秦也不如捨鄭以爲東道主秦伯悟而退師是交援相

離也

攻其無備出其不意

曹公曰擊其懈怠出其空虛　孟氏曰擊其空虛襲其懈怠使敵不知所以敵也故曰兵者無形爲妙太公曰動莫神於不意謀莫善於不識　杜佑曰擊其懈怠不備之處攻其空虛之塗也太公曰動莫神于不意謀莫大於不識（據通典補）　李筌曰擊懈怠襲空虛　杜牧曰擊其空虛襲其懈怠　梅堯臣王晳註同上　何氏曰攻其無備者魏太祖征烏桓郭嘉曰胡恃其遠必不設備因其無備卒然擊之可破滅也太祖行至易水嘉曰兵貴神速今千里襲人輜重多難以趨利不如輕兵兼道以出掩其不意乃密出盧龍塞直指單于庭合戰大破之唐李靖陳十策以圖蕭銑總管三軍之任一以委

靖八月集兵夔州銑以時屬秋潦江水泛漲三峽路危必謂靖不能進遂不設備九月靖率兵而進曰兵貴神速機不可失今兵始集銑尚未知乘水漲之勢倏忽至城下所謂疾雷不及掩耳縱使知我倉卒無以應敵此必成擒也進兵至夷陵銑始懼召江南兵果不能至勒兵圍城銑遂降出其不意者魏末遣將鍾會鄧艾伐蜀蜀將姜維守劍閣會攻維未克艾上言請從陰平由邪徑出劍閣西入城都奇兵衝其腹心劍閣之軍必還赴涪則會方軌而進劍閣之軍不還則應涪之兵寡矣軍志云攻其無備出其不意今掩其空虛破之必矣冬十月艾自陰平行無人之境七百餘里鑿山通道造作橋閣山高谷深至爲艱險又糧運將匱頻於危殆艾以氈自裹自轉乃下將士皆攀木緣崖魚貫而進先登至江油蜀守

將馬邈降諸葛瞻自涪還綿竹列陳相拒大敗之斬瞻及尚書張遵等進軍至成都蜀主劉禪降又齊神武爲東魏將率兵伐西魏屯軍蒲坂造三道浮橋渡河又遣其將竇泰趣潼關高敖曹圍洛州西魏將周文帝出軍廣陽召諸將謂曰賊今掎吾三面又造橋於河示欲必渡欲綴吾軍使竇泰得西入耳久與相持其計得行非良策也且高歡用兵常以泰爲先驅其下多鋭卒屢勝而驕今出其不意襲之必克克泰則歡不戰而自走矣諸將咸曰賊在近捨而遠襲事若蹉跌悔無及矣周文曰歡前再襲潼關吾軍不過霸上今者大來兵未出郊賊固謂吾但自守耳無遠鬬志又狃於得志有輕我心乘此擊之何往不克賊雖造橋未能徑渡比五日中吾取竇泰必矣公等勿疑周文遂率騎六千還長安聲言欲往隴

右辛亥潛出軍癸丑晨至潼關竇泰卒聞軍至惶懼依山爲陳未及陳列周文擊破之斬泰傳首長安高敖曹適陷洛州聞泰沒燒輜重棄城而走　張預曰攻無備者謂懈怠之處敵之所不虞者則擊之若燕人畏鄭三軍而不虞制人爲制人所敗是也出不意者謂虛空之地敵不以爲慮者則襲之若鄧艾伐蜀行無人之地七百餘里是也

此兵家之勝不可先傳也御覽先作豫注同

曹公曰傳猶洩也兵無常勢水無常形御覽作兵無成勢無常形按此用下篇語也御覽誤臨敵變化不可先傳故曰料敵在心察機在目也原本傳下有也字故下無曰字今從御覽改正　李筌曰無備不意攻之必勝此兵之要祕而不傳也　杜牧曰傳言也此言上之所陳悉用兵取勝之策固非一定之制見敵之形始可施爲不可先事而言也

梅堯臣曰：臨敵應變制宜，豈可預前言之。　王晳曰夫校計行兵是爲常法若乘機決勝則不可預傳述也　張預曰言上所陳之事乃兵家之勝策須臨敵制宜不可以預先傳言也

夫未戰而廟算勝者得算多也未戰而廟算不勝者得算少也多算勝少算不勝（通典作少算敗此臆改之也）而況於無算乎吾以此觀之勝負見矣（通典見上有易字）

曹公曰以吾道觀之矣　李筌曰夫戰者決勝廟堂然後與人爭利凡伐叛懷遠推亡固存兼弱攻昧皆物之所出中外離心如商周之師者是爲未戰而廟算勝太一遁甲置算之法因六十算已上爲多算六十算已下爲少算客多算臨少算主人敗客少算臨多算主人勝此皆勝敗易見矣　杜牧

曰廟算者計算於廟堂之上也　梅堯臣曰多算故未戰而廟謀先勝少算故未戰而廟謀不勝是不可無算矣　王晳曰此懼學者惑不可先傳之說故復言計篇義也　何氏曰計有巧拙成敗繫焉　張預曰古者興師命將必致齋於廟授以成算然後遣之故謂之廟算籌策深遠則其計所得者多故未戰而先勝謀慮淺近則其計所得者少故未戰而先負多計勝少計不勝其無計者安得無敗故曰勝兵先勝而後求戰敗兵先戰而後求勝有計無計勝負易見

孫子十家註卷一終

孫子十家註卷二

賜進士及第署山東提刑按察使分巡兖沂曹濟黃河兵備道孫星衍　賜進士出身署萊州府知府候補知府吳人驥同校

作戰篇

（曹公曰欲戰必先算其費務因糧於敵也　李筌曰先定計然後修戰具是以戰次計之篇也　王晳曰計以知勝然後興戰而具軍費猶不可以久也　張預曰計算已定然後完車馬利器械運糧草約費用以作戰備故次計）

孫子曰凡用兵之法馳車千駟（御覽作千乘）革車千乘帶甲十萬

曹公曰馳車輕車也駕駟馬凡千乘（據御覽補按王晳引曹注亦有凡千乘三字）革車重車也言萬騎之重也一車駕四馬（原本作萬騎之重車駕四馬今據御覽補）卒十騎一重（原本作率三萬軍今據御覽改）養二人主炊家子一人主保固守衣裝廄二人（御覽廄作斯）主養馬凡五人步兵十人重以大車駕牛養二人主炊家子一人主守衣裝凡三人也帶甲十萬士卒數也　李筌曰馳車戰車也革車輕車也帶甲步卒

車一兩駕以駟馬步卒七十人計千駟之軍帶甲七萬馬四千匹孫子約以軍資之數以十萬爲率則百萬可知也　杜牧曰輕車乃戰車也古者車戰革車輜車重車也載器械財貨衣裝也司馬法曰一車甲士三人步卒七十二人炊家子十人固守衣裝五人廏養五人樵汲五人輕車七十五人重車二十五人故二乘兼一百人爲一隊舉十萬之衆革車千乘校其費用度計則百萬之衆皆可知也　梅堯臣曰馳車輕車也革車重車也凡輕車一乘甲士步卒二十五人重車一乘甲士步卒七十五人舉二車各千乘是帶甲者十萬人

王晳曰曹公曰輕車也駕駟馬凡千乘晳謂馳車謂駕革車也一乘四馬爲駟千駟則革車千乘曹公曰重車也晳謂革車兵車也有五戎千乘之賦諸侯之大者曹公曰帶甲十

萬步卒數也晳謂井田之法甸出兵車一乘甲士三人步卒七十二人千乘總七萬五千人此言帶甲十萬豈當時權制歟　何氏曰十萬舉成數也　張預曰馳車即攻車也革車即守車也按曹公新書云攻車一乘前拒一隊左右角二隊共七十五人守車一乘炊子十人守裝五人廄養五人樵汲五人共二十五人攻守二乘凡一百人興師十萬則用車二千輕重各半與此同矣

千里饋糧

曹公曰越境千里　李筌曰道理縣遠

則內外之費賓客之用膠漆之材車甲之奉日費千金御覽無費字脫

然後十萬之師舉矣通典御覽師作衆

曹公曰謂賂賞猶在外原本賂譌作購今改正杜牧亦云賂賞猶在外　李筌曰夫

軍出於外則帑藏竭於內舉千金者言多費也千里之外贏糧則二十人奉一人也　杜牧曰軍有諸侯交聘之禮故曰賓客也車甲器械完緝修繕言膠漆者舉其細微千金者言費用多也猶賂賞在外也　賈林曰計費不足未可以興師動衆故李太尉曰三軍之門必有賓居論議　梅堯臣曰舉師十萬饋糧千里日費如此師久之戒也　王晳曰內謂國中外謂軍所也賓客若諸侯之使及軍中宴饗吏士也膠漆車甲舉細與大也　何氏曰老師費財智者慮之　張預曰去國千里卽當因糧若須供餉則內外騷動疲困於路蠹耗無極也賓客者使命與遊士也膠漆者修飾器械之物也車甲者膏轄金革之類也約其所費日用千金然後能興十萬之師千金言重費也賂賞猶在外

其用戰也勝久（御覽無勝字）則鈍兵（通典、御覽俱作頓兵，下同）挫銳攻城則力屈

曹公曰鈍弊也屈盡也　杜牧曰勝久淹久而後能勝也言與敵相持久而後勝則甲兵鈍弊銳氣挫衂攻城則人力殫盡屈折也　賈林曰戰雖勝人久則無利兵貴全勝鈍兵挫銳士傷馬疲則屈　梅堯臣曰雖勝且久則必兵仗鈍弊而軍氣挫銳攻城而久則力必殫屈　王晳曰屈窮也求勝以久則鈍弊折挫攻城則益甚也　張預曰及交兵合戰也久而後能勝則兵疲氣沮矣千里攻城力必困屈

久暴師則國用不足

孟氏曰久暴師露衆千里之外則軍國費用不足相供　梅堯臣曰師久暴於外則輸用不給　張預曰日費千金師久暴則國用豈能給若漢武帝窮征深討久而不解及其國用

空虛乃下哀痛之詔是也

夫鈍兵挫銳屈力殫音單貨通典御覽并作力屈貨殫則諸侯乘其弊而起雖有智者不能善其後矣

杜佑曰雖當時有用兵之術不能防其後患　李筌曰十萬衆舉日費千金非唯頓挫於外亦財殫於内是以聖人無暴師也隋大業初煬帝重兵好征力屈鴈門之下兵挫遼水之上疏河引淮轉輸彌廣出師萬里國用不足於是楊元感李密乘其弊而起縱蘇威高頴豈能爲之謀也　杜牧曰蓋以師久不勝財力俱困諸侯乘之而起雖有智能之士亦不能於此之後善爲謀畫也　賈林曰人離財竭雖伊呂復生亦不能救此亡敗也　梅堯臣曰取勝攻城暴師且久則諸侯乘此弊而起襲我我雖有智將不能制也　王晳曰以其弊

甚必有危亡之憂　何氏曰其後謂兵不勝而敵乘其危殆雖智者不能盡其善計而保全　張預曰兵已疲矣力已困矣財已匱矣鄰國因其罷弊起兵以襲之則縱有智能之人亦不能防其後患若吳伐楚入郢久而不歸越兵遂入當是時雖有伍員孫武之徒何嘗能爲善謀於後乎

故兵聞拙速未睹巧之久也

曹公李筌曰雖拙有以速勝未睹者言其無也　孟氏曰雖拙有以速勝　杜佑註同孟氏　杜牧曰攻取之間雖拙於機智然以神速爲上蓋無老師費財鈍兵之患則爲巧矣　陳皡曰所謂疾雷不及掩耳卒電不及瞬目　梅堯臣曰拙尚以速勝未見工而久可也　王晳曰晳謂久則師老財費國虛人困巧者保無所患也　何氏曰速雖拙不費財力也

久雖巧恐生後患也後秦姚萇與苻登相持萇將苟曜據逆
萬堡密引苻登萇與登戰敗於馬頭原收衆復戰姚碩德謂
諸將曰上愼於輕戰每欲以計取之今戰旣失利而更逼賊
必有由也萇聞而謂碩德曰登用兵遲緩不識虛實今輕兵
直進徑據吾東必苟曜與之連結耳事久變成其禍難測所
以速成者欲使苟曜豎子謀之未就好之未深耳果大敗之
武后初徐敬業舉兵於江都稱匡復皇家以盩厔尉魏思恭
爲謀主問計於思恭對曰明公旣以太后幽縶少主志在匡
復兵貴拙速宜早渡淮北親率大衆直入東都山東將士知
公有勤王之舉必以死從此則指日刻期天下必定敬業欲
從其策薛璋又說曰金陵之地王氣已見宜早應之兼有大
江設險足可以自固請且攻取常潤等州以爲王霸之業然

後率兵北上鼓行而前此則退有所歸進無不利實良策也敬業以爲然乃自率兵四千人南渡以擊潤州思恭密謂杜求仁曰兵勢宜合不可分今敬業不知并力渡淮率山東之衆以合洛陽必無能成事果敗　張預曰但能取勝則寧拙速而無巧久若司馬宣王伐上庸以一月圖一年不計死傷與糧競者斯可謂欲拙速也

夫兵久而國利者御覽作圖利非未之有也

杜佑曰兵者凶器久則生變若智伯圍趙逾年不歸卒爲襄子所擒身死國分故新序傳曰好戰窮武未有不亡者也李筌曰春秋曰兵猶火也弗戢將自焚　賈林曰兵久無功諸侯生心　梅堯臣曰力屈貨殫何利之有　張預曰師老財竭於國何利

故不盡知用兵之害者則不能盡知用兵之利也

杜佑曰言謀國動軍行師不先慮危亡之禍則不足取利也若秦伯見襲鄭之利不顧崤函之敗吳王矜伐齊之功而忘姑蘇之禍也　李筌曰利害相依之所生先知其害然後知其利也　杜牧曰害之者勞人費財利之者吞敵拓境苟不顧已之患則舟中之人盡爲敵國安能取利於敵人哉　賈林曰將驕卒惰貪利忘變此害最甚也　梅堯臣曰不再籍不三載利也百姓虛公家費害也苟不知害又安知利　王晳曰久而能勝未免於害速則利斯盡也　張預曰先知老師殫貨之害然後能知擒敵制勝之利

善用兵者役不再籍通典及御覽籍作藉按此與曹注合後作籍者字之譌糧不三載御覽作再載

曹公曰籍猶賦也言初賦民便取勝不復歸國發兵也始載糧後遂因食於敵還兵入國不復以糧迎之也　杜佑曰藉猶賦也言初賦人便取勝不復歸國發兵也始載糧遂因食於敵還方入國因釁而動兼惜人力舟車之運不至於三也據通典補　李筌曰籍書也不再籍書恐人勞怨生也秦發關中之卒是以有陳吳之難也軍出度遠近饋之軍入載糧迎之謂之三載越境則館穀於敵無三載之義也　杜牧曰審敵可攻審我可戰然後起兵便能勝敵而還鄭司農周禮註曰役謂發兵役籍乃伍籍也比參爲伍因內政寄軍令以伍籍發軍起役也　陳皥曰籍借也不再借民而役也糧者往則載焉歸則迎之是不三載也不困乎兵不竭乎國言速而利也　梅堯臣同陳皥註　王晳同曹公註　張預曰役謂興

兵動衆之役故師卦註曰任大役重無功則凶籍謂調兵之符籍故漢制有尺籍伍符言一舉則勝不可再籍兵役於國也糧始出則載之越境則掠之歸國則迓之是不三載也此言兵不可久暴也

取用於國因糧於敵故軍食可足也

曹公曰兵甲戰具取用國中糧食因敵也　杜佑曰兵甲戰具取用國中糧食因敵也取資用於我國因糧食於敵家也晉師館穀於楚是也　李筌曰具我戎器因敵之食雖出師千里無匱之也　梅堯臣曰軍之須用取於國軍之糧餉因於敵　何氏曰因謂兵出境鈔聚掠野至於克敵拔城得其儲積也　張預曰器用取於國者以物輕而易致也糧食因於敵者以粟重而難運也夫千里饋糧則士有飢色故因糧

則食可足

國之貧於師者遠輸遠輸則百姓貧通典御覽作遠師遠輸遠師遠輸者則百姓貧

孟氏曰兵車轉運於千里之外財則費於道路人有困窮者

李筌曰兵役數起而賦斂重　杜牧曰管子曰粟行三百里則國無一年之積粟行四百里則國無二年之積粟行五百里則衆有飢色此言粟重物輕也不可推移推移之則農夫耕牛俱失南畝故百姓不得不貧也　賈林曰遠輸則財耗於道路弊於轉運百姓日貧　張預曰以七十萬家之力供十萬之師於千里之外則百姓不得不貧

近於師者貴賣貴賣則百姓財竭御覽作百姓虛虛則竭

曹公曰軍行已出界近師者貪財皆貴賣則百姓虛竭也

杜佑曰言近軍師市多非常之賣當時貪貴以趨末利然後

財貨殫盡國家虛也　李筌曰夫近軍必有貨易百姓徇財殫產而從之竭也　賈林曰師徒所聚物皆暴貴人貪非常之利竭財物以賣之初雖獲利殊多終當力疲貨竭又云既有非常之斂故賣者求價無厭百姓竭力買之自然家國虛盡也　梅堯臣曰遠者供役以轉饋近者貪利而貴賣皆貧國匱民之道也　王晳曰夫遠輸則人勞費近市則物騰貴是故久師則爲國患也曹公曰軍行已出界近於師者貪財皆貴賣晳謂將出界也　張預曰近師之民必貪利而貴貨其物於遠來輸餉之人則財不得不竭

財竭則急於丘役御覽無財字

張預曰財力殫竭則丘井之役急迫而不易供也或曰丘役謂如魯成公作丘甲也國用急迫乃使丘出甸賦違常制也

丘十六井甸六十四井

力屈財殫（御覽無財殫二字）中原内虛於家百姓之費十去其七

曹公曰丘十六井也百姓財殫盡而兵不解則運糧盡力於原野也十去其七者所破費也　李筌曰兵久不止男女怨曠困於輸輓丘役力屈財殫而百姓之費十去其七　杜牧曰司馬法曰六尺爲步步百爲畝畝百爲夫夫三爲屋屋三爲井四井爲邑四邑爲丘四丘爲甸丘蓋十六井也丘有戎馬一匹牛四頭甸有戎馬四匹牛十六頭丘車一乘甲士三人步卒七十二人今言兵不解則丘役益急百姓糧盡財竭力盡於原野家業十耗其七也　陳皞曰丘聚也聚斂賦役以應軍須如此則財竭於人人無不困也　王晳曰急者暴於常賦也若魯成公作丘甲是也如此則民費太半矣要見

公費差減故云十七曹公曰丘十六井兵不解則運糧盡力於原野　何氏曰國以民爲本民以食爲天居人上者宜乎重惜　張預曰運糧則力屈輸餉則財殫原野之民家產內虛度其所費十無其七也

公家之費破車罷馬甲冑矢弩戟楯蔽櫓丘牛大車十去其六御覽費作用非罷作疲俗字也又矢弩作弓矢蔽櫓作干櫓丘作兵誤其六作五六一本作十去其七　曹公曰丘牛謂丘邑之牛大車乃長轂車也　李筌曰丘大也此數器者皆軍之所須言遠近之費公家之物十損於七也　梅堯臣曰百姓以財糧力役奉軍之費其資十損乎七公家以牛馬器仗奉軍之費其資十損乎六是以竭賦窮兵百姓弊矣役急民貧國家虛矣　王皙曰楯干也蔽可以屏蔽櫓大楯也丘牛古所謂匹馬丘牛也

大車牛車也易曰大車以載　張預曰兵以車馬爲本故先言車馬疲敝也蔽櫓楯也今謂之彭排丘牛大牛也大車必革車始言破車疲馬者謂攻戰之馳車也次言丘牛大車者即輜重之革車也公家車馬器械亦十損其六

故智將務食於敵食敵一鍾當吾二十鍾萁秆一石當吾二十石

曹公曰六斛四斗爲鍾計千里轉運二十鍾而致一鍾於軍中也原本脫今據太平御覽補萁豆稭也秆禾藁也石者一百二十斤也轉輸之法費二十石得一石一云萁音忌豆也七十斤爲一石當吾二十言遠費也　孟氏曰十斛爲鍾計千里轉運道路耗費二十鍾可致一鍾於軍中矣　李筌曰遠師轉一鍾之粟費二十鍾方可達軍將之智也務食於敵以省己之費

也　杜牧曰六石四斗爲一鍾一石一百二十斤惎豆稭也秆禾藁也或言惎秆藁也秦攻匈奴使天下運糧起於黃腄瑯琊負海之郡轉輸北河率三十鍾而致一石漢武建元中通西南夷作者數萬人千里負擔饋糧率十餘鍾致一石今校孫子之言食敵一鍾當吾二十鍾蓋約平地千里轉輸之法費二十石得一石不約道里蓋漏闕也黃腄音直瑞反又音誰在東萊北河郎今之朔方郡　梅堯臣注同曹公　王晳曰曹公曰惎豆稭也秆藁也石者百二十斤也轉輸之法費二十乃得一晳謂上文千里饋糧則轉輸之法謂千里耳惎今作萁秆故書爲芊當作秆　張預曰六石四斗爲鍾一百二十斤爲石惎豆稭也秆禾藁也千里饋糧則費二十鍾石而得一鍾石到軍所若越險阻則猶不啻故秦征匈奴率

三十鍾而致一石此言能將必因糧於敵也

故殺敵者怒也

曹公曰威怒以致敵　李筌曰怒者軍威也　杜牧曰萬人非能同心皆怒在我激之以勢使然也田單守即墨使燕人劓降者掘城中人墳墓之類是也　賈林曰人之無怒則不肯殺　王晳曰兵主威怒　何氏曰燕圍齊之即墨齊之降者盡劓齊人皆怒愈堅守田單又縱反間曰吾懼燕人掘吾城外冢墓戮辱先人可爲寒心燕軍盡掘壠墓燒死人即墨人從城上望見皆泣涕其欲出戰怒自十倍單知士卒可用遂破燕師後漢班超使西域到鄯善會其吏士三十六人與共飲酒酣因激怒之曰今俱在絶域欲立大功以求富貴虜使到裁數日而王禮貌即廢如收吾屬送匈奴骸骨長爲豺

狼食矣官屬皆曰今在危亡之地死生從司馬超曰不入虎穴不得虎子當今之計獨有因夜以火攻虜使彼不知我多少必大震怖可殄盡也滅此虜則功成事立矣衆曰善初夜將吏士奔虜營會天大風超令十人持鼓藏虜舍後約曰見火然皆當鳴鼓大呼餘人悉持弓弩夾門而伏超順風縱火虜衆驚亂衆悉燒死蜀龐統勸劉備襲益州牧劉璋備曰此大事不可倉卒及璋使備擊張魯乃從璋求萬兵及資寶欲以東行璋但許兵四千其餘皆給半備因激怒其衆曰吾爲益州征強敵師徒勤瘁不遑寧居今積帑藏之財而悋於賞功望士大夫爲出死力戰其可得乎由是相與破璋　張預曰激吾士卒使上下同怒則敵可殺尉繚子曰民之所以戰者氣也謂氣怒則人人自戰

取敵之利者貨也

曹公曰軍無財士不來軍無賞士不往　杜佑曰人知勝敵有厚賞之利則冒白刃當矢石而樂以進戰者皆貨財酬勳賞勞之誘也　李筌曰利者益軍寶也　杜牧曰使士見取敵之利者貨財也謂得敵之貨財必以賞之使人皆有欲各自爲戰後漢荆州刺史度尚討桂州賊帥卜陽潘鴻等入南海破其三屯多獲珍寶而鴻等黨聚猶衆士卒驕富莫有鬬志尚曰卜陽潘鴻作賊十年皆習於攻守當須諸郡併力可攻之今軍恣聽射獵兵士喜悅大小相與從禽尚乃密使人潛焚其營珍積皆盡獵者來還莫不泣涕尚曰卜陽等財貨足富數世諸卿但不併力耳所亡少少何足介意衆聞咸憤踴願戰尚令秣馬蓐食明晨徑赴賊屯陽鴻不設備吏士乘

銳遂破之此乃是也　孟氏同杜牧註　梅堯臣曰殺敵則激吾人以怒取敵則利吾人以貨　王晳曰謂設厚賞耳若使衆貪利自取則或違節制耳　張預曰以貨啗士使人自爲戰則敵利可取故曰重賞之下必有勇夫皇朝太祖命將伐蜀諭之曰所得州邑當與我傾竭帑庫以饗士卒國家所欲惟土疆耳於是將吏死戰所至皆下遂平蜀

故車戰得車十乘已上賞其先得者

曹公曰以車戰能得敵車十乘已上賞賜之不言車戰得車十乘已上者賞之而言賞得者何言欲開示賞其所得車之卒也陳車之法五車爲隊僕射一人十車爲官卒長一人車十乘乘將吏二人因而用之故別言賜之欲使將恩下及也或云言使自有車十乘已上與敵戰但取其有功者賞之其

十乘已下雖一乘獨得餘九乘皆賞之所以率進勵士也
李筌曰重賞而勸進也　杜牧曰夫得車十乘已上者蓋衆
人用命之所致也若徧賞之則力不足與其所獲之車公家
仍自以財貨賞其唱謀先登者此所以勸勵士卒故上文云
取敵之利者貨也言十乘者舉其綱目也　賈林曰勸未得
者使自勉也　梅堯臣曰徧賞則難周故獎一而勵百也
王晳曰以財賞其所先得之卒　張預曰車一乘凡七十五
人以車與敵戰吾士卒能獲敵車十乘已上者吾士卒必不
下千餘人也以其人衆故不能徧賞但以厚利賞其陷陳先
獲者以勸餘衆古人用兵必使車奪車騎奪騎步奪步故吳
起與秦人戰令三軍曰若車不得車騎不得騎徒不得徒雖
破軍皆無功

而更其旌旗
曹公曰與吾同也　李筌曰令色與吾同　賈林曰令不識也　張預曰變敵之色令與己同

車雜而乘之
曹公曰不獨任也　李筌曰夫降虜之旌旗必更其色而雜其事車乃可用也　杜牧曰士卒自獲敵車任雜然自乘之官不錄也　梅堯臣曰車許雜乘旗無因故　王晳曰謂得敵車可與我車雜用之也　張預曰己車與敵車參雜而用之不可獨任也

卒善而養之
張預曰所獲之卒必以恩信撫養之俾爲我用

是謂勝敵而益强

曹公曰益己之强　李筌曰後漢光武破銅馬賊於南陽虜衆數萬各配部曲然人心未安光武令各歸本營乃輕行其間以勞之相謂曰蕭王推赤心置人腹中安得不投死乎於是漢益振則其義也　杜牧曰得敵卒也因敵之資益己之强　梅堯臣曰獲卒則任其所長養之以恩必爲我用也　王晳曰得敵卒則養之與吾卒同善者謂勿侵辱之也若厚撫初附或失人心　何氏曰因敵以勝敵何往不强　張預曰勝其敵而獲其車與卒既爲我用則是增己之强光武推赤心人人投死之類也

故兵貴勝不貴久

曹公曰久則不利兵猶火也不戢將自焚也　孟氏曰貴速勝疾還也　梅堯臣曰上所言皆貴速也速則省財用息民

力也　何氏曰孫子首尾言兵久之理蓋知兵不可玩武不可黷之深也　張預曰久則師老財竭易以生變故但貴其速勝疾歸

故知兵之將民之司命（原本作生民之司命按潛夫論通典御覽皆無生字今改正）國家安危之主也（潛夫論作而國安危之主也）

曹公曰將賢則國安也　李筌曰將有殺伐之權威欲却敵人命所繫國家安危在於此矣　杜牧曰民之性命國之安危皆由於將也　梅堯臣曰此言任將之重　王晳曰將賢則民保其生而國家安矣否則民被毒殺而國家危矣明君任屬可不精乎　何氏曰民之性命國之治亂皆主於將將之任難古今所患也　張預曰民之死生國之安危繫乎將之賢否

孫子十家註卷二終

孫子十家註卷三

賜進士及第署山東提刑按察使分巡兗沂曹濟黃河兵備道孫星衍　賜進士出身署萊州府知府候補同知吳人驥同校

謀攻篇

曹公曰欲攻敵必先謀　李筌曰合陳爲戰圍城曰攻以此篇次戰之下　杜牧曰廟堂之上計算已定戰爭之具糧食之費悉已用備可以謀攻故曰謀攻也　王晳曰謀攻敵之利害當全策以取之不銳於伐兵攻城也　張預曰計議已定然後可以智謀攻故次作戰

孫子曰凡用兵之法全國爲上破國次之

曹公曰興師深入長驅距其城郭絕其內外敵舉國來服爲上以兵擊破敗而得之其次也　杜佑曰敵國來服爲上以兵擊破爲次　李筌曰不貴殺也韓信虜魏王豹擒夏說斬成安君此爲破國者及用廣武君計北首燕路遣一介之使奉咫尺之書燕從風而靡則全國也　賈林曰全得其國我國亦全乃爲上　王晳曰若韓信舉燕是也　何氏曰以方

畧氣勢令敵人以國降上策也　張預曰尉繚子曰講武料敵使敵氣失而師散雖形全而不爲之用此道勝也破軍殺將乘堙發機會衆奪地此力勝也然則所謂道勝力勝者卽全國破國之謂也夫弔民伐罪全勝爲上爲不得已而至於破則其次也

全軍爲上破軍次之

曹公杜牧曰司馬法曰一萬二千五百人爲軍　何氏曰降其城邑不破我軍也

全旅爲上破旅次之

曹公曰五百人爲旅

全卒爲上破卒次之

曹公曰一旅已下原本作一校已上字之譌也今改正至一百人也　杜佑曰

李筌曰百人已上爲卒

全伍爲上破伍次之

曹公曰百人已下至五人　李筌曰百人已下爲伍　杜牧曰五人爲伍　梅堯臣曰謀之大者全得之　王晳曰國軍卒伍不問小大全之則威德爲優破之則威德爲劣按此注北堂書鈔引之蓋非王晳注也　何氏曰自軍之伍皆次序上下言之此意以策畧取之爲妙不惟一軍至於一伍不可不全　張預曰周制萬二千五百人爲軍五百人爲旅百人爲卒五人爲伍自軍至伍皆以不戰而勝之爲上

是故百戰百勝非善之善者也

陳皥曰戰必殺人故也　賈林曰兵威遠振全來降伏斯爲上也詭詐爲謀摧破敵衆殘人傷物然後得之又其次之

梅堯臣曰惡乎殺傷殘害也　張預曰戰而能勝必多殺傷

故曰非善

不戰而屈人之兵善之善者也

曹公曰未戰而敵自屈服　孟氏曰重廟勝也　杜牧曰以計勝敵　陳皥曰韓信用李左車之計馳咫尺之書不戰而下燕城也　王晳曰兵貴伐不務戰也　何氏曰後漢王霸討周建蘇茂既戰歸營賊復聚挑戰霸堅卧不出方饗士作倡樂茂雨射營中中霸前酒樽霸安坐不動軍吏曰茂已破今易擊霸曰不然茂客兵遠來糧食不足故挑戰以徼一時之勝今閉營休士所謂不戰而屈人兵善之善也茂乃引退

張預曰明賞罰信號令完器械練士卒暴其所長使敵從風而靡則爲大善若吳王黄池之會晉人畏其有法而服之

者是也

故上兵伐謀

曹公曰敵始有謀伐之易也　孟氏曰九攻九拒是其謀也

杜佑曰敵方設謀欲舉衆師伐而抑之是其上故太公云善除患者理於未生善勝敵者勝於無形也通典理於作慮其勝敵作保勝勝於作出於　李筌曰伐其始謀也後漢寇恂圍高峻峻遣謀臣皇甫文謁恂詞禮不屈恂斬之報峻曰軍師無禮已斬之欲降急降不欲固守峻即日開壁而降諸將曰敢問殺其使而降其城何也恂曰皇甫文峻之心腹其取謀者留之則文得其計殺之則峻亡其膽所謂上兵伐謀諸將曰非所知也

杜牧曰晉平公欲攻齊使范昭往觀之景公觴之酒酣范昭請君之樽酌公曰寡人之樽進客范昭已飲晏子徹樽更爲

酌范昭佯醉不悅而起舞謂太師曰能爲我奏成周之樂乎吾爲舞之太師曰瞑臣不習范起出景公曰晉大國也來觀吾政今子怒大國之使者將柰何晏子曰觀范昭非陋於禮者且欲慙於國臣故不從也太師曰夫成周之樂天子之樂也惟人主舞之今范昭人臣而欲舞天子之樂臣故不爲也范昭歸報晉平公曰齊未可伐臣欲辱其君晏子知之臣欲犯其禮太師識之仲尼曰不越樽俎之間而折衝千里之外晏子之謂也春秋時秦伐晉晉將趙盾禦之上軍佐臾駢曰秦不能久請深壘固軍以待之秦人欲戰秦伯謂士會曰若何而戰對曰趙氏新出其屬曰臾駢必實爲此謀將以老我師也趙有側室曰穿晉君之壻也有寵而弱不在軍事好勇而狂且惡臾駢之佐上軍若使輕者肆焉其可秦軍掩晉上

軍趙穿追之不及返怒曰裹糧坐甲固敵是求敵至不擊將何俟焉軍吏曰將有待也穿曰我不知謀將獨出乃以其屬出趙盾曰秦獲穿也獲一卿矣秦以勝歸我何以報乃皆出戰交綏而退夫晏子之對敵也將謀伐我我先伐其謀故敵人不得而伐我士會之對是我將謀伐敵敵人有謀拒我乃伐其謀敵人不得與我戰斯二者皆伐謀也故敵欲謀我伐其未形之謀我若伐敵敗其已成之計固非止於一人　梅堯臣曰以智勝　王晳曰以智謀屈人最爲上　何氏曰敵始謀攻我我先攻之易也揣知敵人謀之趣向因而加兵攻其彼心之發也　張預曰敵始發謀我從而攻之彼必喪計而屈服若晏子之沮范昭是也或曰伐謀者用謀以伐人也言以奇策祕算取勝於不戰兵之上也

其次伐交

曹公曰交將合也　孟氏曰交合强國敵不敢謀　杜佑曰不令合（原本無據通典御覽補）　李筌曰伐其始交也蘇秦約六國不事秦而秦閉關十五年不敢窺山東也　杜牧曰非止將合而已合之者皆可伐也張儀願獻秦地六百里於楚懷王請絕齊交隨何於黥布坐上殺楚使者以絕項羽曹公與韓遂交馬語以疑馬超高洋以蕭深明請和於梁以疑侯景終陷臺城此皆伐交權道變化非一途也　陳皞曰或云敵已與師交合伐而勝之是其次也若晉文公敵宋攜離曹衛也　梅堯臣曰以威勝　王晳曰謂未能全屈敵謀當且間其交使之解散彼交則事鉅敵堅彼不交則事小敵脆也　何氏曰杜稱已上四事乃親而離之之義也伐交者兵欲交合設

疑兵以懼之使進退不得因來屈服旁鄰既爲我援敵不得不孤弱也　張預曰兵將交戰將合則伐之傳曰先人有奪人之心謂兩軍將合則先薄之孫叔敖之敗晉師厨人濮之破華氏是也或曰伐交者用交以伐人也言欲舉兵伐敵先結鄰國爲掎角之勢則我强而敵弱

其次伐兵

曹公曰兵形已成也　李筌曰臨敵對陳兵之下也　賈林曰善於攻取舉無遺策又其次也故太公曰爭勝於白刃之先者非良將也　梅堯臣曰以戰勝　王晳曰戰者危事　張預曰不能敗其始謀破其將合則犀利兵器以勝之兵者器械之總名也太公曰必勝之道器械爲寶

下政攻城今本下政作其下詳注意則故書作下政也據通典御覽改正

曹公曰敵國以收其外糧城以攻之爲下政也　杜佑曰言攻城屠邑政之下者原本政作攻字之誤據通典改正所害者多　李筌曰夫王師出境敵則開壁送款舉櫬轅門百姓怡悅政之上也若頓兵堅城之下師老卒惰攻守勢殊客主力倍政之爲下也　梅堯臣曰費財役爲最下　王晳曰士卒殺傷城或未克　張預曰夫攻城屠邑不惟老師費財兼亦所害者多是爲政之下也

攻城之法爲不得已

張預曰攻城則力屈所以必攻者蓋不獲已耳

修櫓轒轀藝文類聚引作枌榅具器械三月而後成距闉又三月而後已

曹公曰修治也櫓大楯也轒轀者轒牀也轒牀其下四輪從中推之至城下也具備也器械者機關攻守之總名蜚古飛字原

本作飛今據御覽改正從其初所用字也樓雲梯之屬距闉者踴土積原本作稍字之譌今據御覽及杜佑注改正高而前以附其城也　杜佑曰轒轀上汾下溫修櫓長櫓也轒轀四輪車皆可推而往來冒以攻城器械謂雲梯浮格衝飛石連弩之屬攻城總名言修此攻具經一時乃成也自修櫓以下原本無據通典補距闉者踴土積高而前以附於城也積土為山曰堙以距敵城觀其虛實春秋傳曰楚司馬子反乘堙而窺宋城也　李筌曰櫓楯也以蒙首而趨城下轒轀者四輪車也其下藏兵數十人填隍推之直就其城木石所不能壞也器械飛樓雲梯板屋木幔之類也距闉者土木山乘城也東魏高歡之圍晉州侯景之攻臺城則其器也役約三月恐兵久而人疲也　杜牧曰櫓即今之所謂彭排轒轀四輪車排大木為之上蒙以生牛皮下可容十人往來運土

塡塹木石所不能傷今所謂木驢是也距闉者積土爲之卽今之所謂壘道也三月者一時也言修治器械更其距闉皆須經時精好成就恐傷人之甚也管子曰不能致器者困言無以應敵也太公曰必勝之道器械爲寶漢書志曰兵之伎巧一十有三家習手足便器械機關以立攻守之勝者夫攻城者有橦車刻鈎車飛梯蝦蟇木解合車狐鹿車影車高障車馬頭車獨行車運土豚魚車　陳皞曰杜稱櫓爲彭排非也若是彭排卽當用此樐字按櫓樐音訓同盾也又城上有櫓樓所以守亦扞禦之義也釋名云櫓露也露上無屋覆也今陳氏不達字義妄生區别謬已曹云大楯庶或近之蓋言候器械全具須三月距闉又三月已計六月將若不待此而生忿速必須殺士卒故下云將不勝其忿而蟻附之災也　梅堯臣曰威智不足以屈人不獲已而攻城則治攻具須經時

也曹公曰櫓大楯也轒轀者轒牀也其下四輪從中推至城下也器械機關攻守之總名蜚梯之屬也謂櫓爲大楯非也兵之具甚衆何獨言修大楯耶今城上守禦樓曰櫓櫓是轒牀上革屋以蔽矢石者歟　張預曰修櫓大楯也傳曰晉侯登巢車以望楚軍註云巢車車上爲櫓又晉師圍偪陽魯人建大車之輪蒙之以甲以爲櫓左執之右拔戟以成一隊註云櫓大楯也以此觀之修櫓爲大楯明矣轒轀四輪車其下可覆數十人運土以實隍者器械攻城總名也三月者約經時成也或曰孫子戒心忿而亟攻之故權言以三月成器械三月起距堙其實不必三月也城尚不能下則又積土與城齊使士卒上之或覩其虛實或毀其樓櫓欲必取也土山曰堙楚子反乘堙而窺宋城是也器械言成者取其久而成就

也距堙言已者以其經時而畢工也皆不得已之謂將不勝其忿而蟻附之殺士三分之一而城不拔者此攻之災（通典其忿作心之忿殺士作則殺士卒又攻字下有城字御覽其忿作心怒）曹公曰將忿不待攻城器而使士卒緣城而上如蟻之緣牆殺傷士卒也　杜佑曰守過二時敵人不服將不勝心之忿多使士卒蟻附其城殺傷我士民三分之一也言攻取不拔還爲已害故韓非曰一戰不勝則禍暨矣（原本禍訛作過據通典改）李筌曰將忿而不待攻城而使士卒肉薄登城如蟻之所附牆爲木石所殺之者三有一焉而城不拔者此攻城災也　杜牧曰此言爲敵所辱不勝忿怒也後魏太武帝率十萬衆寇宋臧質于盱眙太武帝始就質求酒質封溲便與之太武大怒遂攻城乃命肉薄登城分番相待墜而復昇莫有退者尸

與城平復殺其高梁王如此三旬死者過半太祖聞彭城斷其歸路見疾病甚衆乃解退傳曰一女乘城可敵十夫以此校之尚恐不啻　賈林曰但使人心外附士卒內離城乃自拔　何氏曰將心忿急使士卒如蟻緣而登死者過半城且不下斯害也已　張預曰攻逾二時敵猶不服將心忿躁不能持久使戰士蟻緣而登城則其士卒爲敵人所殺三分之一而堅城終不可拔茲攻城之害也已或曰將心忿速不俟六月之久而亟攻之則其害如此

故善用兵者屈人之兵而非戰也

杜佑曰言伐謀伐交不至於戰故司馬法曰上謀不鬬（按此係杜佑語見通典原本作何氏非今改正）　李筌曰以計屈敵非戰之屈者晉將郭淮圍麴城蜀將姜維來救淮趨牛頭山斷維糧道及歸路維

大震不戰而遁麴城遂降則不戰而屈之義也　杜牧曰周亞夫敵七國引兵東北壁昌邑以梁委吳使輕兵絕吳餉道吳梁相弊而食竭吳遁去因追擊大破之蜀將姜維使將句安李韶守麴城魏將陳泰圍之姜維來救出自牛頭山與泰相對泰曰兵法貴在不戰而屈人今絕牛頭維無返道則我之擒也諸軍各守勿戰絕其還路維懼遁走安等遂降　梅堯臣曰戰則傷人　王晳曰若李左車說成安君請以奇兵三萬人扼韓信於井陘之策是也　張預曰前所陳者庸將之爲耳善用兵者則不然或破其計或敗其交或絕其糧或斷其路則不可戰而服之若田穰苴明法令拊士卒燕晉聞之不戰而遁亦是也

拔人之城而非攻也

孟氏曰言以威刑服敵不攻而取若鄭伯肉袒以迎楚莊王之類　李筌曰以計取之後漢酇侯臧宮圍妖賊於原武連月不拔士卒疾癘東海王謂宮曰今擁兵圍必死之虜非計也宜撤圍開其生路而示之彼必逃散一亭長足擒也從之而拔原武魏攻壺關亦其義也　杜牧曰司馬文王圍諸葛誕於壽春議者多欲急攻之文王以誕城固衆多攻之力屈若有外救表裏受敵此至危之道也吾當以全策縻之可坐制也誕二年五月反三年二月破滅六軍按甲深溝高壘而誕自困十六國前燕將慕容恪率兵討段龕於廣固恪圍之諸將勸恪急攻之恪曰軍勢有緩而克敵有急而取之若彼我勢既均外有强援力足制之當羈縻守之以待其斃乃築室反耕嚴固圍壘終克廣固曾不血刃也　梅堯臣曰攻則

傷財　王晳曰若唐太宗降薛仁杲是也　張預曰或攻其所必救使敵棄城而來援則設伏取之若耿弇攻臨淄而撓西安脇巨里而斬費邑是也或外絕其强援以久持之坐俟其斃若楚師築室反耕以服宋是也茲皆不攻而拔城之義也

毁人之國而非久也

曹公曰毁滅人國不久露師也　杜佑曰若誅理暴逆毁滅敵國不暴師衆也　李筌曰以術毁人國不久而斃隋文問僕射高熲伐陳之策熲曰江外田收與中國不同伺彼農時我正暇豫微兵掩襲彼釋農守禦候其聚兵我便解退再三若此彼農事疲矣南方地卑舍悉茅竹倉庫儲積悉依其間密使行人因風縱火候其營立更爲之行其謀陳始病也

杜牧曰因敵有可乘之勢不失其機如摧枯朽沛公入關晉降孫皓隋取陳氏皆不久之　賈林曰兵不可久久則生變但毀滅其國不傷殘於人若武王伐殷殷人稱爲父母　梅堯臣曰久則生變　王晳同梅堯臣註　何氏曰善攻者不以兵攻以計困之令其自拔令其自毀非勞久守而取之也　張預曰以順討逆以智伐愚師不久暴而滅敵國何假六月之稽乎

必以全爭於天下故兵不頓而利可全此謀攻之法也

曹公曰不與敵戰而必完全得之立勝於天下不頓兵血刃也　李筌曰以全勝之計爭天下是以不頓收利也　梅堯臣曰全爭者兵不戰城不攻毀不久皆以謀而屈敵是曰謀攻故不鈍兵利自完　張預曰不戰則士不傷不攻則力不

屈不久則財不費以完全立勝於天下故無頓兵血刃之害而有國富兵强之利斯良將計攻之術也

故用兵之法十則圍之通典十作什非

曹公曰以十敵一則圍之是將智勇等而兵利鈍均也若主弱客强不用十也按杜佑作通典每全引曹注義有未了即以已意增釋之不用十也四字據通典補操所以倍兵圍下邳生擒呂布也　杜佑曰以十敵一則圍之是爲將智勇等而兵利鈍均也若主弱客勁不用十也曹公操所以倍兵圍下邳生擒呂布若敵堅壘固守依附險阻彼一我十乃可圍也敵雖盛所據不便未必十倍然後圍之　李筌曰愚智勇怯等十倍於敵則圍之攻守殊勢也　杜牧曰圍者謂四面壘合使敵不得逃逸凡圍四合必須去敵城稍遠占地既廣守備須嚴若非兵多則有闕漏故用兵有十

倍也呂布敗是上下相疑侯成執陳宮委布降所以能擒非曹公力而能取之若上下相疑政令不一設使不圍自當潰叛何況圍之固須破滅孫子所言十則圍之是將勇智等而兵利鈍均不言敵人自有離叛曹公稱倍兵降布蓋非圍之力窮也此不可以訓也　梅堯臣曰彼一我十可以圍　何氏曰圍者四面合兵以圍城而校量彼我兵勢將才愚智勇怯等而我十倍勝於敵人是以十對一可以圍之無令越逸也　張預曰吾之衆十倍於敵則四面圍合以取之是爲將智勇等而兵利鈍均也若主弱客強不必十倍然後圍之尉繚子曰守法一而當十十而當百百而當千千而當萬言守者十人而當百人與此法同

五則攻之通典五作伍非

曹公曰以五敵一則三術爲正二術爲奇原本二術作一術者譌據杜牧張預注改正　杜佑曰若敵并兵自守不與我戰彼一我五乃可攻戰也或無敵人內外之應未必五倍然後攻　李筌曰五則攻之攻守勢殊也　杜牧曰術猶道也言以五敵一則當取已三分爲三道以攻敵之一面留已之二候其無備之處出奇而乘之西魏末梁州刺史宇文仲和據州不受代魏將獨孤信率兵討之仲和嬰城固守信夜令諸將以衝梯攻其城東北信親帥將士襲其西南遂克之也　陳皥曰兵既五倍於敵自是我有餘力彼之勢分也豈止分爲三道以攻敵此獨說攻城故下文云小敵之堅大敵之擒也　梅堯臣同杜佑註　王晳曰謂十圍而取五則攻者皆勢力有餘不待其虛懈也此以下亦謂智勇利鈍均耳　何氏曰愚智勇怯等

量我五倍多於敵人可以三分攻城二分出奇以取勝　張預曰吾之衆五倍於敵則當驚前掩後聲東擊西無五倍之衆則不能爲此計曹公謂三術爲正二術爲奇不其然乎若敵無外援我有内應則不須五倍然後攻之

倍則分之

曹公曰以二敵一則一術爲正一術爲奇　杜佑曰已二敵一則一術爲正一術爲奇彼一我二不足爲變故疑兵分離其軍也故太公曰不能分移不可以語奇　李筌曰夫兵者倍於敵則分半爲奇我衆彼寡動而難制苻堅至淝水不分而敗王僧辯至張公洲分而勝也　杜牧曰此言非也此言以二敵一則當取己之一或趣敵之要害或攻敵之必救使敵一分之中復須分減相救因以一分而擊之夫戰法非論

衆寡每陳皆有奇正非待人衆然後能設奇項羽於烏江二十八騎尚不聚之猶設奇正循環相救況其於他哉　陳皥曰直言我倍於敵分兵趨其所必救即我倍中更倍以擊敵之中分也杜雖得之未盡其說也　梅堯臣曰彼一我二可分其勢　王晳曰謂分者分爲二軍使其腹背受敵則我得一倍之利也　何氏曰兵倍於敵則分半爲奇我衆彼寡足可分兵主客力均善戰者勝也　張預曰吾之衆一倍於敵則當分爲二部一以當其前一以衝其後彼應前則後擊之應後則前擊之玆所謂一術爲正一術爲奇也杜氏不曉兵分則爲奇聚則爲正而遽非曹公何誤也

敵則能戰之

曹公曰已與敵人衆等善者猶當設伏奇以勝之　李筌曰

主客力敵惟善者戰　杜牧曰此說非也凡己與敵人兵衆多少智勇利鈍一旦相敵則可以戰夫伏兵之設或在敵前或在敵後或因深林叢薄或因暮夜昏晦或因隘阨山阪擊敵不備自名伏兵非奇兵也　陳皥曰料己與敵人衆寡相等先爲奇兵可勝之計則戰之故下文云不若則能避之杜說奇伏得之也　梅堯臣曰勢力均則戰　王皙曰謂能感士卒心得其死戰耳若設奇伏以取勝是謂智優不在兵敵也　何氏曰敵言等敵也唯能者可以戰勝耳　張預曰彼我相敵則以正爲奇以奇爲正變化紛紜使敵莫測以與之戰茲所謂設奇伏以勝之也杜氏不曉凡置陳皆有揚奇備伏而云伏兵當在山林非也

少則能逃之

曹公曰高壁堅壘勿與戰也　杜佑曰高壁堅壘勿與戰也彼之衆我之寡不可敵則當自逃守匿其形　李筌曰量力不如則堅壁不出挫其鋒待其氣懈而出擊之齊將田單守卽墨燒牛尾卽殺騎劫則其義也　杜牧曰兵不敵且避其鋒當俟隙便奮決求勝言能者謂能忍忿受恥敵人求挑不出也不似曹咎汜水之戰也　陳皥曰此說非也但敵人兵倍於我則宜避之以驕其志用爲後圖非謂忍忿受恥太宗辱宋老生以虜其衆豈是兵力不等也　賈林曰彼衆我寡逃匿兵形不令敵知當設奇伏以待之設詐以疑之亦取勝之道又一云逃匿兵形敵不知所備懼其變詐全軍亦逃　梅堯臣曰彼衆我寡去而勿戰　王皙曰逃伏也謂能倚固逃伏以自守也傳曰師逃于夫人之宮或兵少而有以勝者

蓋將優卒强耳　何氏曰兵少固壁觀變潛形見可則進
張預曰彼衆我寡宜逃去之勿與戰是亦爲將智勇等而兵
利鈍均也若我治彼亂我奮彼怠則敵雖衆亦可以合戰若
吳起以五百乘破秦五十萬衆謝元以八千卒敗苻堅一百
萬豈須逃之乎

不若則能避之

曹公曰引兵避之也　杜佑曰引兵避之强弱不敵勢不相
若則引軍避之待利而動　杜牧曰言不若者勢力交援俱
不如也則須速去之不可遷延也如敵人守我要害發我津
梁合圍於我則欲去不復得也　梅堯臣曰勢力不如則引
而避　王晳曰將與兵俱不若遇敵攻必敗也　張預曰兵
力謀勇皆劣於敵則當引而避之以伺其隙

故小敵之堅大敵之擒也

曹公曰小不能當大也　孟氏曰小不能當大也言小國不量其力敢與大邦爲讎雖權時堅城固守然後必見擒獲春秋傳曰既不能强又不能弱所以敗也　李筌曰小敵不量力而堅戰者必爲大敵所擒也漢都尉李陵以步卒五千人衆對十萬之軍而見殁匈奴也　杜牧曰言堅者將性堅忍不能逃不能避故爲大者之所擒也　梅堯臣曰不逃不避雖堅亦擒　王晳註同梅堯臣　何氏曰如右將軍蘇建前將軍趙信將兵三千餘人與大將軍衛青分行獨逢單于兵數萬力戰一日漢兵且盡前將軍信胡人降爲翕侯匈奴誘之遂將其餘騎可八百餘奔降單于右將軍蘇建遂盡亡其軍獨以身得亡自歸大將軍問其正閎長史安議郎周霸等

建爲云何霸曰自大將軍出未嘗斬一裨將今建棄軍可斬以明威重閎安曰不然兵法小敵之堅大敵之擒也今建獨以數千當單于數萬力戰一日餘士盡不敢有二心自歸而斬之是示後人無歸意也　張預曰小敵不度强弱而堅戰必爲大敵之所擒息侯屈於鄭伯李陵降於匈奴是也孟子曰小固不可以敵大弱固不可以敵强寡固不可以敵衆

夫將者國之輔也輔周則國必强

曹公曰將周密謀不泄也　李筌曰輔猶助也將才足則兵强　杜牧曰才周也　賈林曰國之强弱必在於將將輔於君而才周其國則强不輔於君內懷其貳則弱擇人授任不可不慎　何氏曰周謂才智具也得才智周備之將國乃安强也

輔隙則國必弱

曹公曰形見於外也　李筌曰隙缺也將才不備兵必弱

杜牧曰才不周也　梅堯臣曰得賢則周備失士則隙缺

王晳曰周謂將賢則忠才兼備隙謂有所缺也　何氏曰言其才不可不周用事不可不周知也故將在軍必先知五事六行五權之用與夫九變四機之說然後可以內御士衆外料戰形苟昧於兹雖一日不可居三軍之上矣　張預曰將謀周密則敵不能窺故其國强微缺則乘釁而入故其國弱

太公曰得士者昌失士者亡

故君之所以患於軍者三

孟氏曰已下語是　梅堯臣曰患君之所不知　張預曰下三事也

不知軍之不可以進而謂之進不知軍之不可以退而謂之退
是謂縻軍
曹公曰縻御也　杜佑曰縻御也縻爲反按通典縻爲反作又縶也君不
知軍之形勢而欲從中御也故太公曰國不可以從外治軍
不可以從中御故太公曰已下據通典補　李筌曰縻絆也不知進退者
軍必敗如絆驥足無馳驟也楚將龍且逐韓信而敗是不知
其進秦將苻融揮軍少却而敗是不知其退　杜牧曰猶駕
御縻絆使不自由也君國君也患於軍者爲軍之患害也夫
受鉞凶門推轂閫外之事將軍裁之如趙充國欲爲屯田漢
宣必令決戰孫皓臨滅賈充尚請班師此不知進退之謂也
賈林曰軍之進退將可臨時制變君命內御患莫大焉故
太公曰國不可以從外治軍不可以從中御　梅堯臣曰君

不知進退之宜而專進退是縻繫其軍六韜所謂軍不可以從中御　王晳曰縻繫也去此患則當託以不御之權故必忠才兼備之臣爲之將也　張預曰軍未可以進而必使之進軍未可以退而必使之退是謂縻絆其軍也故曰進退由內御則功難成

不知三軍（通典作軍中）之事而同（通典作而欲同下同）三軍之政者則軍士惑矣

曹公曰軍容不入國國容不入軍禮不可以治兵也　杜佑曰軍容不入國國容不入軍禮不可以治兵也（據通典補）夫治國尚禮義（通典作禮讓）兵貴於權詐形勢各異教化不同而君不知其變軍國一政以用治民則軍士疑惑不知所措故兵經曰在國以信在軍以詐也　李筌曰任將不以其人也燕將慕

容許出軍所在因山泉賣樵水貪鄙積貨爲三軍帥不知其政也　杜牧曰蓋謂禮度法令自有軍法從事若使同於尋常治國之道則軍士生惑矣至如周亞夫見天子不拜漢文知其勇不可犯魏尚守雲中上首級爲有司所劾馮唐所以發憤也　陳皡曰言不知三軍之事違衆沮議左傳稱晉彘季不從軍師之謀而以偏師先進終爲楚之所敗也　梅堯臣曰不知治軍之務而參其政則衆惑亂也曹公引司馬法曰軍容不入國國容不入軍是也　何氏曰軍國異容所治各殊欲以治國之法以治軍旅則軍旅惑亂　張預曰仁義可以治國而不可以治軍權變可以治軍而不可以治國理然也虢公不修慈愛而爲晉所滅晉侯不守四德而爲秦所克是不以仁義治國也齊侯不射君子而敗於晉宋公不擒

二毛而衂於楚是不以權變治軍也故當仁義而用權譎則國必危晉號是也當變詐而尚禮義則兵必敗齊宋是也然則治國之道固不可以治軍也

不知三軍之權而同三軍之任則軍士疑矣通典作軍覆疑矣按杜佑注直以覆敗釋之

曹公曰不得其人意也　杜佑曰不得其人也君之任將當精擇焉將若不知權變不可付以勢位苟授非其人則舉措失所軍覆敗也若趙不用廣武君而用成安君　杜牧曰謂將無權智不能銓度軍士各任所長而雷同使之不盡其材則三軍生疑矣黃石公曰善任人者使智使勇使貪使愚智者樂立其功勇者好行其志貪者邀趨其利愚者不顧其死　陳皥曰將在軍權不專制任不自由三軍之士自然疑也

梅堯臣曰：不知權謀之道而參其任用，其衆疑貳也。　王晳曰：政也，權也，使不知者同之，則動有違異，必相牽制也，是則軍衆疑惑矣。裴度所以奏去監軍平蔡州也。此皆由君上不能專任賢將，則使同之，故遏謂之三患。　何氏曰：不知用兵權謀之人，用之爲將，則軍不治而士疑。　張預曰：軍吏中有不知兵家權謀之人，而使同居將帥之任，則政令不一而軍疑矣。若邲之戰，中軍帥荀林父欲還，裨將先縠不從，爲楚所敗是也。近世以中官監軍，其患正如此。高崇文伐蜀，因罷之，遂能成功。

三軍既惑且疑，則諸侯之難至矣，是謂亂軍引勝。

曹公曰：引，奪也。　孟氏曰：三軍之衆，疑其所任，惑其所爲，則鄰國諸侯因其乖錯作難而至也。太公曰：疑志不可以應敵。

李筌曰引奪也兵權道也不可謬而使處趙上卿藺相如言趙括徒能讀其父書然未知合變王令以名使括如膠柱鼓瑟此則不知三軍之權而同三軍之任者趙王不從果有長平之敗諸侯之難至也　杜牧曰言我軍疑惑自致擾亂如引敵人使勝我也　梅堯臣曰君徒知制其將不能用其人而乃同其政任俾衆疑惑故諸侯之難作是自亂其軍自去其勝　王晳曰引諸侯勝已也　何氏曰士疑惑而無畏則亂故敵國得以乘我隙釁而至矣　張預曰軍士疑惑未肯用命則諸侯之兵乘隙而至是自潰其軍自奪其勝也

故知勝有五

李筌曰謂下五事也　張預曰下五事也

知可以戰與不可以戰者勝

孟氏曰：能料知敵情審其虛實者勝也　李筌曰料人事逆順然後以太一遁甲算三門遇奇五將無關格迫脅主客之計者必勝也　杜牧曰下文所謂知彼知己是也　梅堯臣曰知可不可之宜　王晳曰可則進否則止保勝之道也　何氏曰審己與敵　張預曰可戰則進攻不可戰則退守能審攻守之宜則無不勝

識衆寡之用者勝（通典御覽識作知）

杜佑曰言兵之形有衆而不可擊寡或可以弱制強而能變之者勝也故春秋傳曰師克在和不在衆是也　李筌曰量力也　杜牧曰先知敵之衆寡然後起兵以應之如王翦伐荆曰非六十萬不可是也　梅堯臣曰量力而動　王晳曰謂我對敵兵之衆寡圍攻分戰是也　張預曰用兵之法有

以少而勝衆者有以多而勝寡者在乎度其所而不失其宜則善如吳子所謂用衆者務易用少者務隘是也

上下同欲者勝

曹公曰君臣同欲　杜佑曰言君臣和同勇而欲戰者勝故孟子曰天時不如地利地利不如人和　李筌曰觀士卒心上下同欲如報私仇者勝　陳皞曰言上下共同其利欲則三軍無怨敵可勝也傳曰以欲從人則可以人從欲鮮濟也　梅堯臣曰心齊一也　王晳曰上下一心若先穀剛愎以取敗呂布違異以致亡皆上下不同欲之所致　何氏曰書云受有億兆夷人離心離德予有亂臣十人同心同德商滅而周興　張預曰百將一心三軍同力人人欲戰則所向無前矣

以虞待不虞者勝

孟氏曰虞度也左傳曰不備不虞不可以師待敵之可勝也

杜佑曰虞度也以我有法度之師擊彼無法度之兵故春秋傳曰不備不虞不可以師是也故春秋傳曰以下據通典御覽補　李筌

杜牧曰有備預也　陳皞曰謂先爲不可勝之師待敵之可勝也　梅堯臣曰慎備非常　王晳曰以我之虞待敵之不虞也　何氏曰春秋時城濮之後晉無楚備以敗於邲邲之後楚無晉備以敗於鄢自鄢已來晉不失備而加之以禮重之以睦是以楚弗能加晉又周末荆人伐陳吳救之軍行三十里雨十日夜不見星左史倚相謂大將子期曰雨十日夜甲輯兵聚吳人必至不如備之乃爲陳而吳人至見荆有備而反左史曰其反覆六十里其君子外小人爲食我行三十

里擊之必克從之遂破吳軍魏大將軍南征吳到積湖魏將滿寵帥諸軍在前與敵隔水相對寵令諸將曰今夕風甚猛賊必來燒營宜預爲之備諸軍皆警夜半賊果遣十部來燒營寵掩擊破之又春秋衛人以燕師伐鄭鄭祭足原繁洩駕以三軍軍其前使曼伯與子元潛軍軍其後燕人畏鄭三軍而不虞制人六月鄭二公子以制人敗燕師於北制君子曰不備不虞不可以師又楚子重自陳伐莒圍渠丘渠丘城惡衆潰奔莒楚入渠丘莒人囚楚公子平楚人曰勿殺吾歸而俘莒人殺之楚人圍莒莒城亦惡庚申莒潰楚遂入鄆莒無備故也君子曰恃陋而不備罪之大者也備豫不虞善之大者也莒恃其陋而不修城郭浹辰之間而楚克其三都無備也夫　張預曰常爲不可勝以待敵故吳起曰出門如見敵

士季曰有備不敗

將能而君不御者勝

曹公曰司馬法曰進退惟時無曰寡人也　杜佑曰司馬法曰進退惟時無曰寡人據通典御覽補　將既精能曉練兵勢君能專任事不從中御故王子曰指授在君決戰在將也　李筌曰將在外君命有所不受者勝其將軍也吳伐楚吳公子光弟夫槩王至請擊楚子常不許夫槩曰所謂見義而行不待命也今日我死楚可入也以其屬五千先擊子常子常敗之審此則將能而君不能御也晉宣帝拒諸葛於五丈原天子使辛毗仗節軍門曰敢問戰者斬亮聞笑曰苟能制吾豈千里請戰假言天子不許示武於衆此是不能之將　杜牧曰尉繚子曰夫將者上不制乎天下不制乎地中不制乎人故兵者凶

器也將者死官也　梅堯臣曰自閫以外將軍制之　王晳曰君御能將者不能絕疑忌耳若賢明之主必能知人固當委任以責成効推轂授鉞是其義也攻戰之事一以專之不從中御所以一威且盡其才也況臨敵乘機間不容髮安可遙制之乎　何氏曰古者遣將於太廟親操鉞持其首授其柄曰從是以上至天者將軍制之操斧持其柄授與刃曰從是以下至淵者將軍制之故李牧之爲趙將居邊軍市之租皆自用饗士賞賜決於外不從中御也周亞夫之軍細柳軍中唯聞將軍之命不聞天子之詔也蓋用兵之法一步百變見可則進知難而退而曰有王命焉是白大人以救火也未及反命而煨燼久矣曰有監軍焉是作舍道邊也謀無適從而終不可成矣故御能將而責平猾虜者如絆韓盧而求獲

狡兎者又何異焉　張預曰將有智勇之能則當任以責成功不可從中御也故曰閫外之事將軍裁之

此五者知勝之道也

曹公曰此上五事也

故曰知彼知己百戰不殆（原本有者字今據通典北堂書鈔太平御覽改正又通典引作知己知彼者誤）

孟氏曰審知彼己強弱之勢雖百戰實無危殆　李筌曰量力而拒敵有何危殆乎　杜牧曰以我之政料敵之政以我之將料敵之將以我之衆料敵之衆以我之食料敵之食以我之地料敵之地校量已定優劣短長皆先見之然後兵起故有百戰百勝也　梅堯臣曰彼已五者盡知之故無敗　王晳曰殆危也謂校盡彼我之情知勝而後戰則百戰不危

張預曰知彼知己者攻守之謂也知彼則可以攻知己則可以守攻是守之機守是攻之策苟能知之雖百戰不危也或曰士會察楚師之不可敵陳平料劉項之長短是知彼知己也

不知彼而知己一勝一負

杜佑曰雖不知敵之形勢恃己能克之者勝負各半　李筌曰自以己强而不料敵則勝負未定秦主苻堅以百萬之衆南伐或謂曰彼有人焉謝安桓沖江表偉才不可輕之堅曰我有八州之衆士馬百萬投鞭可斷江水何難之有後果敗績則其義也　杜牧曰恃我之强不知敵不可伐者一勝一負王猛將終諫苻堅曰晉氏雖在江表而正朔所稟謝安桓沖江表偉人不可伐也及堅南伐曰吾士馬百萬投鞭可濟

遂有泜水之敗也　陳皥曰杜說恃强之兵無名而有非所以敗也非一勝一負之義　梅堯臣曰自知己者勝負半也　王晳曰但能討己不知敵之强弱則或勝或負　張預曰唐太宗曰今之將臣雖未能知彼苟能知己則安有不利乎所謂知己者守吾氣而有待焉者也故知守而不知攻則勝負之半

不知彼不知己每戰必殆（北堂書鈔作必敗非通典御覽俱作必殆）

杜佑曰外不料敵内不知己用戰必殆（御覽作必危也）　李筌曰是謂狂寇不敗何待也　梅堯臣曰一不知何以勝　王晳曰全昧於計也　張預曰攻守之術皆不知以戰則敗

孫子十家注卷之三終

孫子十家註卷四

賜進士及第署山東提刑按察使分巡兗沂曹濟黃河兵備道孫星衍　賜進士出身署萊州府知府候補同知吳人驥同校

形篇

曹公曰軍之形也我動彼應兩敵相察情也　李筌曰形謂主客攻守八陳五營陰陽向背之形　杜牧曰因形見情無形者情密有形者情疏密則勝疏則敗也　王晳曰形者定形也謂兩敵強弱有定形也善用兵者能變化其形因敵以制勝　張預曰兩軍攻守之形也隱於中則人不可得而知見於外則敵乘隙而至形因攻守而顯故次謀攻

孫子曰昔之善戰者先爲不可勝

張預曰所謂知己者也

以待敵之可勝

梅堯臣曰藏形內治伺其虛懈　張預曰所謂知彼者也

不可勝在己可勝在敵

曹公曰自修理以待敵之虛懈也　杜佑曰先咨之廟堂慮

其危難然後高壘深溝使兵練習以此守備之固待敵之闕則可勝之言制敵在我自修理以候敵之虚懈已見敵有闕漏之形然後可勝　李筌曰夫善用兵者守則深壁多具軍食善其教練攻其城則尚撞棚雲梯土山地道陳則左川澤右丘陵原本作在山川兵陵誤據下文注改正背孤向虚從疑擊間善戰者揣角勢連首尾相應者爲不可勝也夫善戰者能爲不可勝不能使敵之必可勝故曰勝可知而不可爲不可勝者守也可勝者攻也無此數者以爲可勝也　杜牧曰自整軍事長有待敵之備閉跡藏形使敵人不能測度因伺敵人有可乘之便然後出而攻之　王晳曰不可勝者修道保法也可勝者有所隙耳　張預曰守之故在己攻之故在彼

故善戰者能爲不可勝

杜牧曰不可勝者上文註解所謂修整軍事閉形藏跡是也此事在已故曰能爲　張預曰藏形晦跡居常嚴備則已能焉

不能使敵必可勝原本作之可勝按注則故書正作必也從通典御覽改正又按呂氏春秋云不可勝在已可勝在彼聖人必在已者不必在彼者是其証

杜佑曰若敵曉練兵事原本作在已故練兵士按杜佑注本釋必可勝句後人臆改之以牽合上句今從通典御覽改正策與道合深爲備者亦不可强勝之　杜牧曰敵若無形可窺無虛懈可乘則我雖操可勝之具亦安能取勝敵乎　賈林曰敵有智謀深爲已備不能强令不已備

梅堯臣曰在已故能爲在敵故無必　王晳曰在敵不在我也　張預曰若敵强弱之形不顯於外則我豈能必勝於彼

故曰勝可知

曹公曰見成形也　杜牧曰知者但能知已之力可以勝敵也　陳皥曰取勝於形勝可知也

而不可爲

曹公曰敵有備故也　杜佑曰敵有備也已料敵見敵形者則勝負可知若敵密而無形亦不可强使爲敗故范蠡曰時不至不可强生事不究不可强成　杜牧曰言我不能使敵人虛懈爲我可勝之資　賈林曰敵若隱而無形不可强爲勝敗　梅堯臣曰敵有闕則可知敵無闕則不可爲　何氏曰可知之勝在我我有備也不可爲之勝在敵敵無形也　張預曰已有備則勝可知敵有備則不可爲

不可勝者守也

曹公曰藏形也　杜佑曰藏形也若未見其形彼衆我寡則

自守也　杜牧曰言未見敵人有可勝之形已則藏形爲不勝之備以自守也　梅堯臣曰且有待也　何氏曰未見敵人形勢虛實有可勝之理則宜固守　張預曰知己未可以勝則守其氣而待之

可勝者攻也御覽一引作不可勝則守可勝則攻非

曹公曰敵攻己乃可勝　杜佑曰敵攻己乃可勝也已見其形彼寡我衆原本作彼衆我寡互誤按杜佑作通典引用曹注下附已意此云敵攻已乃可勝者引曹注也已下云云杜佑語也後人以其義不相比又下文有攻則有餘之言故臆改爲彼衆我寡誤也據御覽改正則可攻　李筌曰夫善用兵者守則高壘堅壁也攻其城則尚橦棚雲梯土山地道原本無城則尚三字據上文注補　陳左川澤右邱陵背孤向虛從疑擊間識辨五令以節衆掎角原本無掎角二字勢連首尾相應者爲不可勝也無此數者以爲可勝也　杜牧曰敵人

有可勝之形則當出而攻之　梅堯臣曰見其闕也　王晳曰守者似於勝不足攻者似於勝有餘　張預曰知彼有可勝之理則攻其心而取之

守則不足攻則有餘

曹公曰吾所以守者力不足也所以攻者力有餘也　李筌曰力不足者可以守力有餘者可以攻也　梅堯臣曰守則知力不足攻則知力有餘　張預曰吾所以守者謂取勝之道有所不足故且待之吾所以攻者謂勝敵之事已有其餘故出擊之言非百勝不戰非萬全不鬥也後人謂不足爲弱有餘爲强者非也

善守者藏於九地之下善攻者動於九天之上故能自保而全勝也

曹公曰因山川邱陵之固者藏於九地之下因天時之便者動於九天之上　杜佑曰善守備者務因其山川之阻邱陵之固使不知所攻言其深密藏於九地之下善攻者務因天時地利水火之變使敵不知所備言其雷震發動若於九天之上也　李筌曰天一遁甲經云九天之上可以陳兵九地之下可以伏藏常以直符加時干後一所臨宮爲九天後二所臨宮爲九地地者靜而利藏天者運而利動故魏武不明於遁以九地爲山川九天爲天時也夫以天一太一之遁幽微知而用之故全也經云知三避五魁然獨處能知三五横行天下以此法出不拘諸咎則其義也　杜牧曰守者韜聲滅跡幽比鬼神在於地下不可得而見之攻者勢迅聲烈疾若雷電如來天上不可得而備也九者高深數之極　陳皞

曰春三月寅功曹爲九天之上申傳送爲九地之下夏三月午勝先爲九天之上子神后爲九地之下秋三月申傳送爲九天之上寅功曹爲九地之下冬三月子神后爲九天之上午勝先爲九地之下也　梅堯臣曰九地言深不可知九天言高不可測葢守備密而攻取迅也　王晳曰守者爲未見可攻之利當潛藏其形沉靜幽默不使敵人窺測之也攻者爲見可攻之利當高遠神速乘其不意懼敵人覺我而爲之備也九者極言之耳　何氏曰九地九天言其深微尉繚子曰治兵者若秘於地若邃於天言其秘密邃遠之甚也後漢涼州賊王國圍陳倉左將軍皇甫嵩督前軍董卓救之卓欲速進赴陳倉嵩不聽卓曰智者不後時勇者不留決速救則城全不救則城滅全滅之勢在於此也嵩曰不然百戰百勝

不如不戰而屈人之兵是以先爲不可勝以待敵之可勝不可勝在我可勝在彼彼守不足我攻有餘有餘者動於九天之上不足者陷於九地之下今陳倉雖小城守固備非九地之陷也王國雖强而攻我之所不救非九天之勢也夫勢非九天攻者受害陷非九地守者不拔國今已陷受害之地而陳倉保不拔之小城我可不煩兵動衆而取全勝之功將何救焉遂不聽王國圍陳倉自冬迄春八十餘日城堅守固竟不能拔賊衆疲弊果自解去　張預曰藏於九地之下喻幽而不可知也動於九天之上喻來而不可備也尉繚子曰若秘於地若邃於天是也守則固是自保也攻則取是全勝也

見勝不過衆人之所知非善之善者也

曹公曰當見未萌　孟氏曰當見未萌言兩軍已交雖料見

勝負策不能過絕於人但見近形非遠太公曰智與衆同非國師也　李筌曰知不出衆知非善也韓信破趙未餐而出井陘曰破趙會食時諸將嘸然佯應曰諾乃背水陳趙乘壁望見皆大笑言漢將不便兵也乃破趙食斬成安君此則衆所不知也　杜牧曰衆人之所見破軍殺將然後知勝我之所見廟堂之上罇俎之間已知勝負者矣　賈林曰守必固攻必克能自保全而常不失勝見未然之勝善知將然之敗謂實微妙通元非衆人之所見也　梅堯臣曰人所見而見故非善　王晳曰衆常之人見所以勝而不知制勝之形　張預曰衆人所知已成已著也我之所見未形未萌也

戰勝而天下曰善御覽作曰軍善非善之善者也

曹公曰交爭勝也原本作爭鋒也據御覽改正　故太公曰爭勝於白刃之

口非良將也據御覽補　李筌曰爭鋒力戰天下易見故非善也　杜牧曰天下猶上文言衆也言天下人皆稱戰勝者故破軍殺將者也我之善者陰謀潛運攻心伐謀勝敵之日曾不血刃　陳皡曰潛運其智專伐其謀未戰而屈人之兵乃是善之善者也　梅堯臣曰見不過衆戰雖勝天下稱之猶不曰善　王晳曰以謀屈人則善矣　張預曰戰而後能勝衆人稱之曰善是有智名勇功也故云非善若見微察隱取勝於無形則眞善者也

故舉秋毫不爲多力見日月不爲明目聞雷霆不爲聰耳

曹公曰易見聞也　李筌曰易見聞也以爲攻戰勝而天下不曰善也夫智能之將人所莫測爲之深謀故孫武曰難知如陰也　王晳曰衆人之所知不爲智力戰而勝人不爲善

何氏曰此言衆人之所見所聞不足爲異也昔烏獲舉千鈞之鼎爲力離朱百步覩纖芥之物爲明師曠聽蚊行蟻步爲聰也兵之成形而見之誰不能也故勝於未形乃爲知兵矣　張預曰人皆能也引此以喻衆人之見勝也秋毫謂兔毛至秋而勁經言至輕也

古之所謂善戰者勝勝易勝者也原本作古之所謂善戰者勝於易勝者也此後人所改今據御覽訂正

曹公曰原微易勝攻其可勝不攻其不可勝也　杜牧曰敵人之謀初有萌兆我則潛運以能攻之用力既少制勝既微故曰易勝也　梅堯臣曰力舉秋毫明見日月聰聞雷霆不出衆人之所能也故見於著則勝於難見於微則勝於易　何氏曰言敵人之謀初有萌兆我則潛運已能攻之用力既

少制敵甚微故曰易勝也　張預曰交鋒接刃而後能制敵者是其勝難也見微察隱而破于未形者是其勝易也故善戰者常攻其易勝而不攻其難勝也

故善戰者之勝也無智名無勇功

曹公曰敵兵形未成原本作未形从御覽改勝之無赫赫之功也　李筌曰勝敵而天下不知何智名之有　杜牧曰勝於未萌天下不知故無智名曾不血刃敵國已服故無勇功也　梅堯臣曰大智不彰大功不揚見微勝易何勇何智　何氏曰患銷未形人誰稱智不戰而服人誰言勇漢之子房唐之裴度能之　張預曰陰謀潛運取勝於無形天下不聞料敵制勝之智不見搴旗斬將之功若留侯未嘗有戰鬥功是也

故其戰勝不忒

李筌曰百戰百勝有何疑貳也此筌以忒字爲貳也　陳皞曰籌不虛運策不徒發　張預曰力戰而求勝勝雖善者亦有敗時旣見於未形察於未成百戰百勝而無一差忒矣

不忒者其所措必勝勝已敗者也

曹公曰察敵有可敗不差忒也　李筌曰置勝於已敗之師何忒焉師老卒惰法令不一謂已敗也　杜牧曰措措置也忒差忒也我能置勝不忒者何也蓋先見敵人已敗之形然後攻之故能制必勝之功不差忒也　賈林曰讀措爲錯錯雜也取敵之勝理非一途故雜而料之也常於勝未形已見敵之敗　梅堯臣曰睹其可敗勝則不差　何氏曰善料也

張預曰所以能勝而不差者蓋察知敵人有必可敗之形然後措兵以勝之云耳

故善戰者立於不敗之地而不失敵之敗也

李筌曰兵得地者昌失地者亡地者要害之地秦軍敗趙先據北山者勝宋師伐燕過大峴而勝皆得其地也　杜牧曰不敗之地者爲不可爲之計使敵人必不能敗我也不失敵人之敗者言窺伺敵人可敗之形不失毫髮也　陳皡註同李筌　杜佑註同杜牧　梅堯臣曰善侯敵隙我則常勝王晳曰常爲不可勝待敵可勝不失其機　何氏曰自恃有備則無患常伺敵隙則勝之不失也立於不敗之地利也言我常爲勝所　張預曰審吾法令明吾賞罰便吾器用養吾武勇是立於不敗之地也我有節制則彼將自屻是不失敵之敗也

是故勝兵先勝而後求戰敗兵先戰而後求勝

曹公曰有謀與無慮也　李筌曰計與不計也是以薛公知黥布之兆敗田豐知魁武之必勝是其義也　杜牧曰管子曰天時地利其數多少其要然出於計數故凡攻伐之道計必先定於内然後兵出乎境不明敵人之政不能加也不明敵人之積不能約也不明敵人之將不見先軍不明敵人之士不見先陳故以衆擊寡以理擊亂以富擊貧以能擊不能以教士練卒擊敺衆白徒故能百戰百勝此則先勝而後求戰之義也衛公李靖曰夫將之上務在於明察而衆和謀深而慮遠審於天時稽乎人理若不料其能不達權變及臨機付敵方始趑趄左顧右盼計無所出信任過說一彼一此進退狐疑部伍狼籍何異趣蒼生而赴湯火驅牛羊而啗狼虎者乎此則先戰而後求勝之義也　賈林曰不知彼我之情

陳兵輕進意雖求勝而終自敗也　梅堯臣曰可勝而戰戰則勝矣未見可勝勝可得乎　何氏曰凡用兵先定必勝之計而後出軍若不先謀而欲恃强勝未必也　張預曰計謀先勝然後興師故以戰則克尉繚子曰兵不必勝不可以言勝攻不必拔不可以言攻謂危事不可輕舉也又曰兵貴先勝於此則勝彼矣弗勝於此則弗勝彼矣此之謂也若趙充國常先計而後戰亦是也不謀而進欲幸其成功故以戰則敗

善用兵者修道而保法故能爲勝敗之政

曹公曰善用兵者先自修治爲不可勝之道保法度不失敵之敗亂也　李筌曰以順討逆不伐無罪之國軍至無虜掠不伐樹木汚井竈所過山川城社陵祠必滌而除之不習亡

國之事謂之道法也軍嚴肅有死無犯賞罰信義將若此者能勝敵之敗政也　杜牧曰道者仁義也法者法制也善用兵者先修理仁義保守法制自爲不可勝之政伺敵有可敗之隙則攻能勝之　賈林曰常修用兵之勝道保賞罰之法度如此則當爲勝不能則敗故曰勝敗之政也　梅堯臣曰攻守自修法令自保在我而已　王皙曰法者下之五事也

張預曰修治爲戰之道保守制敵之法故能必勝或曰先修飾道義以和其衆後保守法令以戢其下使民愛而畏之然後能爲勝敗

兵法一曰度

賈林曰度土地也　王皙曰丈尺也

二曰量

賈林曰量人力多少倉廩虛實　王晳曰斗斛也

三曰數

賈林曰算數也以數推之則衆寡可知虛實可見　王晳曰百千也

四曰稱

賈林曰既知衆寡兼知彼我之德業輕重才能之長短　王晳曰權衡也

五曰勝

曹公曰勝敗之政用兵之法當以此五事稱量知敵之情

張預曰此言安營布陳之法也李衛公曰教士猶布棊於盤若無畫路棊安用之

地生度

曹公曰因地形勢而度之　李筌曰旣度有情則量敵而禦之　杜牧曰度者計也言度我國土大小人戶多少征賦所入兵車所籍山河險易道里迂直自度此事與敵人如何然後起兵夫小不能謀大弱不能擊强近不能襲遠夷不能攻險此皆生於地故先度也　梅堯臣曰因地以度軍勢　王晳曰地人所履也舉兵攻戰先計於地由地故生度度所以度長短知遠近也凡行軍臨敵先須知遠近之計　何氏曰地者遠近險易也度計也未出軍先計敵國之險易道路迂直兵甲孰多勇怯孰是計度可伐然後興師動衆可以成功

度生量

杜牧曰量者酌量也言度地已熟然後能酌量彼我之强弱也　梅堯臣曰因度地以量敵情　王晳曰謂量有大小言

既知遠近之計則須更量其地之大小也　何氏曰量酌彼已之形勢

量生數

曹公曰知其遠近廣狹知其人數也　李筌曰量敵遠近强弱須備知士卒軍資之數而勝也　杜牧曰數者機數也言强弱已定然後能用機變數也　賈林曰量地遠近廣狹則知敵人人數多少也　梅堯臣曰因量以得衆寡之數　王晳曰數所以紀多少言既知敵之大小則更計其精劣多少之數曹公曰知其人數　何氏曰數機變也先酌量彼我强弱利害然後爲機數　張預曰地有遠近廣狹之形必先度知之然後量其容人多少之數也

數生稱

曹公曰稱量敵孰愈也　李筌曰分數既定賢智之多少得賢者重失賢者輕如韓信之論楚漢也須知輕重別賢愚而稱之錙銖則强　杜牧曰稱校也機權之數已行然後可以稱校彼我之勝負也　梅堯臣曰因數以權輕重　王晳曰稱所以知重輕喻强弱之形勢也能盡知遠近之計大小之度多少之數以與敵相形則知重輕所在　何氏同杜牧註

稱生勝

曹公曰稱量之數知其勝負所在　李筌曰稱知輕重勝敗之數可知也　杜牧曰稱校既熟我勝敵敗分明見也　陳皡杜佑同杜牧上五事註　梅堯臣曰因輕重以知勝負王晳曰重勝輕也　何氏曰上五事未戰先計必勝之法故孫子引古法以疏勝敗之要也　張預曰稱宜也地形與人

數相稱則疏密得宜故可勝也尉繚子曰無過在於度數度謂尺寸數謂什伍度以量地數以量兵地與兵相稱則勝五者皆因地形而得故自地而生之也李靖五陳隨地形而變是也

故勝兵若以鎰稱銖

梅堯臣曰力易舉也

敗兵若以銖稱鎰

曹公曰輕不能舉重也　李筌曰二十兩爲鎰銖之於鎰輕重異位勝敗之數亦復如之　梅堯臣曰力難制也　王晳曰言銖鎰者以明輕重之至也　張預曰二十兩爲鎰二十四銖爲兩此言有制之兵對無制之兵輕重不侔也

勝者之戰民也若決積水於千仞之谿者形也

曹公曰八尺曰仞決水千仞其勢疾也御覽注仞七尺也其勢疾也原本云其高勢疾也衍從御覽　李筌曰八尺曰仞言其勢也杜預伐吳言兵如破竹數節之後皆迎刃自解則其義也　杜牧曰夫積水在千仞之谿不可測量如我之守不見形也及決水下湍焊奔注如我之攻不可禦也　梅堯臣曰水決千仞之谿莫測其迅兵動九天之上莫見其跡此軍之形也　王晳曰千仞之谿至陗絕也喻不可勝對可勝之形乘機攻之決水是也　張預曰水之性避高而趨下決之赴深谿固湍浚而莫之禦也兵之形象水乘敵之不備掩敵之不意避實而擊虛亦莫之制也或曰千仞之谿謂不測之淵人莫能量其淺深及決而下之則其勢莫之能禦如善守者匿形晦跡藏於九地之下敵莫能測其強弱及乘虛而出則其鋒莫之能當也

孫子十家註卷四終

孫子十家註卷五

賜進士第署山東提刑按察使分巡兗沂曹濟黄河兵備道孫星衍 賜進士出身署萊州府知府候補同知吳人驥同校

勢篇 曹公曰用兵任勢也 李筌曰陳以形成如決建瓴之勢故以是篇次之 王晳曰勢者積勢之變也善戰者能任勢以取勝不勞力也 張預曰兵勢以成然後任勢以取勝故次形

孫子曰凡治衆如治寡分數是也

曹公曰部曲爲分什伍爲數 孟氏曰分隊伍也數兵之大數也分數多少制置先定 李筌曰善用兵者將鳴一金衆一旌而三軍盡應號令旣定如寡焉 杜牧曰分者分別也數者人數也言部曲行伍皆分別其人數多少各任偏裨長伍訓練昇降皆責成之故我所治者寡也韓信曰多多益辦是也 陳皥曰若聚兵旣衆卽須多爲部伍部伍之內各有小吏以主之故分其人數使之訓齊決斷遇敵臨陳授以方

畧則我統之雖衆治之益寡　梅堯臣曰部伍奇正之分數各有所統　王皙曰分數謂部曲也偏裨各有部分與其人數若師旅卒兩之類　張預曰統衆既多必先分偏裨之任定行伍之數使不相亂然後可用故治兵之法一人曰獨二人曰比三人曰參比參爲伍五人爲列二列爲火五火爲隊二隊爲官二官爲曲二曲爲部二部爲校二校爲裨二裨爲軍遞相統屬各加訓練雖治百萬之衆如治寡也

鬥衆如鬥寡形名是也

曹公曰旌旗曰形金鼓曰名　杜牧曰旌旗鐘鼓敵亦有之我安得獨爲形名鬥衆如鬥寡也夫形者陳形也名者旌旗也戰法曰陳間容陳足曳白刃故大陳之中復有小陳各占地分皆有陳形旗者各依方色或認以鳥獸某將某陳自有

名號形名已定志專勢孤人自爲戰敗則自敗勝則自勝戰百萬之兵如戰一夫此之是也　陳皥曰夫軍士既衆分布必廣臨陳對敵遞不相知故設旌旗之形使各認之進退遲速又不相聞故設金鼓以節之所以令之曰聞鼓則進聞金則止曹說是也　梅堯臣曰形以旌旗名以采章指麾應速無有後先　王晳曰曹公曰旌旗曰形金鼓曰名晳謂形者旌旗金鼓之制度名者各有其名號也　張預曰軍政曰言不相聞故爲鼓鐸視不相見故爲旌旗今用兵既衆相去必遠耳目之力所不聞見故令士卒望旌旗之形而前却聽金鼓之號而行止則勇者不得獨進怯者不得獨退故曰此用衆之法也

三軍之衆可使必受敵而無敗者奇正是也

曹公曰先出合戰爲正後出爲奇　李筌曰當敵爲正傍出爲奇將三軍無奇兵未可與人爭利漢吳王濞擁兵入大梁吳將田伯祿說吳王曰兵屯聚而西無他奇道難以立功臣願得五萬人別循江淮而上收淮南長沙入武關與大王會此亦一奇也不從遂爲周亞夫所敗此則有正無奇　杜牧曰解在下文　賈林曰當敵以正陳取勝以奇兵前後左右俱能相應則常勝而不敗也　梅堯臣曰動爲奇靜爲正靜以待之動以勝之　王晳曰必當作畢字誤也奇正還相生故畢受敵而無敗也　何氏曰兵體萬變紛紜混沌無不是正無不是奇若兵以義舉者正也臨敵合變者奇也我之正使敵視之爲奇我之奇使敵視之爲正正亦爲奇奇亦爲正大抵用兵皆有奇正無奇正而勝者幸勝也浪戰也如韓信

背水而陳以兵循山而拔趙幟以破其國則背水正也循山奇也信又盛兵臨晉而以木罌從夏陽襲安邑而虜魏王豹則臨晉正也夏陽奇也由是觀之受敵無敗者奇正之謂也尉繚子曰今以鏌鋣之利犀兕之堅三軍之衆有所奇正則天下莫當其戰矣　張預曰三軍雖衆使人人皆受敵而不敗者在乎奇正也奇正之說諸家不同尉繚子則曰正兵貴先奇兵貴後曹公則曰先出合戰爲正後出爲奇李衛公則曰兵以前向爲正後却爲奇此皆以正爲正以奇爲奇曾不說相變循環之義唯唐太宗曰以奇爲正使敵視以爲正則吾以奇擊之以正爲奇使敵視以爲奇則吾以正擊之混爲一法使敵莫測茲最詳矣

兵之所加如以碫按碫當爲碫从段唐以後多遐音者以字之譌而作音也至王晳又以治鐵之鍛當之更

謬
投卵者虛實是也
曹公曰以至實擊至虛　孟氏曰碬石也兵若訓練至整部領分明更能審料敵情委知虛實後以兵而加之實同以碬石投卵也　李筌曰碬實卵虛以實擊虛其勢易也　梅堯臣曰碬石也音遐以實擊虛猶以堅破脆也　王晳曰鍛治鐵也　何氏曰用兵識虛實之勢則無不勝　張預曰下篇曰善戰者致人而不致於人此虛實彼我之法也引致敵來則彼勢常虛不往赴彼則我勢常實以實擊虛如舉石投卵其破之必矣夫合軍聚衆先定分數分數明然後習形名形名正然後分奇正奇正審然後虛實可見矣四事所以次序也

凡戰者以正合以奇勝

曹公曰正者當敵奇兵從傍擊不備也　杜佑曰正者當敵奇者從傍擊不備以正道合戰以奇變取勝也　李筌曰戰無其詐難以勝敵　梅堯臣曰用正合戰用奇勝敵　何氏曰如戰國廉頗爲趙將秦使間曰秦獨畏趙括耳廉頗易與且降矣會頗軍多亡失數敗堅壁不戰又聞秦反間之言使括代頗至則出軍擊秦秦軍佯敗而走張二奇兵以劫之趙軍逐勝追造秦壁壁堅拒不得入而秦奇兵二萬五千絕趙軍後又五千騎絕趙壁間趙兵分爲二糧道絕括卒敗又唐突厥犯塞煬帝令唐高祖與馬邑太守王仁恭率衆備邊會虜寇馬邑仁恭以衆寡不敵有懼色高祖曰今主上遐遠孤城絕援若不死戰難以圖全於是親選精騎四千出爲遊軍居處飲食隨逐水草一同於突厥見虜候騎但馳騁遊獵耳

若輕之及與虜相遇則犄角置陳選善射者爲别隊持滿以待之虜莫能測不敢決戰因縱奇兵擊走之獲其特勤所乘駿馬斬首千餘級又太宗選精銳千餘騎爲奇兵皆黑衣元甲分爲左右隊建大旗令騎將秦叔寶程齩金等分統之每臨寇太宗躬被元甲先鋒率之候機而進所向摧殄常以少擊之賊徒氣懾又五代漢高祖在晉陽郭進往依之漢祖壯其材會北虜屠安陽城因遣進攻拔之戎人遁去授坊州刺史虜主道斃高祖出奇兵井陘進以間道先入洺北因定河北此皆以奇勝之迹也　張預曰兩軍相臨先以正兵與之合戰徐發奇兵或擣其旁或擊其後以勝之若鄭伯禦燕師以三軍軍其前以潛軍軍其後是也

故善出奇者北堂書鈔作善出兵按作兵者義長也後人以其如天地如江河之言臆改爲奇耳宋時諸本則皆

作奇故鄭友賢云不言正闕文也　無窮如天地

李筌曰動靜也

不竭如江河

杜佑曰言應變出奇無窮竭　李筌曰通流不絕　張預曰言應變出奇無有窮竭

終而復始日月是也死而復生四時是也

杜佑曰日月運行入而復出四時更王興而復廢言奇正變化或若日月之進退四時之盛衰也　李筌曰奇變如日月四時虧盈寒暑不停　張預曰日月運行入而復出四時更互盛而復衰喻奇正相變紛紜渾沌終始無窮也

聲不過五

李筌曰宮商角徵羽也

五聲之變不可勝聽也

李筌曰變入八音奏樂之曲不可盡聽

色不過五

李筌曰青黄赤白黑也

五色之變不可勝觀也北堂書鈔觀作視味不過五

李筌曰酸辛醎甘苦也

五味之變不可勝嘗也

曹公曰自無窮如天地已下皆以喻奇正之無窮也　李筌曰五味之變庖宰鼎飪也　杜牧曰自無窮如天地已下皆喻八陳奇正也　張預曰引五聲五色五味之變以喻奇正

法生之無窮

戰埶不過奇正奇正之變不可勝窮也

李筌曰邀截掩襲萬途之勢不可窮盡也　梅堯臣曰奇正之變猶五聲五色五味之變無盡也　王晳曰奇正者用兵之鈐鍵制勝之樞機也臨敵運變循環不窮窮則敗也　何氏曰六韜云奇正發於無窮之源原本作孟氏按合注之例孟氏在前今置於此當是何氏注傳寫誤耳改從何氏　張預曰戰陳之勢止於奇正一事而已及其變而用之則萬途千轍烏可窮盡也

奇正相生如循環之無端孰能窮之

李筌曰奇正相依而生如環團圓不可窮倪也　梅堯臣曰變動周於不極　王晳曰敵不能窮我也　何氏曰奇正生而轉相爲變如循歷其環求首尾之莫窮也　張預曰奇亦爲正正亦爲奇變化相生若循環之無本末誰能窮詰

激水之疾至於漂石者勢也

孟氏曰勢峻則巨石雖重不能止　杜佑曰言水性柔弱石性剛重至於漂轉大石投之洿下皆由急疾之流激得其勢　張預曰水性柔弱險徑要路激之疾流則其勢可以轉巨石也

鷙鳥之疾御覽作鷙鳥之擊按當作擊詳注意惟李筌本作疾呂氏春秋云若鷙鳥之擊也搏攫則殪至於毀折者節也

曹公曰發起擊敵　杜佑曰發起討敵如鷹鸇之攫搏也鸇通典作鷂搏原本作撮必能挫折禽獸者皆由伺候之明邀得屈折之節也王子曰鷹隼一擊百鳥無以爭其勢猛虎一奮萬獸無以爭其威　李筌曰柔勢可以轉剛況於兵者乎彈射之所以中飛鳥者善於疾而有節制　杜牧曰勢者自高注下得險疾之勢故能漂石也節者節量遠近則攫之故能毀折物也

梅堯臣曰水雖柔勢迅則漂石鷙雖微節勁則折物　王晳曰鷙鳥之疾亦勢也由勢然後有搏擊之節下要云險故先取漂石以喻也　何氏曰水能動石高下之勢也鷙能搏物能節其遠近也　張預曰鷹鸇之擒鳥雀必節量遠近伺候審而後擊故能折物尉繚子曰便吾器用養吾武勇發之如擊李靖曰鷙鳥如擊卑飛斂翼皆言待之而後發也

是故善戰者其埶險原本埶并作勢按鶡冠子云埶急節短不作勢者古無勢字也今改正篇內并同

曹公李筌曰險猶疾也　杜牧曰險者言戰爭之勢發則殺人故下文喻如彍弩　王晳曰險者所以致其疾如水得險臨而成勢

其節短

曹公李筌曰短近也　杜佑曰短近也節斷也短近言能因

危取勝以遠擊近也　杜牧曰言以近節也如鷙鳥之發近則搏之力全志專則必獲也　梅堯臣曰險則迅短則勁故戰之勢當險疾而短近也　王晳曰鷙之能搏者發必中來勢遠而所搏之節至短也兵之乘機當如是耳曹公曰短者近也　孟氏同杜牧註　張預曰險疾短近也言善戰者先度地之遠近形之廣狹然後立陳使部伍行列相去不遠其進擊則以五十步爲節不可過遠故勢迅則難禦節近則易勝

埶如彍弩節如發機

曹公曰在度不遠發則中也　杜佑曰在度內不遠發則中彍張也言形勢之彍如弩之張奔擊之易如機之發也故太公曰擊之如發機所以破精微也原本無今據通典補　李筌曰弩不

疾則不遠矢不近則不中勢尚疾節務速　杜牧曰彍張也如弩已張發則殺人故上文云其勢險也機者固須以近節量之然後必能中故上文云其節短短乃近也此言戰陳不可遠遠敵人恐有隊伍離散斷絶及爲敵所乘也故牧野誓曰六步七步四伐五伐是以近也　陳皥曰弩之發機近則易中戰之遇敵疾則易捷若趨馳不速奮擊不近則不能克敵而全勝　賈林曰戰之勢如弩之張兵之勢如機之發　梅堯臣曰彍音霍彍張也如弩之張勢不遂巡如機之發節近易中也　王晳曰戰勢如弩之張者所以有待也待其有可乘之勢如發其機　何氏曰險疾也短近也此言擊戰得形便如張弩發機勢宜疾速仍利於便近不得追擊過差也　故太公曰擊如發機者所以破精微也　張預曰如弩之張

勢不可緩如機之發節不可遠言趨利尚疾奮擊貴近也故太公曰擊如發機者所以破精微也

紛紛紜紜鬥亂而不可亂也渾渾沌沌形圓而不可敗也

曹公曰旌旗亂也示敵若亂以金鼓齊之車騎原本作卒騎者誤從通典改正轉而形圓者出入有道齊整也　杜佑曰旌旗亂也示敵若亂以金鼓齊之紛紛旌旗像紜紜士卒貌言旌旗翻轉一合一離士卒進退或往或來視之若散擾之若亂然其法令素定度幟原本譌作職從通典改分明各有分數擾而不亂者也車騎齊轉形圓者出入有道齊整也渾渾車輪轉行沌沌步驟奔馳視其行陳縱橫圓而不方然而指趨各有所應故王子曰將欲內明而外暗內治而外混所以示敵之輕已者也渾胡本反沌陟損反據通典御覽補　李筌曰紛紜而鬥示如可亂旌旗

有部鳴金有節是以不可亂也渾沌合雜也形圓無向背也
示敵可敗而不可敗者號令齊整也　杜牧曰此言陳法也
風后握奇文曰四爲正四爲奇餘奇爲握奇音機或總稱之
先出遊軍定兩端此之是也奇者零也陳數有九中心有零
者大將握之不動以制四面八陳而取準則焉其八之列面
面相向背背相承也周禮蒐苗獮狩車驟徒趨及表乃止進
退疾徐疏密之節一如戰陳表乃旗也旗者蓋與民期於下
也握奇文曰先出遊軍定兩端蓋遊軍執本方旗先定地界
然後軍士赴之兵於旗下乃出奇正變爲陳也周禮蒐苗獮
狩車驟徒趨及表乃止此則八陳遺制握奇之文止此而已
其餘之詞乃後之作者增加之以重難其事耳夫五兵之利
無如弧矢之利以威天下五兵同致天獨有弧矢心聖人獨

言弧矢能威天下不言他兵何也蓋戰法利於弧矢者非得陳不見其利故黃帝勝於蚩尤以中夏車徒制夷虜騎士此乃弧矢之利也在於近代可以驗之者晉武時羌陷涼州司馬督馬隆請募勇士三千平之募腰引弩三十六鈞弓四鈞立標簡試軍西渡溫水虜樹機能以衆萬計遏隆隆依八陳法且戰且前弓矢所及人皆應弦而倒誅殺萬計涼州遂平隋時突厥入寇楊素禦之先是諸將與虜戰每慮胡騎奔突皆戎車徒步相參舁鹿角爲方陳騎在其內素至悉除舊法令諸軍各爲步騎突厥聞之以手加額仰天曰天賜我也大率精騎十餘萬而至素一戰大破之此乃以徒制騎士若非有陳法知開闔首尾之道安能制勝也曲禮曰行前朱雀而後元武左青龍而右白虎招搖在上急繕其怒鄭司農云以

四獸爲軍陳象天也孔疏曰此言軍行象天文而作陳法但不知作之何如耳何徹云畫此四獸於旌旗上以標先後左右之陳也急善其怒言其卒之勁利威怒如天之怒也招搖北斗杓第七星也舉此則六星可知也陳象天文即北斗也復曰進退有度鄭司農註曰度謂伐與步數也孔疏曰如牧野誓云六步七步四伐五伐是也復曰左右有局鄭司農註曰局是部分孔疏曰言軍之左右各有部分進則就敵退則就列不相差濫也下文復曰父之讎弗與共戴天兄弟之讎不返兵交遊之讎不同國四郊多壘此卿大夫之辱也此言讎辱至於戰爭期在必勝故不可不知陳法也其文故相次而言乃聖賢之深旨矣軍志曰陳間容陳足曳白刃隊間容隊可與敵對前禦其前後當其後左防其左右防其右行必

魚貫立必鴈行長以參短短以參長回軍轉陳以前爲後以後爲前進無奔迸退無遽走四頭八尾觸處爲首敵衝其中兩頭俱救此亦與曲禮之說同數起於五而終於八今夔州州前諸葛武侯以石縱横八行布爲方陳奇正之出皆生於此奇亦爲正之正正亦爲奇之奇彼此相用循環無窮也諸葛出斜谷以兵少但能正用六數今盩厔司竹園乃有舊壘司馬懿以十萬步騎不敢決戰蓋知其能也　梅堯臣曰分數已定形名已立離合散聚似亂而不能亂形無首尾應無前後陽旋陰轉欲敗而不能敗　王晳曰曹公曰旌旗亂也示敵若亂以金鼓齊之矣晳謂紛紜鬥亂之貌也不可亂者節制嚴明耳又曹公曰車騎轉而形圓者出入有道齊整也晳謂渾沌形圓不測之貌也不可敗者無所隙缺又不測故

也　何氏曰此言鬥勢也善將兵者進退紛紛似亂然士馬素習旌旗有節非亂也渾沌形勢乍離乍合人以爲敗而號令素明離合有勢非可敗也形圓無行列也　張預曰此八陳法也此黃帝始立丘井之法因以制兵故井分四道八家處之井字之形開方九焉五爲陳法四爲閑地所謂數起於五也虛其中大將居之環其四面諸部連繞所謂終於八也及乎變化制敵則紛紜聚散鬥雖亂而法不亂渾沌交錯形雖圓而勢不敗所謂分而成八復而爲一也後世武侯之方陳李靖之六花唐太宗之破陳樂舞皆其遺制也

亂生於治怯生於勇弱生於彊

曹公曰皆毀形匿情也　李筌曰恃治之整不撫其下而多怨其亂必生秦并天下銷兵焚書以列國爲郡縣而秦自稱

始皇都關中以爲至萬代有之至胡亥矜驕陳勝吳廣乘弊而起所謂亂生於治也以勇陵人爲敵所敗秦王苻堅鼓行伐晉勇也及其敗聞風聲鶴唳以爲晉軍是其怯也所謂怯生於勇也吳王夫差兵無敵於天下陵晉於黃池陵越於會稽是其彊也爲越所敗城門不守兵圍王宮殺夫差而并其國所謂弱生於彊也　杜牧曰言欲僞爲亂形以誘敵人先須至治然後能爲僞亂也欲僞爲怯形以伺敵人先須至勇然後能爲僞怯也欲僞爲弱形以驕敵人先須至彊然後能爲僞弱也　賈林曰恃治則亂生恃勇彊則怯弱生　梅堯臣曰治則能僞爲亂勇則能僞爲怯彊則能僞爲弱　王晳同梅堯臣註　何氏曰言戰時爲奇正形勢以破敵也我兵素治矣我士素勇矣我勢素彊矣若不匿治勇彊之勢何以

致敵須張似亂似怯似弱之形以誘敵人彼惑我誘之之狀破之必矣　張預曰能示敵以紛亂必已之治也能示敵以懦怯必已之勇也能示敵以羸弱必已之强也皆匿形以誤敵人

治亂數也

曹公曰以部曲分名數爲之故不亂也　李筌曰歷數也百六之災陰陽之數不由人興時所會也　杜牧曰言行伍各有分畫部曲皆有名數故能爲治然後能爲僞亂也夫爲僞亂者出入不時樵採縱橫刁斗不嚴是也　賈林曰治亂之分各有度數　梅堯臣曰以治爲亂存之乎分數　王晳曰治亂者數之變數謂法制　張預曰實治而僞示以亂明其部曲行伍之數也

勇怯埶也

李筌曰夫兵得其勢則怯者勇失其勢則勇者怯兵法無定惟因勢而成也　杜牧曰言以勇爲怯者也見有利之勢而不動敵人以我爲實怯也　陳皥曰勇者奮速也怯者淹緩也敵人見我欲進不進即以我爲怯也必有輕易之心我因其懈惰假勢以攻之龍且輕韓信鄭人誘我師是也　孟氏註同陳皥　梅堯臣曰以勇爲怯示之以不取　王晳曰勇怯者勢之變　張預曰實勇而僞示以怯因其勢也魏將龐涓攻韓齊將田忌救之孫臏謂忌曰彼三晉之兵素悍勇而輕齊齊號爲怯善戰者因其勢而利導之使齊軍入魏地曰減其竈涓聞之大喜曰吾素知齊怯乃倍日并行逐之遂敗於馬陵

彊弱形也

曹公曰形勢所宜　杜牧曰以彊爲弱須示其形匈奴冒頓示婁敬以羸老是也　陳皞曰楚王毀中軍以張隨人用爲後圖此類也　梅堯臣曰以彊爲弱形之以羸懦　王晳曰彊弱者形之變　何氏曰形勢暫變以誘敵戰非怯非弱也示亂不亂隊伍本整也　張預曰實彊而僞示以弱見其形也漢高祖欲擊匈奴遣使覘之匈奴匿其壯士肥馬見其弱兵羸畜使者十輩皆言可擊惟婁敬曰兩國相攻宜矜誇所長今徒見老弱必有奇兵不可擊也帝不從果有白登之圍

故善動敵者形之敵必從之

曹公曰見羸形也　李筌曰善誘敵者軍或彊能進退其敵也晉人伐齊斥山澤之險雖所不至必旆而疏陳之輿曳柴

從之齊人登山而望晉師見旌旗揚塵謂其衆而夜遁則晉弱齊爲彊也齊伐魏將田忌用孫臏謀減竈而趨大梁魏將龐涓逐之曰齊虜原本作齊魯今改正何其怯也入吾境亡者半矣及馬陵爲齊人所敗殺龐涓虜魏太子而旋形以弱而敵從之也　杜牧曰非止於羸弱也言我强敵弱則示以羸形動之使來我弱敵强則示之以强形動之使去敵之動作皆須從我孫臏曰齊國號怯三晉輕之令入魏境爲十萬竈明日爲五萬竈魏龐涓逐之曰齊虜何怯入吾境士亡者大半因急追之至馬陵道狹臏乃斫木書之曰龐涓死此樹下伏弩於側令曰見火始發涓至鑽燧讀之萬弩齊發龐涓死此乃示以羸形能動龐涓遂來從我而殺之也隋煬帝於鴈門爲突厥始畢可汗所圍太宗應募救援隷將軍雲定興營將行謂

定興曰必多齎旗鼓以設疑兵且始畢可汗敢圍天子必以我倉卒無援我張吾軍容令數十里晝則旌旗相續夜則鉦鼓相應虜必以爲救兵雲集覩城而遁不然彼衆我寡不能久矣定興從之師次崞縣始畢遁去此乃我弱敵强示之以强動之令去故敵之來去一皆從我之形也　梅堯臣曰形亂弱而必從　王晳曰誘敵使必從　何氏曰移形變勢誘動敵人敵昧於戰必落我計中而來力足制之　張預曰形之以羸弱敵必來從晉楚相攻苗賁皇謂晉侯曰若欒范易行以誘之中行二郤必克二穆果敗楚師又楚伐隨羸師以張之季良曰楚之羸誘我也皆此二義也

予之敵必取之

曹公曰以利誘敵敵遠離其壘而以便勢擊其空虛孤特也

杜牧曰曹公與袁紹相持官渡曹公循河而西紹於是渡河追公公營南阪下馬解鞍時白馬輜重在道諸將以爲敵騎多不如還營荀攸曰此所以餌敵也安可去之紹將文醜與劉備將五六千騎前後繼至或分趨輜重公曰可矣乃皆上馬時騎不滿六百人遂大破之斬文醜　梅堯臣曰示畏怯而必取　王晳曰餌敵使必取予與同　張預曰誘之以小利敵必來取吳以囚徒誘越楚以樵者誘絞是也

以利動之以卒待之

曹公曰以利動敵也　李筌曰後漢大司馬鄧禹之攻赤眉也赤眉佯北棄輜重而遁車皆載土覆之以豆禹軍乏食競趨之不爲行列赤眉伏兵奄至擊之禹大敗則其義也　杜牧曰以利動敵敵既從我則嚴兵以待之上文所解是也

梅堯臣曰：以上數事動誘敵而從我則以精卒待之　王晳曰：或使之從或使之取必先嚴兵以待之也　何氏曰：敵貪我利則失行列利既能動則以所待之卒擊之無不勝也如曹公西征馬超與超夾關爲軍公急持之而潛遣徐晃朱靈等夜渡蒲坂津據河西爲營公自潼關北渡未濟超赴船急戰公放牛馬以餌賊賊亂取牛馬公得渡循河爲甬道而南賊退拒渭口公乃多設疑兵潛以舟載兵入渭爲浮橋夜分兵結營於渭南賊夜攻營伏兵分擊破之十六國南涼禿髮傉檀守姑臧後秦姚興遣將姚弼等至於城下傉檀驅牛羊於野弼衆採掠傉檀分兵擊大破之後魏末大將廣陽王元深伐北狄使于謹單騎入賊中示以恩信於是西部鐵勒酋長也列河等三萬餘戸並款附相率南遷廣陽欲與謹至折

敷嶺迎接之謹曰破六汗拔陵兵衆不少聞也列河等歸附必來邀擊彼若先據險要則難與爭鋒今以也列河等餌之當競來抄掠然後設伏而待必指掌破之廣陽然其計拔陵果來邀擊破也列河於嶺上部衆皆没謹伏兵發賊遂大敗悉收得也列河之衆　張預曰形之旣從予之又取是能以利動之而來也則以勁卒待之李靖以卒爲本以本待之者謂正兵節制之師

故善戰者求之於埶不責於人

杜佑曰言勝負之道自圖於中不求之下責怒師衆强使力進也若秦穆悔過不替孟明也

故能擇人而任埶

一作故能擇人而任之諸家作任勢者多矣　曹公曰求之

於勢者專任權也不責於人者權變明也　杜佑曰權變之明能簡置於人任己之形勢也　李筌曰得勢而戰人怯者能勇故能擇其所能任之夫勇者可戰謹慎者可守智者可說無棄物也　杜牧曰言善戰者先料兵勢然後量人之材隨短長以任之不責成於不材者也曹公征張魯於漢中張遼李典樂進將一千餘人守合淝教與護軍薛悌署函邊曰賊至乃發俄而吳孫權十萬人衆圍合淝乃共發教曰若孫權至者張李將軍出戰樂將軍守護軍勿得與戰諸將皆戰遼曰公征在外比救至彼破我必矣是以教及其未合逆擊之折其威勢以安衆心然後可守成敗之機在此一舉典與遼同出果大破孫權吳人奪氣還修守備衆心乃安權攻城十日不拔乃退孫盛論曰夫兵詭道也至於合淝之守懸弱

無援專任勇者則好戰生患專任怯者則懼心難保且彼衆我寡衆者必懷貪惰我以致命之師擊貪惰之師其勢必勝勝而後守則必固矣是以魏武雜選武力參以異同爲之密教節宣其用事至而應若合符契也　陳皞曰善戰者專求於勢見利速進不爲敵先專任機權不責成於人苟不獲已而用人卽須擇而任之　賈林曰讀爲擇人而任勢言示以必勝之勢使人從之豈更外責於人求其勝敗擇勇怯之人任進退之勢　梅堯臣曰用人以勢則易責人以力則難能者當在擇人而任勢　何氏曰得勢自勝不專責人以力也

王晳曰謂將能擇人任勢以戰則自然勝矣人者謂偏裨與　張預曰任人之法使貪使愚使智使勇各任自然之勢不責人之所不能故隨材大小擇而任之尉繚子曰因其所

長而用之言三軍之中有長於步者有長於騎者因能而用則人盡其材又晉侯類能而使之是也

任埶者通典無任字　其戰人也如轉木石木石之性安則靜危則動方則止圓則行

曹公曰任自然勢也　杜佑曰言投之安地則安投之危地則危不知有所回避也任勢自然也方圓之形猶兵勝負之形　李筌曰任勢御衆當如此也　梅堯臣曰木石重物也易以勢動難以力移三軍至衆也可以勢戰不可以力使自然之道也　何氏同梅堯臣註　張預曰木石之性置之安地則靜置之危地則動方正則止圓斜則行自然之勢也三軍之衆甚陷則不懼無所往則固不得已則鬥亦自然之道

故善戰人之埶通典無善字　如轉圓石於千仞之山者埶也

杜佑曰言形勢之相因原本無據通典補　李筌曰蒯通以爲坂上走丸言其易也　杜牧曰轉石於千仞之山不可止遏者在山不在石也戰人有百勝之勇強弱一貫者在勢不在人也杜公元凱曰昔樂毅藉濟西一戰能并強齊今兵威已成如破竹數節之後迎刃自解無復著手此勢也勢不可失乃東下建業終滅吳此篇大抵言兵貴任勢以險迅疾速爲本故能用力少而得功多也　梅堯臣曰圓石在山屹然其勢一人推之千人莫制也　王晳曰石不能自轉因山之勢而不可遏也戰不能妄勝因兵之勢而不可支也　張預曰石轉於山而不可止遏者由勢使之也兵在於險而不可制御者亦勢使之也李靖曰兵有三勢將輕敵士樂戰志勵青雲氣等飄風謂之氣勢關山狹路羊腸狗門一夫守之千人不過

謂之地勢因敵怠慢勞役飢渴前營未舍後軍半濟謂之因
勢故用兵任勢峻坂走丸用力至微而成功甚博也

孫子十家註卷五終

孫子十家註卷六

賜進士及第署山東提刑按察使分巡兗沂曹濟黃河兵備道孫星衍　賜進士出身署萊州府知府候補同知吳人驥同校

虛實篇

曹公曰能虛實彼己也　李筌曰善用兵者以虛爲實善破敵者以實爲虛故次其篇　杜牧曰夫兵者避實擊虛先須識彼我之虛實也　王晳曰凡自守以實攻敵以虛也　張預曰形篇言攻守勢篇說奇正善用兵者先知攻守兩齊之法然後知奇正先知奇正相變之術然後知虛實蓋奇正自攻守而用虛實由奇正而見故次勢

孫子曰凡先處御覽作據下同戰地而待敵者佚

曹公李筌並曰力有餘也　賈林曰先處形勝之地以待敵者則有備豫士馬閑逸　杜佑同賈林註　王晳同曹公註　張預曰形勢之地我先據之以待敵人之來則士馬閑逸而力有餘

後處戰地而趨戰者勞

孟氏曰若敵已處便勢之地已方赴利士馬勞倦則不利矣　李筌曰力不足也太一遁甲云彼來攻我則我爲主彼爲客主易客難也是以太一遁甲言其定計之義故知勞佚事不同先後勢異　杜牧曰後周遣將師突厥之衆逼齊齊將段韶禦之時大雪之後周人以步卒爲前鋒從西而下去城二里諸將欲逆擊之韶曰步人氣力勢自有限今積雪既厚逆戰非便不如陳以待之彼勞我佚破之必矣既而交戰大破之前鋒盡殪自餘遁矣　賈林曰敵處便利我則不往引兵别據示不敵其軍敵謂我無謀必來攻襲如此則反令敵倦而我不勞　梅堯臣曰先至待敵則力完後至趨戰則力屈　何氏曰戰國秦師伐韓圍閼與趙遣將趙奢救之軍士許歷曰秦人不意趙師至此其來氣盛將軍必厚集其陳以

待之不然必敗又曰先據北山者勝後至者敗趙奢即發萬人趨之秦兵後至爭山不得上趙奢縱兵擊之大破秦軍遂解閼與之圍後漢初諸將征隗囂爲囂所敗光武令悉軍栒邑未及至隗囂乘勝使其將王元行巡將二萬餘人下隴因分遣巡取漢邑漢將馮異即馳馬欲先據之諸將皆曰虜兵盛而新乘勝不可與爭宜止軍此地徐思方畧異曰虜兵方盛臨境狃忕小利遂欲深入若得栒邑三輔動搖是吾憂也夫攻者不足守者有餘今先據城以佚待勞非所以爭鋒也遂潛往閉城偃旗鼓行巡不知馳赴之異乘其不意卒擊鼓建旗而出巡軍驚亂奔走追而大破之東魏將齊神武伐西魏軍過蒲津涉洛至許原西魏將周文帝軍至沙苑齊神武聞周文至引軍來會詰朝候騎告齊神武軍且至周文步將

李弼曰彼衆我寡不可平地置陳此東十里有渭曲可先據以待之遂軍至渭曲背水東西爲陳合戰大破之　張預曰便利之地彼已據之我方趨彼以戰則士馬勞倦而力不足或謂所戰之地我宜先到立陳以待彼則已佚矣彼先結陳我後至則我勞矣若宋人已成列楚師未旣濟之類

故善戰者致人而不致於人

杜佑曰言兩軍相遠彊弱俱敵彼可使歷險而來我不可歷險而往必能引致敵人已不往從也　李筌曰故能致人之勞不致人之佚也　杜牧曰致令敵來就我我當蓄力待之不就敵人恐我勞也後漢張步將費邑分遣其弟敢守巨里耿弇進兵先脅巨里使多伐樹木揚言以塡坑塹數日有降者言邑聞弇欲攻巨里謀來救之弇乃嚴令軍中趨修攻具

宣勸諸部後三日當悉力攻巨里城陰緩生口令得亡歸歸者以弇期告邑至日果自將精兵三萬餘人來攻之弇喜謂諸將曰吾修攻具者欲誘致邑耳今來適其所求也卽分三千人守巨里自引精兵上岡阪乘高大破之遂臨陳斬費邑　梅堯臣曰能令敵來則敵勞我不往就則我佚　王晳曰致人者以佚乘其勞致於人者以勞乘其佚　何氏曰令敵自來　張預曰致敵來戰則彼勢常虛不往赴戰則我勢常實此乃虛實彼我之術也耿弇先逼巨里以誘致費邑近之

能使敵人自至者利之也

曹公曰誘之以利也　李筌曰以利誘之敵則自遠而至也趙將李牧誘匈奴則其義也　杜牧曰李牧大縱畜牧人衆滿野匈奴小入佯北不勝以數千人委之單于大喜率衆來

入牧大破之殺匈奴十萬騎單于奔走歲餘不敢犯邊也梅堯臣曰何能自來示之以利　何氏曰以利誘之而來我佚敵勞　張預曰所以能致敵人之來者誘之以利耳李牧佯北以致匈奴楊素毀車以誘突厥是也

能使敵人不得至者害之也

曹公曰出其所必趨攻其所必救　杜佑曰出其所必趨原本作至其所必走字之誤也按杜注每先引曹注下附己意故上之所釋下或不同也今據曹注及下文改正攻其所必救能守其險害之要路敵不得自至故王子曰一猫當穴萬鼠不敢出一虎當溪萬鹿不得過　李筌曰害其所急彼必釋我而自固也魏人寇趙邯鄲乞師於齊齊將田忌欲救趙孫臏曰夫解紛者不控捲救鬭者不搏撠批亢擣虛形格勢禁則自解爾今二國相持輕銳竭於外疲老殆於內我

襲其虛彼必解圍而奔命所謂一舉存趙而斃魏也後魏果釋趙而奔大梁遭齊人於馬陵魏師敗績　杜牧曰曹公攻河北師次頓丘黑山賊于毒等攻武陽曹公乃引兵西入山攻毒本屯毒聞之棄武陽還曹公要擊於內大破之也　陳皡曰子胥疲楚師孫臏走魏將之謂也　梅堯臣曰敵不得來當制之以害　王晳曰以害形之敵患之而不至　張預曰所以能令敵人必不得至者害其所顧愛耳孫臏走大梁而解邯鄲之圍是也

故敵佚能勞之

曹公曰以事煩之御覽作以利煩之者非　李筌曰攻其不意使敵疲於奔命　杜牧曰高熲言平陳之策於隋祖曰江北寒地收差晚江南土熱水田早熟量彼收穫之際徵兵上馬聲言掩

襲彼必屯兵禦守足得廢其農時彼既聚兵我便解甲於是陳人始病　梅堯臣曰撓之使不得休息　王晳曰巧致之也　何氏曰春秋時吳王闔閭問於伍員曰伐楚何如對曰楚執政衆莫適任患若爲三師以肄焉一師至彼必皆出彼出則歸彼歸則出彼必道敝亟肄以疲之多方以誤之既罷而後以三軍繼之必大克之闔閭從之楚於是乎始病吳遂入郢　張預曰爲多方以誤之之術使其不得休息或曰彼若先處戰地以待我則是彼佚也我不可起而與之戰我既不往彼必自來卽是變佚爲勞也

飽能飢之（原本作饑之者後人臆改也今據通典御覽正之）

曹公曰絕糧道以饑之　李筌曰焚其積聚芟其禾苗絕其糧道但能饑之我爲主敵爲客則可以絕糧道而饑之如我

爲客敵爲主則如之何荅曰饑敵之術非止絶糧道但能饑之則是隋高熲平陳之策曰江南土薄舍多茅屋有蓄積皆非地窖密遣人因風縱火待敵修立更復燒之不出數年自可財力俱盡遂行其策由是陳人益困三國時諸葛誕文欽據壽春及招吳請援司馬景王討之謂諸將曰彼當突圍決一朝之命或謂大軍不能久省食減口冀有他變料賊之情不出此二者當多方以亂之因命合圍遣羸疾寄穀淮北廪軍士豆人三升誕欽聞之果喜景王愈羸形以示之誕等益寬恣食俄而城中糧盡攻而拔之隋末宇文化及率兵致李密於黎陽密知化及糧少因僞和之以弊其衆化及大喜恣其兵食冀密饋之其後食盡其將王智畧張童仁等率所部兵歸於密前後相繼化及以此遂敗　陳皥曰饑敵之術在

臨事應機　梅堯臣曰要其糧使不得饋　王晳曰謂敵人
足食我能使之饑耳曹公曰絕其糧道晳謂火積亦是也
何氏曰如吳楚反周亞夫曰楚兵剽輕難與爭鋒願以梁委
之絕其食道乃可制也亞夫會兵滎陽吳攻梁梁急請救亞
夫引兵東北走昌邑深壁而守使輕騎弓高侯等絕吳楚兵
後食道兵乏糧饑欲退數挑戰終不出乃引兵去精兵追擊
大破之王莽末天下亂光武兄伯升起兵討莽爲莽將甄阜
梁丘賜所敗復收會兵衆還保於棘陽阜賜乘勝留輜重於
藍鄉引精兵十餘萬人南渡橫臨泚水阻兩山間爲營絕後
橋示無還心伯升於是大饗軍士設盟約休卒三日爲六部
潛師夜起襲取藍鄉盡獲其輜重明晨自南攻甄阜下江兵
自東南攻梁丘賜之食陳潰遂斬阜賜唐輔公祏遣其偽將

馮惠亮陳當世領水軍屯於博望山陳正通河間王孝恭徐紹宗率步騎軍於青州山河間王孝恭至堅壁不與鬥使奇兵斷其糧道賊漸餒夜薄我營孝恭安卧不動明日縱羸兵以攻賊壘使盧祖尚率精騎列陳以待之俄而攻壘者敗走出追奔數里遇祖尚軍與戰大敗之正通棄營而走　張預曰我先舉兵則我爲客彼爲主爲客則食不足爲主則飽有餘若奪其蓄積因糧於彼館穀於敵則我反飽彼反饑矣則是變客爲主也不必焚其積聚廢其農時然後能饑敵矣或彼客則絶其糧道廣武君欲請奇兵以遮絶韓信軍後是也

安能動之

曹公曰攻其所必愛出其所必趨則使敵不得不相救也

李筌曰出其所必趨擊其所不意攻其所必愛使不得不救

也　杜牧曰司馬宣王攻公孫文懿於遼東阻遼水以拒魏軍宣王曰賊堅營高壘以老我師攻之正入其計古人云敵雖高壘不得不與我戰者攻其所必救我今直指襄平則人懷內懼懼而求戰破之必矣遂整陳而過賊見兵出其後果來邀之乃縱擊大破之竟平遼東　陳皞曰左傳楚伐宋宋告急於晉晉先軫曰我執曹君而分曹衛之田以賜宋人楚愛曹衛必不許也喜賂怒頑能無戰乎遂破楚師　孟氏註同曹公　梅堯臣曰趨其所顧使不得止　王晳同李筌註

何氏曰攻其所愛豈能安視而不動哉　張預曰彼方安守以爲自固之術不欲速戰則當攻其所必救使不得已而須出與騈堅壁秦伯挑其裨將遂皆出戰是也

出其所必趨原本作不趨按上文諸家注則作不趨者誤也從御覽改趨其所不意

曹公曰使敵不得不相往而救之也　何氏曰令敵人須應我

行千里而不勞者行於無人之地也

曹公曰出空擊虛避其所守擊其不意　李筌曰出敵無備從孤擊虛何人之有　杜牧曰梁元帝時西蜀稱帝率兵東下將攻元帝西魏大將周文帝曰平蜀制梁在茲一舉諸將多有異同文帝謂將軍尉遲迥曰伐蜀之事一以委公然計將安出迥曰蜀與中國隔絕百餘年矣恃其山川險阻不虞我師之至宜以精甲鋭騎星夜奔襲之平路則倍道兼行險途則緩兵漸進出其不意攻其腹心必向風不守竟以平蜀言不勞者空虛之地無敵人之處行止在我故不勞也　陳皥曰夫言空虛者非止爲敵人不備也但備之不嚴守之不

固將弱兵亂糧少勢孤我整軍臨之彼必望風自潰是我不勞苦如行無人之地　梅堯臣曰出所不意　何氏曰曹公北征烏桓謀臣郭嘉曰兵貴神速今千里襲人輜重多難以趨利且彼聞之得以爲備不如留輜重輕兵兼道以出掩其不意公乃密出盧龍塞直指單于庭虜卒聞公至惶怖合戰大破之斬蹋頓及明王已下又唐吐谷渾寇邊以李靖爲西海道行軍大總管輕逐二千里行空虛之地平吐谷渾而還故太宗曰且李靖三千輕騎深入虜庭克復定襄古今未有也　張預曰掩其空虛攻其無備雖千里之征人不疲勞若鄧艾伐蜀由陰平之徑行無人之地七百餘里是也

攻而必取者攻其所不守也

李筌曰無虞易取　杜牧曰警其東擊其西誘其前襲其後

後漢張步都劇使弟藍守西安又令别將守臨淄去臨淄四十里耿弇引軍營其閒弇視西安城小而堅藍兵又精臨淄名雖大其實易攻弇令軍吏治攻具後五日攻西安縱生口令歸藍聞之晨夜守城至期夜半弇勒諸將蓐食及明至臨淄城下護軍荀梁等爭之以爲宜速攻西安弇曰西安聞吾欲攻日夜爲備臨淄出其不意至必驚擾吾攻之一日必拔拔臨淄卽西安勢孤所謂擊一得兩盡如其策後漢末朱儁擊黃巾賊帥韓忠於宛儁作長圍起土山以臨其城內因鳴鼓攻其西南賊悉衆赴之儁自將精兵五千掩其東北乘城而入忠乃退保小城惶懼乞降　陳皡曰國家征上黨王宰知劉稹恃天井之險不爲固守之計宰悉力攻奪而後守稹失其險終陷其巢穴也　梅堯臣曰言擊其南實攻其北

王晳曰：攻其虛也，謂將不能兵不精壘不堅備不嚴救不及食不足心不一爾　張預曰善攻者動於九天之上使敵人莫之能備則吾之所攻者乃敵之所不守也耿弇之克臨淄朱儁之討黃巾但其一端耳

守而必固者守其所不攻也

杜牧曰不攻尚守何況其所攻乎漢太尉周亞夫擊七國於昌邑也賊奔壁東南陬亞夫使備其西北俄而賊精卒攻西北不得入因遁去追破之　陳皞曰無慮敵不攻慮我不守無所不攻無所不守乃用兵之計備也　梅堯臣曰賊擊我西亦備乎東　王晳曰守以實也謂將能兵精壘堅備嚴救及食足心一爾　張預曰善守者藏於九地之下使敵人莫之能測莫之能測則吾之所守者乃敵之所不攻也周亞夫

擊東南而備西北亦是其一端也

故善攻者敵不知其所守善守者敵不知其所攻

曹公曰情不泄也　李筌曰善攻者器械多也東魏高歡攻鄴是也善守謹備也周韋孝寬守晉州是也　杜牧曰攻取備禦之情不泄也　賈林曰教令行人心附備守堅固微隱無形敵人猶豫智無所措也　梅堯臣曰善攻者機密不泄善守者周備不隙　王晳曰善攻者待敵有可乘之隙速而攻之則使其不能守也善守者常爲不可勝則使其不能攻也云不知者攻守之計不知所出耳　何氏曰言攻守之謀令不可測　張預曰夫守則不足攻則有餘所謂不足者非力弱也蓋示敵以不足則敵必來攻此是敵不知其所攻也所謂有餘者非力彊也蓋示敵以有餘則敵必自守此是敵

不知其所守也情不外泄精乎攻守者也

微乎微乎至於無形神乎神乎至於無聲故能爲敵之司命通典作微乎微微至於無形神乎神神至於無聲御覽作微乎微乎故能隱於常形神乎神乎故能爲敵司命又通典本作故能爲變化司命

杜佑曰言其微妙所不可見者言變化之形倏忽若神故能料敵死生如天之司命也　李筌曰言二遁用兵之奇正攻守微妙不可形於言說也微妙神乎敵之死生懸形於我故曰司命　杜牧曰微者靜也神者動也靜者守動者攻敵之死生悉懸於我故如天之司命　梅堯臣曰無形則微妙不可得而窺無聲則神速不可得而知　王晳曰微密則難窺神速則難應故能制敵之命　何氏曰武論虛實之法至於神微而後見成功之極也吾之實使敵視之爲虛吾之虛使

敵視之爲實敵之實吾能使之爲虛敵之虛吾能知其虛實蓋敵不識吾虛實而吾能審敵之虛實也吾欲攻敵也知彼所守者爲實而所不守者爲虛吾將避其堅而攻其脆批其亢而擣其虛敵欲攻我也知彼所攻者爲不急而所不攻者爲要吾將示敵之虛而鬥吾之實彼示形在東而吾設備於西是故吾之攻也彼不知其所當守吾之守也敵不料其所當攻攻守之變出於虛實之法或藏九地之下以喻吾之守或動九天之上以比吾之攻滅跡而不可見韜聲而不可聞若從地出天下倏出間入星耀鬼行入於無間之域旋乎九泉之淵微之微者神之神者至於天下之明目不能窺其形之微天下之聰耳不能聽其聲之神有形者至於無形有聲者至於無聲非無形也敵人不能窺也非無聲也敵人不能

聽也虛實之變極也善守兵者通於虛實之變遂可以入於神微之奧不善者安然尋微窮神而泥其用兵之跡不能泯其形聲而至於聞見者是不知神微之妙固在虛實之變也三軍之衆百萬之師安得無形與聲哉但敵人不能窺聽耳　張預曰攻守之術微妙神密至於無形之可覩無聲之可聞故敵人生死之命皆主於我也

進而不可禦者衝其虛也退而不可追者速而不可及也御覽速作遠按此與李筌本同

曹公曰卒往進攻其虛懈退又疾也　杜佑曰衝突其空虛也　李筌曰進者襲空虛懈怠退必輜重在先行遠而大軍始退已者以不可追後趙王石勒兵在葛陂[redacted]雨欲班師於鄴懼晉人躡其後用張賓計令輜重先行遠而不可及也此

筌以速字爲遠者也　杜牧曰既攻其虛敵必敗敗喪之後安能追我我故得以疾退也　陳皥曰杜說非也曹公之圍張繡也城未拔力未屈而去之繡兵出襲其後賈詡止之繡不聽果被曹公所敗繡謂詡曰公既能知其敗必能知其勝詡曰復以敗卒襲之繡從之曹公果敗豈是敗喪之後不能追之哉蓋言乘虛之進敵不知所禦迅利而退敵不知所追也　梅堯臣曰進乘其虛則莫我禦退因其弊則莫我追也　何氏曰兵進則衝虛兵退則利速我能制敵而敵不能制我也　張預曰對壘相持之際見彼之虛隙則急進而擣之敵豈能禦我也獲利而退則速還壁以自守敵豈能追我也兵之情主速風來電往敵不能制

故我欲戰敵雖高壘深溝不得不與我戰者攻其所必救也

曹公李筌曰絶其糧道守其歸路攻其君主也　杜牧曰我爲主敵爲客則絶其糧食守其歸路若我爲客敵爲主則攻其君主司馬宣王攻遼東直指襄平是也　梅堯臣曰攻其要害　王晳曰曹公曰絶糧道守歸路攻君主也晳謂敵若堅守但能攻其所必救則與我戰也若耿弇欲攻巨里以致費邑亦是也　何氏曰如魏將司馬宣王攻公孫文懿汎舟潛濟遼水作長圍忽棄賊而向襄平諸將言不攻賊而作長圍非所以示衆也宣王曰賊堅營高壘欲以老吾兵也古人言曰敵雖高壘不得不與我戰者攻其所必救也賊大衆在此則窟穴虛矣我直指襄平必人懷內懼懼而求戰破之必矣遂整陳而過賊見兵出其後果邀之宣王謂諸將曰所以不攻其營正欲致此不可失也乃縱兵逆擊生破之三戰皆

捷唐馬燧討田悅時軍糧少悅深壁不戰燧令諸軍持十日糧進次倉口與悅夾洹水而軍李抱眞李芃問曰糧少而深入何也燧曰糧少利速戰兵法善於致人不致於人今田悅與淄青兗三軍爲首尾計欲不戰以老我師若分兵擊其左右兵求未可必破悅其求救是前後受敵也兵法所謂攻其必救彼故當戰也燧爲諸軍合而破之燧乃造三橋道逾洹水日挑戰悅不敢出恒州兵以軍少懼爲燧所兵引軍合於悅悅與燧明日復挑戰乃伏兵萬人欲邀燧燧乃引諸軍半夜皆食先鷄鳴明時擊鼓吹角潛師傍洹水徑赴魏令曰聞賊至則止爲陳又令百騎吹鼓角皆留於後仍抱薪持火待軍畢發止鼓角匿其傍伺悅軍畢渡焚其橋軍行十數里乃率淄青兗州步騎四萬餘人踰橋掩其後乘風縱火鼓譟而

進燧乃坐甲令無動命前除草斬荆棘廣百步以爲陳募勇力得五千餘人分爲前列以候賊至比悅軍至則火止氣乏力衰乃縱兵擊之悅軍大敗悅走橋橋以焚矣悅軍亂赴水斬首二萬淄青軍殆盡　張預曰我爲客彼爲主我兵强而食少彼勢弱而糧多則利在必戰敵人雖有金城湯池之固不得守其險而必來與我戰者在攻其所顧愛之地使救相援也若楚人圍宋晉將救之狐偃曰楚始得曹而新婚於衛若伐曹衛楚必救之則宋免矣從之而解又晉宣帝討公孫文懿忽棄城而走襄平討其巢穴賊果出邀之遂逆擊三戰皆捷亦其義也

我不欲戰畫地而守之

曹公曰軍不欲煩也　孟氏曰以物畫地而守喻其義也蓋

我能戾敵人之心不敢至也　李筌曰拒境自守也若入敵境則用天一遁甲眞人閉六戊之法以刀畫地爲營也敵不得與我戰者乖其所之也

曹公曰乖戾也戾其道示以利害使敵疑之我未修壘塹敵人不以形勢之長就能加之於我者不敢攻我也自我未修壘以下據御覽補　李筌曰乖異也設奇異而疑之是以敵不可得與我戰漢上谷太守李廣縱馬卸鞍疑也　杜牧曰言敵來攻我我不與戰設權變以疑之使敵人疑惑不決與初來之心乖戾不敢與我戰也曹公爭漢中地蜀先主拒之時將趙雲守別屯將數十騎輕出卒遇大軍雲且鬥且卻公軍追至圍雲入營使大開門偃旗息鼓曹公軍疑有伏引去諸葛武侯屯於陽平使魏延諸將并兵東下武侯惟留萬人守城侯白司

馬宣王曰亮在城中兵少力弱將士失色亮時意氣自若勑軍中悉臥旗息鼓不得輒閉四門掃地却洒宣王疑有伏於是引去趨北山亮謂參佐曰司馬懿謂吾有設伏循山走矣宣王後知頗以爲恨曹公與呂布相持公軍出收麥布領衆卒至公營止有千人出陳半隱於堤下呂布遲疑不敢進曰曹公多詐勿入伏中遂引兵去　陳皥曰左傳楚令尹子元伐鄭入自純門至於逵市懸門不發子元曰鄭有人焉乃還

賈林曰置疑兵於敵惡之所屯營於形勝之地雖未修壘塹敵人不敢來攻於我也　梅堯臣曰畫地喻易也乖其道而示以利使其疑而不敢進也　王晳曰畫地言易且明制之必有道也　張預曰我爲主彼爲客我糧多而卒寡彼食少而兵衆則利在不戰雖不爲營壘之固敵必不敢來與我

戰者示以疑形乖其所往也若楚人伐鄭鄭懸門不發效楚言而出楚師不敢進而遁又司馬懿欲攻諸葛亮亮偃旗臥鼓開門却洒懿疑有伏兵遂引而去亦其義也

故形人而我無形則我專而敵分原本作忿今從通典改正

杜佑曰我專一而敵分散　梅堯臣曰他人有形我形不見故敵分兵以備我　張預曰吾之正使敵視以爲奇吾之奇使敵視以爲正形人者也以奇爲正以正爲奇變化紛紜使敵莫測無形者也敵形既見我乃合衆以臨之我形不彰彼必分勢以防備

我專爲一敵分爲十是以十共其一也原本作以敵攻其一也誤今據通典御覽改正

杜佑曰我料見敵形審其虛實故所備者少專爲一屯以我之專擊彼之散是爲十共擊一也　梅堯臣曰離一爲十我

常以十分擊一分

則我衆而敵寡

杜佑曰我專爲一故衆敵分爲十故寡　張預曰見敵虛實不勞多備故專爲一屯彼則不然不見我形故分爲十處是以我之十分擊敵之一分也故我不得不衆敵不得不寡

能以衆擊寡者（通典御覽擊作敵）則吾之所與戰者約矣

杜佑曰言約少而易勝　杜牧曰約猶少也我深壍高壘滅跡韜聲出入無形攻取莫測或以輕兵健馬衝其空虛或以彊弩長弓奪其要害觸左履右突後驚前晝日誤之以旌旗暮夜惑之以大鼓故敵人畏懼分兵防虞譬如登山瞰城垂簾視外敵人分張之勢我則盡知我之攻守之方敵則不測故我能專一敵則分離專一者力全分離者力寡以全擊寡

故能必勝也　梅堯臣曰以專擊分則我所敵少也　王晳曰多爲之形使敵備已其實攻者則無備也故我專敵分矣專則衆分則寡十攻一者大約言耳　何氏同杜牧註　張預曰夫勢聚則彊兵散則弱以衆彊之勢擊寡弱之兵則用力少而成功多矣

吾所與戰之地不可知

杜佑曰言舉動微密情不可見使彼知所出而不知吾所舉知所舉而不知吾所集　張預曰無形勢故也

不可知則敵所備者多

梅堯臣曰敵不知則處處爲備

敵所備者多則吾所與戰者寡矣

曹公曰形藏敵疑則分離其衆備我也言少而易擊也　王

皙曰與敵必戰之地不可使敵知之知則并力得拒於我曹公曰形藏敵疑　張預曰不能測吾車果何出騎果何來徒果何從故分離其衆所在輒爲備遂致衆散而弱勢分而衰是以吾所與接戰之處以大衆臨孤軍也

故備前則後寡備後則前寡備左則右寡備右則左寡無所不備則無所不寡

杜佑曰言敵之所備者多則士卒無不分散而少　梅堯臣曰所備皆寡也

寡者備人者也衆者使人備己者也

曹公曰上所謂形藏敵疑則分離其衆以備我也　孟氏曰備人則敵散備我則彼分　杜佑曰敵散分而少者皆先備人也敵所以備己多者由我專而衆故也　李筌曰陳兵之

地不可令敵人知之彼疑則謂衆離而備我也　杜牧曰所戰之地不可令敵人知之我形不可測左右前後遠近險易敵人不知亦不知我何處來攻何地會戰故分兵徼衛處處防備形藏者衆分多者寡故衆者必勝也寡者必敗也　梅堯臣曰使敵愈備則愈寡也　王晳曰左右前後俱備則俱寡　何氏同諸註　張預曰左右前後無處不爲備則無處不兵寡也所以寡者爲兵分而廣備於人也所以衆者爲專而使人備己也

故知戰之地知戰之日則可千里而會戰

曹公曰以度量知空虛會戰之日　孟氏曰以度量知空虛先知戰地之形又審必戰之日則可千里期會先往以待之若敵先已至可不往以勞之　杜佑曰夫善戰者必知戰之

日知戰之地度道設期分軍雜卒遠者先進近者後發千里之會同時而合若會都市其會地之日無令敵知知之則所備處少不知則所備處多備寡則專備多則分分則力散專則力全　李筌曰知戰之地則舟車步騎之所便也魏武以北土未安捨鞍馬仗舟楫與吳越爭強是以有黃蓋之敗吳王濞驅吳楚之衆奔馳於梁鄭之間此不知戰地日者故太一遁甲曰計法三門五將主客成敗則可知也於是千里會戰而勝　杜牧曰[illegible]蜀宋武曰往年劉敬宣出內水向黃武無功而退賊謂我今應往外水來而料我當出其不意猶從內水來也如此必以重兵守涪城以備內道若向黃武正墮其計今以大衆自外水取成都疑兵向內水此則制敵之奇也而慮此聲先馳賊知虛實別有

函書全封付齡石函邊書曰至白帝乃開諸軍未知應分所由至白帝發書曰衆軍悉從外水取成都臧熹朱林於中水取廣漢使羸弱乘高艦十餘由內水向黃武譙從果以重兵備內水齡石滅之　陳皞曰杜註止言知戰之地未敘知戰之日我若伐敵至期不得與我戰敵來侵我我必預備以應之項羽謂曹咎曰我十五日必定梁地復與將軍會苟不知必戰之日安能爲約　梅堯臣曰若能度必戰之地必戰之日雖千里之遠可剋期而與戰　王晳曰必先知地利敵情然後以兵法之度量計其遠近知其空虛審敵趣應之所及戰期也如是則雖千里可會戰而破敵矣故曹公曰以度量知空虛會戰之日是也　張預曰凡舉兵伐敵所戰之地必先知之師至之日能使人人如期而來以與我戰知戰地日

則所備者專所守者固雖千里之遠可以赴戰若蹇叔知晉人禦師必於殽是知戰地也陳湯料烏孫圍兵五日必解是知戰日也又若孫臏要龐涓於馬陵度日暮必至是也

不知戰地不知戰日則左不能救右右不能救左前不能救後後不能救前而况遠者數十里近者數里乎

杜佑曰敵已先據形勢之地已方趣利欲戰則左右前後疑惑進退不能相救况數十里之間也　杜牧曰管子曰計未定而出兵則戰而自毁也　梅堯臣曰不能救者寡也左右前後尚不能救况遠乎　張預曰不知敵人何地會兵何日接戰則所備者不專所守者不固忽遇勍敵則倉遽而與之戰左右前後猶不相援又况首尾相去之遼乎

以吾度之越人之兵雖多亦奚益於勝敗哉

曹公曰越人相聚紛然無知也或曰吳越讎國也　李筌曰越過也不知戰地及戰日兵雖過人安知勝敗乎　陳皞曰孫子爲吳王闔閭論兵吳與越讎故言越謂過人之兵非義也　賈林曰不知戰地不知戰日士衆雖多不能制勝敗之政亦何益也　梅堯臣曰吳越敵國也言越人雖多亦爲我分之而寡也　王晳曰此武相時料敵也言越兵雖多苟不善相救亦無益於勝敗之數　張預曰吾字作吳字之誤也吳越鄰國數相侵伐故下文云吳人與越人相惡也言越國之兵雖曰衆多但不知戰地戰日當分其勢而弱也

故曰勝可爲也御覽作勝可知而不可爲也按此因形篇語致誤

孟氏曰若敵不知戰地期日我之必勝可常有也　杜牧曰爲勝在我故言可爲之　梅堯臣同杜牧註　王晳何氏同

孟氏註　張預曰爲勝在我故也形篇云勝可知而不可爲今言勝可爲者何也蓋形篇論攻守之勢言敵若有備則不可必爲也今則主以越兵而言度越人必不能知所戰之地日故云可爲也

敵雖衆可使無鬥

孟氏曰敵雖多兵我能多設變詐分其形勢使不得併力也　杜牧曰以下四事度量之敵兵雖衆使其不能與我鬥勝也　賈林曰敵雖衆多不知己之兵情常使急自備不暇謀鬥　梅堯臣曰苟能寡何有鬥　王晳曰多益不救奚所恃而鬥　張預曰分散其勢不得齊力同進則焉能與我爭

故策之而知得失之計

孟氏曰策度敵情觀其施爲則計數可知　杜佑曰策度敵

情觀其所施計數可知　李筌曰用兵者取勝之兵法可制大一遁甲五將之計以定關格掩迫之數得失可知也　賈林曰樽俎帷幄之間以策籌之我得彼失之計皆先知也　梅堯臣曰彼得失之計我以算策而知　王晳曰策其敵情以見得失之數　張預曰籌策敵情知其計之得失若薛公料黥布之三計是也

作之通典御覽并作候之按此與李筌本同又鄭友賢遺說亦作候之而知動靜之理

杜佑曰喜怒動作察其舉止則情理可得故知動靜權變爲其勝負也　李筌曰候望雲氣風鳥八情則動靜可知也王莽時王尋征昆陽有雲氣如壞山當營而墜去地數尺沒光武知其必敗梁王僧辯營上有如堤之氣候景知其必勝風鳥貪豹之類也此筌以作字爲候字者也　杜牧曰作激作

也言激作敵人使其應我然後觀其動靜理亂之形也魏武侯曰兩軍相當不知其將如何吴起曰令賤勇者將鋭而擊交河而北北而勿罰觀敵進退一坐一起其政以理奔北不追見利不取此將有謀若其衆讙追北旗旛雜亂行止縱横貪利務得若此之類將令不行擊而勿疑　陳皞曰作爲也爲之利害使敵赴之則知進退之理也　賈林曰善覘候者必知其動靜之理　梅堯臣曰彼動靜之理因我所發而見　王晳曰候其理當動以否　張預曰發作久之觀其喜怒則動靜之理可得而知也若晉文公拘宛春以怒楚將子玉子玉遂乘晉軍是其躁動也諸葛亮遺巾幗婦人之飾以怒司馬宣王宣王終不出戰此是其安靜也

形之而知死生之地

孟氏曰形相敵情觀其所據則地形勢生死可得而知　李筌曰夫破陳設奇或偃旗鼓形之以弱或虛列竈火旛幟形之以彊投之以死致之以生是以死生因地而成也韓信下井陘劉裕過大峴則其義也　杜牧曰死生之地蓋戰地也投之死地必生置之生地必死言我多方誤撓敵人以觀其應我之形然後隨而制之則死生之地可知也　陳皡曰敵人既有動靜則我得見其生有謀者所處之地必生無謀者所投之地必死也　賈林曰見所理兵勢則可知其死所

梅堯臣曰彼生死之地我因形見而識　何氏同杜牧註

張預曰形之以弱則彼必進形之以彊則彼必退因其進退之際則知彼據之地死與生也上文云善動敵者形之敵必從之是也死地謂傾覆之地生地謂便利之地

角之而知有餘不足之處通典作不足有餘

曹公曰角量也　杜佑曰角量也角量彼我軍馬之數則長短可知也原本無據通典御覽補　李筌曰角量也量其力精勇則虛實可知也　杜牧曰角量也言以我之有餘角量敵人之有餘以我之不足角量敵人之不足管子曰善攻者料衆以攻衆料食以攻食食不存不攻備不存不攻司馬宣王伐遼東司馬陳珪曰昔攻上庸八部並進晝夜不息故能一旬之半拔堅城斬孟達今者遠來而更安穩愚切惑焉王曰孟達衆少而食支一年吾將四倍於達而糧不淹一月以一月圖一年安可不速以四擊一正命半解猶當爲之是以不計死傷與糧競也今賊衆我寡賊飢我飽雨水乃爾功力不殺賊糧垂盡當亦無能以安之旣而雨止晝夜攻之竟平遼東　梅

堯臣曰彼有餘不足之處我以角量而審　王晳曰角謂相角也角彼我之力則知有餘不足之處然後可以謀攻守之利也此而上亦所以量敵知戰　張預曰有餘彊也不足弱也角量敵形知彼彊弱之所唐太宗曰凡臨陳常以吾彊對敵弱常以吾弱對敵彊苟非角量安得知之

故形兵之極至於無形無形則深閒不能窺知者不能謀

李筌曰形敵之妙入於無形閒不可窺智不可謀是謂形也　杜牧曰此言用兵之道至於臻極不過於無形無形則雖有閒者深來窺我不能知我之虚實彊弱不泄於外雖有智能之士亦不能謀我也　梅堯臣曰兵本有形虚實有路是以無形此極致也雖使閒者以情僞智者以謀料可得乎王晳曰制兵形於無形是謂極致孰能窺而謀之哉　何氏

曰行列在外機變在內因形制變　非窺測可謂知微　張預曰始以虛實形敵敵不能測故其極致卒歸於無形既有形可覩無迹可求則間者不能窺其隙智者無以運其計

因形而錯勝於衆（御覽錯勝作作勝非）衆不能知

曹公曰因敵形而立勝（御覽敵形作地形按下文云兵因敵而制勝作地者非）　李筌曰錯置也設形險之勢因士卒之勇而取勝焉軍事尚密非衆人之所知也　杜牧曰窺形可置勝敗非智者不能因非衆人所能得知也　梅堯臣曰衆知我能置勝矣不知因敵之形　何氏曰因敵制勝衆不能知　張預曰因敵變動之形以制勝非衆人所能知

人皆知我所以勝之形而莫知吾所以制勝之形

曹公曰不以一形之勝萬形或曰不備知也制勝者人皆知

吾所以勝莫知吾因敵形制勝也　李筌曰戰勝人知之制勝之法幽密人莫知　杜牧曰言已勝之後但知我制敵人使有敗形本自於我然後我能勝也上文云近而示之遠遠而示之近利而誘之亂而取之實而備之彊而避之怒而撓之卑而驕之佚而勞之親而離之斯皆制勝之道人莫知之也　陳皞曰人但知我勝敵之善不能知我因敵之敗形　梅堯臣曰知得勝之跡而不知作勝之象　王晳曰若韓信背水拔幟是也人但知水上軍殊死戰不可敗及趙軍驚亂遁走不知吾能制使之然者以何道也　張預曰立勝之迹人皆知之但莫測吾因敵形而制此勝也

故其戰勝不復而應形於無窮

曹公曰不重復動而應之也　杜佑曰死官也按此句疑有脫誤

李筌曰不復前謀以取勝隨宜制變也　杜牧曰敵每有形我則始能隨而應之以取勝　賈林曰應敵形而制勝乃無窮　梅堯臣曰不執故態應形有機　王晳曰夫制勝之理惟一而所勝之形無窮也　何氏曰已勝之後不再用也敵來斯應不循前法故不窮　張預曰已勝之後不復更用前謀但隨敵之形而應之出奇無窮也

夫兵形象水

孟氏曰兵之形勢如水流遲速之勢無常也

水之行（原本行作形誤今從劉書子及通典御覽改正）避高而趨下

梅堯臣曰性也

兵之形避實而擊虛

梅堯臣曰利也　張預曰水趨下則順兵擊虛則利

水因地通典御覽上有故字而制流通典兩引皆作制形御覽一作制形一作制行鄭友賢作制流杜牧曰因地之下　梅堯臣曰順高下也　張預曰方圓斜直因地而成形

兵因敵而制勝

杜佑曰言水因地之傾側而制其流兵因敵之虧闕而取其勝者也　李筌曰不因敵之勢何以制之哉夫輕兵不能持久守之必敗重兵挑之使出怒兵辱之彊兵緩之將驕宜卑之將貪宜利之將疑宜反間之故因敵而制勝　杜牧曰因敵之虛也　賈林曰見敵盛衰之形我得因而立勝　梅堯臣曰隨虛實也　王晳曰謂隄防疏導之也　何氏曰因敵彊弱而成功　張預曰虛實彊弱隨敵而取勝

故兵無常勢

梅堯臣曰：應敵爲勢。張預曰：敵有變動，故無常勢。

水無常形，

孟氏曰：兵有變化，地有方圓。梅堯臣曰：因地爲形。張預曰：地有高下，故無常形。

能因敵變化而取勝者，謂之神。通典"因"作"隨"。

曹公曰：勢盛必衰，形露必敗，故能因敵變化取勝若神。李筌曰：能知此道，謂之神兵也。杜牧曰：兵之勢，因敵乃見，勢不在我，故無常勢；如水之形，因地乃有形，不在水，故無常形。水因地之下，則可漂石；兵因敵之應，則可變化如神也。梅堯臣曰：隨而變化，微不可測。王晳曰：兵有常理而無常勢，水有常性而無常形。兵有常理者，擊虛是也；無常勢者，因敵以應之也。水有常性者，就下是也；無常形者，因地以制之也。

夫兵勢有變則雖敗卒尚復可使擊勝兵況精銳乎　何氏曰行權應變在智畧智畧不可測則神妙者也　張預曰兵勢已定能因敵變動應而勝之其妙如神

故五行無常勝

杜佑曰五行更王　王晳曰迭相克也

四時無常位

杜佑曰四時迭用　王晳曰迭相代也

日有短長月有死生

曹公曰兵無常勢盈縮隨敵　杜佑曰兵無常勢盈縮隨敵日月盛衰猶兵之形勢或弱或强也據通典補　李筌曰五行者休四王相遞相勝也四時者寒暑往來無常定也日月者周天三百六十五度四分度之一百刻者春秋二分則日夜均

夏至之日晝六十刻夜四十刻冬至之日晝四十刻夜六十刻長短不均也月初爲朔八日爲上弦十五日爲望二十四日爲下弦三十日爲晦則死生義也孫子以爲五行四時日月盈縮無常況於兵之形變安常定也　梅堯臣曰皆所以象兵之隨敵也　王晳曰皆喻兵之變化非一道也　張預曰言五行之休王四時之代謝日月之盈昃皆如兵勢之無定也

孫子十家註卷六終

傳古樓景印

四部要籍選刊·子部　蔣鵬翔　主編

孫子十家注

二

〔春秋〕孫武　著
〔清〕孫星衍　校刻

浙江大學出版社·杭州

本册目録

孫子十家註卷七

賜進士及第署山東提刑按察使分巡兗沂曹濟黃河兵備道孫星衍　賜進士出身署萊州府知府候補同知吳人驥同校

軍爭篇

曹公曰兩軍爭勝　李筌曰爭者趨利也虛實定乃可與人爭利　王晳曰爭者爭利得利則勝宜先審輕重計迂直不可使敵乘我勞也　張預曰以軍爭爲名者謂兩軍相對而爭利也先知彼我之虛實然後能與人爭勝故次虛實

孫子曰凡用兵之法將受命於君

李筌曰受君命也遵廟勝之算恭行天罰　張預曰受君命伐叛逆

合軍聚衆

曹公曰聚國人結行伍選部曲起營爲軍陳　梅堯臣曰聚國之衆合以爲軍　王晳曰大國三軍總三萬七千五百人若悉舉其賦則總七萬五千人此所謂合軍聚衆　張預曰

合國人以爲軍聚兵衆以爲陳

交和而舍

曹公曰軍門爲和門左右門爲旗門御覽旗作期以車爲營曰轅門以人爲營曰人門兩軍相對爲交和　李筌曰交間和雜也合軍之後彊弱勇怯長短向背間雜而仵之力相兼後合諸營壘與敵爭之　杜牧曰周禮以旌爲左右和門鄭司農曰軍門曰和今謂之壘門立兩旌旗表之以敘和出入明次第也交者言與敵人對壘而舍和門相交對也　賈林曰舍止也士衆交雜和合而止於軍中趨利而動　梅堯臣曰軍門爲和門兩軍交對而舍也　何氏曰和門相望將合戰爭利兵家難事也　張預曰軍門爲和門言與敵對壘而舍其門相交對也或曰與上下相交和睦然後可以出兵爲營舍

故吳子曰不和於國不可以出軍不和於軍不可以出陳莫難於軍爭

曹公曰從始受命至於交和軍爭難也　杜佑曰從始受命至於交和軍爭難也軍門謂之和門兩軍對爭交門而止先據便勢之地最其難者相去促近動則生變化（據通典補）　杜牧曰於爭利害難也　梅堯臣曰自受命至此爲最難　張預曰與人相對而爭利天下之至難也

軍爭之難者以迂爲直以患爲利

曹公曰示以遠速其道里先敵至也　杜佑曰敵途本迂患在道遠則先處形勢之地故曰以患爲利　杜牧曰言欲爭奪先以迂遠爲近以患爲利誑紿敵人使其慢易然後急趨也　陳皥曰言合軍聚衆交和而舍皆有舊制惟軍爭最難

也苟不知以迂爲直以患爲利者卽不能與敵爭也　賈林曰全軍而行爭於便利之地而先據之若不得其地則輸敵之勝最其難也　梅堯臣曰能變迂爲近轉患爲利難也　王晳曰曹公曰示以遠速其道里先敵至晳謂示以遠者使其不虞而行或奇兵從間道出也　何氏曰謂所征之國路由山險迂曲而遠將欲爭利則當分兵出奇隨逐鄉導由直路乘其不備急擊之雖有陷險之患得利亦速也如鍾會伐蜀而鄧艾出奇先至蜀蜀無備而降故下云不得鄉導不能得地利是也　張預曰變迂曲爲近直轉患害爲便利此軍爭之難也

故迂其途而誘之以利後人發先人至此知迂直之計者也通典知上有先字非

曹公曰：迂其途者，示之遠也。後人發，先人至者，明於度數，先知遠近之計也。　杜佑曰：已外張形勢，迴從遠道，敵至於應爭，從其近，皆得敵情，誘之以利。據通典補　李筌曰：故迂其途，示不速進，後人發，先人至也。用兵若此，以患爲利者。　杜牧曰：上解曰以迂爲直，是示敵人以迂遠，敵意已怠，復誘敵以利，使敵心不專，然後倍道兼行，出其不意，故能後發先至而得所爭之要害也。秦伐韓，軍於閼與，趙王令趙奢往救之。去邯鄲三十里，而令軍中曰：有以軍事諫者死。秦軍武安西，秦軍鼓譟勒兵，武安屋瓦皆震。軍中候有一人言急救武安，奢立斬之。堅壁留二十八日不行，復益增壘。秦間來，奢善食而遣之。間以報秦，秦將大喜曰：夫去國三十里而軍不行，乃增壘，閼與非趙地也。奢既遣秦間，乃卷甲而趨，二日一夜至，令善射者去閼與五十里而軍秦人聞之悉甲而至有一卒曰先據北山者勝奢使萬人據之秦人來爭不得奢因縱擊大破之閼與遂得解　賈林曰敵途本近我能迂之者或以羸兵或以小利於他道誘之使不得以軍爭赴也　梅堯臣曰遠其途誘以利款之也後其發先其至爭之也能知此者變迂轉害之謀也　何氏曰迂途者當行之途也以分兵出奇則當行之途示以迂變設勢以誘敵令得小利縻之則出奇之兵雖後發亦先至也言爭利須料迂直之勢出奇故下云分合爲變其疾如風是也　張預曰形勢之地爭得則勝凡欲近爭便地先引兵遠去復以小利啗敵使彼不意我進又貪我利故我得以後發而先至此所謂以迂爲直以患爲利也趙奢據北山而敗秦軍郭淮屯北原而走諸葛是也能後發

先至者明於度數知以迂爲直之謀者也

故軍爭爲利軍爭爲危通典作衆爭爲危鄭友賢同按注云本作衆爭爲危是故書正作軍也

曹公曰善者則以利不善者則以危　杜佑曰善者則以利不善者則以危也言兩軍交爭有所奪取得之則利失之則危也據通典補　李筌曰大軍者將善則利不善則危　杜牧曰善者計度審也　賈林曰我軍先至得其便利之地則爲利彼敵先據其地我三軍之衆馳往爭之則敵佚我勞危之道也　梅堯臣曰軍爭之事有利也有危也　又一本作軍爭爲利衆爭爲危　何氏曰此又言出軍行師驅三軍之衆與敵人相角逐以爭一日之勝得之則爲利失之則爲危不可輕舉　張預曰智者爭之則爲利庸人爭之則爲危明者知迂直愚者昧之故也

舉軍而爭利則不及原本舉作故誤今據通典改正按鄭友賢亦云衆爭爲危者下所謂舉軍而爭利也

曹公曰遲不及也　杜佑曰遲不及也舉軍悉行爭赴其利則道路悉不相逮　李筌曰輜重行遲　賈林曰行軍用師必趨其利遠近之勢直以舉軍往爭其利難以速至可以潛設奇計迂敵途程敵不識我謀則我先而敵後也　梅堯臣曰舉軍中所有而行則遲緩　王晳曰以輜重故　張預曰竭軍而前則行緩而不能及利

委軍而爭利則輜重捐

曹公曰置輜重則恐捐棄也　杜佑曰委置庫藏輕師而行若敵乘虛而來抄絶其後則已輜重皆悉棄捐　李筌曰委棄輜重則軍資闕也　杜牧曰舉一軍之物行則重滯遲緩不及於利委棄輜重輕兵前追則恐輜重因此棄捐也　賈

林曰恐敵知而絶我後糧也　梅堯臣曰委軍中所有而行則輜重棄　王皙同曹公註　何氏同杜佑註　張預曰委置重滯輕兵獨進則恐輜重爲敵所掠故棄捐也

是故卷甲而趨（通典趨下有利字者衍）日夜不處

曹公曰不得休息罷也

倍道兼行百里而爭利則擒三將軍

杜佑曰若不慮上二事欲從速疾卷甲束仗潛軍夜行若敵知其情邀而擊之則三軍之將爲敵所擒也若秦伯襲鄭三帥皆獲是也

勁者先罷（罷原本作疲非也杜佑云罷音疲是其初所用字）者後其法十一而至（通典作十而一至）

曹公曰百里而爭利非也三將軍皆以爲擒　杜佑曰百里

爭利非也三將軍皆爲擒也彊弱不復相待率十有一人至軍也罷音疲原本復作伏卒作率今改正　李筌曰一日行一百二十里則爲倍道兼行行若如此則勁健者先到疲者後至軍健者少疲者多且十人可一人先到餘悉在後以此遇敵何三將軍不擒哉魏武逐劉備一日一夜行三百里諸葛亮以爲彊弩之末不能穿魯縞言無力也是以有赤壁之敗龐涓追孫臏死於馬陵亦其義也　杜牧曰此說未盡也凡軍一日行三十里爲一舍倍道兼行者再舍晝夜不息乃得百里若如此爭利衆疲倦則三將軍皆須爲敵所擒其法什一而至者不得已必須爭利凡十人中擇一人最勁者先往其餘者則令繼後而往萬人中先擇千人平旦先至其餘繼至有巳午時至者有未申時至者各得不竭其力相續而至與先往者

足得聲響相接凡爭利必是爭奪要害雖千人守之亦足以拒抗敵人以待繼至者太宗以三千五百騎先據武牢竇建德十八萬衆而不能前此可知也　陳皥曰杜說別是用兵一途非什一而至之義也蓋言百里爭利勁者先疲者後十中得一而至九皆疲困一則勁者也　賈林曰路遠人疲奔馳力盡如此則我勞敵佚被擊何疑百里爭利愼勿爲也

梅堯臣曰軍日行三十里而舍今乃晝夜不休行百里故三將軍爲其擒也何則涉途既遠勁者少罷者多十中得一至耳三將軍者三軍之帥也　王晳曰罷羸也此言爭利之道宜近不宜遠耳夫衝風之衰不能起毛羽彊弩之末不能穿魯縞苟日夜兼行百里趨利縱使一分勁者能至固已困乏矣即敵人以佚擊我之勞自當不戰而敗故司馬宣王曰吾

倍道兼行此曉兵者之所忌也或曰趙奢亦卷甲而趨二日一夜卒勝秦者何也曰奢久并氣積力增壘遣間示怯以驕之使秦不意其至兵又堅奢又去閼與五十里而軍比秦聞之又發兵至非二三日不能也能來是彼有五十里趨敵之勞而我固已二三日休息士卒不勝其佚且又投之險難先據高陽奇正相因曷爲不勝哉　何氏曰言三將出奇求利委軍衆輜重卷甲務速若晝夜百里不息則勁者能十至其一我勞敵佚敵衆我寡擊之未必勝也敗則三將俱擒以此見武之深戒也　張預曰卷甲猶悉甲也悉甲而進謂輕重俱行也凡軍日行三十里則止過六十里已上爲倍道晝夜不息爲兼行言百里之遠與人爭利輕兵在前輜重在後人罷馬倦渴者不得飲饑者不得食忽遇敵則以勞對佚以饑

敵飽又復首尾不相及故三軍之師必皆爲敵所擒若晉人獲秦三帥是也輕兵之中十人得一人勁捷者先至下九人悉疲困而在後況重兵乎何以知輕重俱行下文云五十里而爭利則半至若止是輕兵則一日行五十里不爲遠也焉有半至之理是必重兵偕行也

五十里而爭利則蹶上將軍其法半至通典半至上有以字

曹公曰蹶猶挫也　杜佑曰蹶猶挫也前軍之將已爲敵所蹶敗　李筌曰百里則十人一人至五十里十人五人至挫軍之威不至擒也言道近不至疲　杜牧曰半至者凡十人中擇五人勁者先往也　賈林曰上猶先也　梅堯臣曰十中得五猶遠不能勝　王晳曰罷勞之患減於太半止挫敗而已　張預曰路不甚遠十中五至猶挫軍威況百里乎蹶

上將謂前軍先行也或問曰唐太宗征宋金剛一日一夜行二百餘里亦能克勝者何也荅曰此形同而勢異也且金剛既敗衆心已沮迫而滅之則河東立平若其緩之賊必生計此太宗所以不計疲頓而力逐也孫子所陳爭利之法蓋與此異矣

三十里而爭利則三分之二至通典此下有云以是知軍爭之難

曹公曰道近至者多故無死敗也　杜佑曰道近則至者多故不言死敗勝負未可知也古者用師日行三十里步騎相須今徒而趨利三分之二至　李筌曰近不疲也故無死亡

杜牧曰三十里內凡十人中可以六七人先往也不言其法者舉上文可知也　梅堯臣曰道近至多庶或有勝　王晳曰計彼我之勢宜須爭者或亦當然雖三分二至蓋其精

銳者之力未至勞乏不可決以爲敗故不云其法也　張預曰路近不疲至者太半不失行列之政不絕人馬之力庶幾可以爭勝上三事皆謂舉軍而爭利也

是故軍無輜重則亡無糧食則亡無委積則亡

曹公曰無此三者亡之道也　杜佑曰無此三者亡之道也委積芻草之屬據通典御覽補　李筌曰無輜重者闕所供也袁紹有十萬之衆魏武用荀攸計焚燒紹輜重而敗紹於官渡無糧食者雖有金城不重於食也夫子曰足食足兵民信之矣故漢赤眉百萬衆無食而君臣面縛宜陽是以善用兵者先耕而後戰無委積者財乏闕也漢高祖無關中光武無河內魏武無兗州軍北身遁豈能復振哉　杜牧曰輜重者器械及軍士衣裝委積者財貨也　陳皥曰此說委軍爭利之難

也　梅堯臣曰三者不可無是不可委軍而爭利也　王晳曰委積謂薪鹽蔬材之屬軍恃此三者以濟不可輕離也　張預曰無輜重則器用不供無糧食則軍餉不足無委積則財貨不充皆亡覆之道此三者謂委軍而爭利也

故不知諸侯之謀者不能豫交

曹公曰不知敵情謀者不能結交也　李筌曰豫備也知敵之情必備其交也　杜牧曰非也豫先也交交兵也言諸侯之謀先須知之然後可交兵合戰若不知其謀固不可與交兵也　陳皥曰曹說以爲不先知敵人之作謀卽不能預結外援二說並通　梅堯臣曰不知敵國之謀則不能預交鄰國以爲援助也　張預曰先知諸侯之實情然後可以結交不知其謀則恐翻覆爲患其鄰國爲援亦軍爭之事故下文

云先至而得天下之衆者爲衢地是也

不知山林險阻沮澤之形者不能行軍

曹公曰高而崇者爲山衆樹所聚者爲林坑塹者爲險一高一下者爲阻水草漸洳者爲沮衆水所歸而不流者爲澤不先知軍之所據及山川之形者則不能行師也（通典作准者爲險水草坑塹者爲沮餘同按此通典誤也御覽塹作坎與張預注同）　梅堯臣曰山林險阻之形沮澤濘淖之所必先審知　張預曰高而崇者爲山衆木聚者爲林坑坎者爲險一高一下者爲阻水草漸洳者爲沮衆水所歸而不流者爲澤凡此地形悉能知之然後可與人爭利而行軍

不用鄉導者不能得地利（通典無能字者脫御覽導作道）

杜佑曰不任彼鄉人而導軍者則不能得道路之便利也

李筌曰入敵境恐山川隘狹地土泥濘井泉不利使人導之以得地利易曰即鹿無虞則其義也　杜牧曰管子曰凡兵主者必先審知地圖轘轅之險濫車之水名山通谷經川陵陸邱阜之所在苴草林木蒲葦之所茂道里之遠近城郭之大小名邑廢邑困殖之地必盡知之地形出入之相錯者盡藏之然後不失地利衛公李靖曰凡是賊徒好相掩襲須擇勇敢之夫選明察之士兼使鄉導潛歷山林密其聲晦其跡或刻爲獸足而印履於中途或上冠微禽而幽伏於蘩薄然後傾耳以遠聽竦目而深視專智以奪事機注心而視氣色覘水痕則知敵濟之早晚觀樹動則可辨來寇之驅馳故烽火莫若謹而審旌旗莫若齊而一賞罰必重而不欺刑戮必嚴而不捨敵之動靜而我有備也敵之機謀而我先知也

陳皥曰凡此地利非用鄉人爲導引則不能知地利也　梅堯臣曰凡邱陵原衍之向背城邑道路之迂直非人引導不能得也　何氏曰鄉導略曰從禽者若無山虞之官度其形勢之可否則徒入於林中終不能獲鹿矣出征者若無彼鄉之人導其道路之迂直則雖至於境外終不能獲克矣夫以奉辭致討趨未歷之地聲教未通音譯所絕深入其阻不亦艱哉我孤軍以往彼密嚴而待客主之勢已相遠矣況其專任詭譎多方以誤我苟不計而直進冒危而長驅躋險則有壅決之害醉行則有暴來之鬬夜止則有虛驚之憂倉卒無備落其彀中是乃擁熊虎之師自投於死地又安能摩逆壘蕩狡穴乎故敵國之山川陵陸邱阜之可以設險者林木蒲葦茂草之可以隱藏者道里之遠近城郭之大小邑落之寬

敵人觀其應我之形然後能變化以取勝也　陳皞曰乍合乍分隨而更變之也　梅堯臣王晳同曹公註　張預曰或分散其形或合聚其勢皆因敵動靜而爲變化也或曰變謂奇正相變使敵莫測故衛公兵法云兵散則以合爲奇兵合則以散爲奇三令五申三散三合復歸於正焉

故其疾如風

曹公曰擊空虛也　杜佑曰進退應機據通典御覽補　李筌曰進退也其來無跡其退至疾也　梅堯臣曰來無形跡　王晳曰速乘虛也　何氏同梅堯臣註　張預曰其來疾暴所向皆靡

其徐如林

曹公曰不見利也　孟氏曰言緩行須有行列如林以防其

掩襲　杜佑曰不見利不前如風吹林小動而其大不移李筌曰整陳而行　杜牧曰徐緩也言緩行之時須有行列如林木也恐爲敵人之掩襲也　梅堯臣曰如林之森然不亂也　王晳曰齊肅也　張預曰徐舒也舒緩而行若林木之森森然謂未見利也尉繚子曰重者如山如林輕者如炮如燔也

侵掠如火

曹公曰疾也　杜佑曰猛烈也據通典補　李筌曰如火燎原無遺草　杜牧曰猛烈不可嚮也　賈林曰侵掠敵國若火燎原不可往復　張預曰詩云如火烈烈莫我敢遏言勢如猛火之熾誰敢禦我

不動如山

曹公曰守也　杜佑曰守也不信敵之誑惑安固如山據通典御覽補　李筌曰駐軍也　杜牧曰閉壁屹然不可搖動也　賈林曰未見便利敵誘誑我我因不動如山之安　梅堯臣曰峻不可犯　王晳曰堅守也　何氏曰止如山之鎮靜　張預曰所以持重也荀子議兵篇云圓居而方正則若盤石然觸之者角摧言不動之時若山石之不可移犯之者其角立毀

難知如陰

杜佑曰莫測如天之陰雲不見列宿之象據通典御覽補　李筌曰其勢不測如陰不能覩萬象　杜牧曰如玄雲蔽天不見三辰　梅堯臣曰幽隱莫測　王晳曰形藏也　何氏曰暗祕而不可料　張預曰如陰雲蔽天莫覩辰象

動如雷霆原本作雷震按鶡冠子曰動如雷霆本此從通典御覽改正

杜佑曰疾速不及應也故太公曰疾雷不及掩耳疾電不及瞑目也據通典御覽補　李筌曰盛怒也　杜牧曰如空中擊下不知所避也　賈林曰其動也疾不及應太公曰疾雷不及掩耳　梅堯臣曰迅不及避　王晳曰不虞而至　何氏曰藏謀以奮如此　張預曰如迅雷忽擊不知所避故太公曰疾雷不及掩耳迅雷不及瞬目

掠鄉分衆通典御覽作指嚮按諸家俱作掠鄉注云一本作指向又王晳云鄉音向則所見本异耳

曹公曰因敵而制勝也　杜佑曰因敵而制勝也旌旗之所指向則分離其衆據通典御覽補　李筌曰抄掠必分兵爲數道懼不虞也　杜牧曰敵之鄉邑聚落無有守兵六畜財穀易於剽掠則須分番次第使衆人皆得往也不可獨有所往如此

則大小强弱皆欲與敵爭利也　陳皞曰夫鄉邑村落固非一處察其無備分兵掠之　掠鄉一作指向　賈林曰三軍不可言遣故以旌旗指向隊伍不可語傳故以麾幟分衆故因敵陳形可爲勢此尤順訓練分明師徒服習也　梅堯臣曰以饗士卒　王晳曰指所鄉以分其衆鄉音向　何氏曰得掠物則與衆分　張預曰用兵之道大率務因糧於敵然而鄉邑之民所積不多必分兵隨處掠之乃可足用

廓地分利

曹公曰分敵利也　李筌曰得敵地必分守利害　杜牧曰廓開也開土拓境則分割與有功者韓信言於漢王曰項王使人有功當封爵者刻印刓忍不能與今大王誠能反其道以天下城邑封功臣天下不足取也三略曰獲地裂之　陳

皡曰言獲其土地則屯兵種蒔以分敵之利也　賈林曰廓度也度敵所據地利分其利也　梅堯臣曰與有功也　王晳曰廓視地形以據便利勿使敵專也　張預曰開廓平易之地必分兵守利不使敵人得之或云得地則分賞有功者今觀上下之文恐非謂此也

懸權而動

曹公曰量敵而動也　李筌曰權量秤也敵輕重與吾有銖鎰之别則動夫先動爲客後動爲主客難而主易太一遁甲定計之算明動易也　杜牧曰如衡懸權秤量已定然後動也　何氏同杜牧註　張預曰如懸權於衡量知輕重然後動也尉繚子曰權敵審將而後舉言權量敵之輕重審察將之賢愚然後舉也

先知迂直之計者勝此軍爭之法也

李筌曰迂直道路勞佚餒寒生於道路　杜牧曰言軍爭者先須計遠近迂直然後可以爲勝其計量之審如懸權於衡不失錙銖然後可以動而取勝此乃軍爭勝之法也　梅堯臣曰稱量利害而動在預知遠近之方則勝　王晳曰量敵審輕重而動又知迂直必勝之道也　張預曰凡與人爭利必先量道路之迂直審察而後動則無勞頓寒餒之患而且進退遲速不失其機故勝也

軍政曰

梅堯臣曰軍之舊典　王晳曰古軍書

言不相聞故爲鼓鐸原本作金鼓通典本作鼓鐸北堂書鈔太平御覽皆引作鼓鐸鄭友賢同按周官大司馬云鼓鐸鐲鐃之用其作金鼓者後人依下文改之也今訂正

杜佑曰鐸金鉦也原本云金鉦鐸也按鉦鐸皆軍用形制相近故杜取以況也後人既改鼓鐸爲金鼓故并其注改之今訂正聽其音聲以爲耳候　梅堯臣曰以威耳也耳威於聲不可不清　王晳曰鼓鼙鉦鐸之屬坐作進退疾徐疏數皆有其節

視不相見故爲旌旗

杜佑曰瞻其指麾以爲目候　梅堯臣曰以威目也目威於色不得不明　王晳曰表部曲行列齊整也

夫金鼓旌旗者所以一民原本作人避諱改也當從北堂書鈔太平御覽作民下同之耳目也

杜佑曰齊一耳目之視聽使知進退之度據通典御覽補　李筌曰鼓進鐸退旌賞而旗罰耳聽金鼓目視旌旗故不亂也勇怯不能進退者由旗鼓正也　張預曰夫用兵既衆占地必廣

首尾相遼耳目不接故設金鼓之聲使之相聞立旌旗之形使之相見視聽均齊則雖百萬之衆進退如一矣故曰鬭衆如鬭寡形名是也

民既專一則勇者不得獨進怯者不得獨退此用衆之法也

杜佑曰齊之以法教使强弱不得相踰據通典御覽補　杜牧曰旌以出令旗以應號蓋旗者即今之信旗也軍法曰當進不進當退不退者斬之吳起與秦人戰戰未合有一夫不勝其勇前獲雙首而返吳起斬之軍吏進諫曰此材士也不可斬吳起曰信材士非令也乃斬之　梅堯臣曰一人之耳目者謂使人之視聽齊一而不亂也鼓之則進金之則止麾右則右麾左則左不可以勇怯而獨先也　王晳曰使三軍之衆勇怯進退齊一者鼓鐸旌旗之爲也　張預曰上卒專心一意

惟在於金鼓旌旗之號令當進則進當退則退一有違者必戮故曰令不進而進與令不退而退厥罪惟均尉繚子曰鼓鳴旗麾先登者未嘗非多力國士也將者之過也言不可賞先登獲雋者恐進退不一耳

故夜戰多火鼓晝戰多旌旗所以變民之耳目也原本民作人從御覽改通典變作便非

李筌曰火鼓夜之所視聽旌旗晝之所指揮　杜牧曰令軍士耳目皆隨旌旗火鼓而變也或曰夜戰多火鼓其旨如何夜黑之後必無原野列陳與敵刻期而戰也軍襲敵營鳴鼓然火適足以警敵人之耳明敵人之目於我返害其義安在荅曰富哉問乎此乃孫武之微旨也凡夜戰者蓋敵人來襲我壘不得已而與之戰其法在於立營之法與陳小同故志

曰止則爲營行則爲陳蓋大陳之中必包小陳大營之內必包小營蓋前後左右之軍各自有營環遶大將之營居於中央諸營環之隅落鈎聯曲折相對象天之壁壘星其營相去上不過百步下不過五十步道徑通達足以出隊列部壁壘相望足以弓弩相救每於十字路口必立小堡上致柴薪穴爲暗道胡梯上之令人看守夜黑之後聲鼓四起卽以燔燎是以賊夜襲我雖入營門四顧屹然復有小營各自堅守東西南北未知所攻大將營或諸小營中先知有賊至者放令盡入然後擊鼓諸營齊應衆堡燎火明如晝日諸營兵士於是閉門登壘下瞰敵人勁弩彊弓四向俱發敵人雖有韓白之將鬼神之兵亦無能計也唯恐夜不襲我來則必敗若敵人或能潛入一營卽諸營舉火出兵四面繞之號令營中不

得輒動須臾之際善惡自分賊若出走皆在羅網矣故司馬宣王入諸葛亮營壘見其曲折曰此天下之奇才也今之立營通洞豁達雖以居之若有賊夜來斫營萬人一時驚擾雖多致斥候嚴爲備守晦黑之後彼我不分雖有衆力亦不能用　陳皥曰杜言夜黑之後必無原野列陳與敵人刻期而戰非也天寶末李光弼以五百騎趨河陽多列火炬首尾不息史思明數萬之衆不敢逼之豈止待賊斫營而已　賈林曰火鼓旌旗可以聽望故晝夜異用之　梅堯臣曰多者欲以變惑敵人耳目　王晳曰多者所以震駭視聽使懃我之威武聲氣也傳曰多鼓鈞聲以夜軍之　張預曰凡與敵戰夜則火鼓不息晝則旌旗相續所以變亂敵人之耳目使不知其所以備我之計越伐吴夾水而陳越爲左右句卒使夜

之伺其衰倦而後擊故彼之銳氣可以奪也尉繚子謂氣實則鬬氣奪則走者此之謂也曹劌言一鼓作氣者謂初來之氣盛也再而衰三而竭者謂陳久而人倦也又李靖曰守者不止完其壁堅其陳而已必也守吾氣而有待焉所謂守其氣者常養吾之氣使銳盛而不衰然後彼之氣可得而奪也

將軍可奪心

李筌曰怒之令憤撓之令亂間之令踈卑之令驕則彼之心可奪也　杜牧曰心者將軍心軍中所倚賴以爲軍者也後漢寇恂征隗囂囂將高峻守高平第一軍峻遣將軍皇甫文出謁恂辭禮不屈恂怒斬之遣其副峻惶恐即日開城門降諸將曰敢問殺其使而降其城何也恂曰皇甫文峻之腹心其所取計者今來辭氣不屈必無降心全之則文得其計殺

之則峻亡其膽是以降耳後燕慕容垂遣子寶率衆伐後魏始寶之來垂已有疾自到五原道武帝斷其來路父子問絶道武乃詭其行人之辭令臨河告之曰父已死何不遽還寶兄弟聞之憂懼以爲信然因夜遁去道武襲之大破於參合陂　梅堯臣曰以鼓旗之變惑奪其氣軍既奪氣將亦奪心　王晳曰紛亂諠譁則將心奪矣　何氏曰先須己心能固然後可以奪敵將之心故傳曰先人有奪人之心司馬法曰本心固新氣勝者是也　張預曰心者將之所主也夫治亂勇怯皆主於心故善制敵者撓之而使亂激之而使惑迫之而使懼故彼之心謀可以奪也傳曰先人有奪人之心謂奪其本心之計也又李靖曰攻者不止攻其城擊其陳而已必有攻其心之術焉所謂攻其心者常養吾之心使安閑而不

亂然後彼之心可得而奪也

是故朝氣銳

孟氏曰司馬法曰新氣勝舊氣新氣即朝氣也　陳皥曰初來之氣氣方勝銳勿與之爭也　王晳曰士衆凡初舉氣銳也

晝氣惰

王晳曰漸久少怠

暮氣歸

孟氏曰朝氣初氣也晝氣再作之氣也暮氣衰竭之氣也　梅堯臣曰朝言其始也晝言其中也暮言其終也謂兵始而銳久則惰而思歸故可擊　王晳曰怠久意歸無復戰理

故善用兵者避其銳氣擊其惰歸此治氣者也通典治作理此避諱改也下同

杜佑曰避其精鋭之氣擊其懈惰欲歸此理氣者故曹劌曰夫戰勇氣也一鼓作氣再而衰三而竭彼竭我盈故克之原本云曹劌之說是也無曹劌曰已下文按此乃合注者改之也從通典御覽補　李筌曰氣者軍之氣勇　杜牧曰陽氣生於子成於寅衰於午伏於申凡晨朝陽氣初盛其來必鋭故須避之候其衰伏擊之必勝武德中太宗與竇建德戰於汜水東建德列陳彌亘數里太宗將數騎登高觀之謂諸將曰賊度險而囂是軍無政令逼城而陳有輕我心按兵不出待敵氣衰陳久卒饑必將自退退而擊之何往不克建德列陳自卯至午兵士饑倦悉列坐石又爭飲水太宗曰可擊矣遂戰生擒建德　陳皥曰有辰巳列陳至午未未勝者午未列陳至申酉未勝者不必事須晨旦而爲陽氣中午而爲衰氣也太宗之攻建德也登高而望之謂

諸將曰賊盡銳來攻我當少避之退則可以騎留之以明不須晨旦也凡彼有銳則如此避之不然則否　梅堯臣曰氣盛勿擊衰懈易敗　何氏曰夫人情莫不樂安而惡危好生而懼死無故驅之就臥尸之地樂趨於兵戰之場其心之所畜非有忿怒欲鬬之氣一旦乘而激之冒難而不顧犯危而不畏則未嘗不悔而怯矣今夫天下懦夫心有所激則率爾爭鬬不啻諸劌至於操刃而求鬬者氣之所乘也氣衰則息惻然而悔矣故三軍之視强寇如視處女者乘其忿怒而有所激也是以卽墨之圍五千人擊却燕師者乘燕劓降掘冢之怒也秦之鬬士倍我者因三施無報之怒所以我怠而秦奮也二者治氣有道而所用乘其機也　張預曰朝喻始晝喻中暮喻末非以早晚爲辭也凡人之氣初來新至則勇銳

陳久人倦則衰故善用兵者當其銳盛則堅守以避之待其惰歸則出兵以擊之此所謂善治己之氣以奪人之氣者也前趙將游子遠之敗伊餘羌唐武德中太宗之破竇建德皆用此術

以治待亂以靜待譁此治心者也

李筌曰伺敵之變因而乘之　杜牧曰司馬法曰本心固言料敵制勝本心已定但當調治之使安靜堅固不爲事撓不爲利惑候敵之亂伺敵之譁則出兵攻之矣　陳皞曰政令不一賞罰不明謂之亂旌旗錯雜行伍輕囂謂之譁審敵如是則出攻之　賈林曰以我之整治待敵之撓亂以我之清淨待敵之諠譁此治心者也故太公曰事莫大於必克用莫大於元默也　梅堯臣曰鎮靜待敵衆心則寧　王晳同陳

暤註　何氏曰夫將以一身之寡一心之微連百萬之衆對虎狼之敵利害之相雜勝負之紛揉權智萬變而措置之胸臆之中非其中廓然方寸不亂豈能應變而不窮處事而不迷卒然遇大難而不驚案然接萬物而不惑吾之治足以待亂吾之靜足以待譁前有百萬之敵而吾視之則如遇小寇亞夫之禦寇也堅臥而不起欒鍼之臨敵也好以整又好以暇夫審此二人者蘊以何術哉蓋其心治之有定養之有餘也　張預曰治以待亂靜以待譁安以待躁忍以待忿嚴以待懈此所謂善治己之心以奪人之心者也

以近待遠以佚待勞通典佚作逸案本書勞佚字皆作佚御覽亦作佚以飽待飢此治力者也

杜佑曰以我之近待彼之遠以我之閑佚待彼之疲勞以我

之充飽待彼之飢虛此理人力者也　李筌曰客主之勢杜牧曰上文云致人而不致於人是也　梅堯臣曰無困竭人力以自斃　王晳曰以餘制不足善治力也　張預曰近以待遠佚以待勞飽以待飢誘以待來重以待輕此所謂善治己之力以困人之力者也

無要正正之旗要原本作邀案兵書要訣曰孫子稱無要正正之旗謂行軍前後正治故不可要而擊之也左氏曰衷戎師前後擊之盡殪其義可互証又案王晳注云本可要擊亦作要從北堂書鈔太平御覽改正勿擊堂堂之陳此治變者也

曹公曰正正齊也堂堂大也　杜佑曰正正者整齊也堂堂者盛大之貌也正正者孤特象也言敵前有孤特之兵後有堂堂之陳必有倚伏詐誘之謀審察以待勿輕邀截也此理變詐據通典御覽補　李筌曰正正者齊整也堂堂者部分也　杜

牧曰堂堂者無懼也兵者隨敵而變敵有如此則勿擊之是能治變也後漢曹公圍鄴袁尚來救公曰尚若從大路來當避之若循西山來此成擒耳尚果循西山來逆擊大破之也

梅堯臣曰正正而來堂堂而陳示無懼也必有奇變　王晳曰本可要擊以視整齊盛大故變　何氏曰所謂强則避之　張預曰正正謂形名齊整也堂堂謂行陳廣大也敵人如此豈可輕戰軍政曰見可而進知難而退又曰强而避之言須識變通此所謂善治變化之道以應敵人者也

故用兵之法高陵勿向背邱勿逆（御覽背作倍）

孟氏曰敵背丘陵爲陳無有後患則當引軍平地勿迎擊之

杜佑曰敵若據山陵依附險阻（原本改爲依據邱陵險阻按此注釋高陵勿向句也下背邱勿逆句又有注合注者刪之今據通典御覽補正）陳兵待敵勿輕攻趨也既地（原本）

作馳从御覽改勢不便有殞石之衝也敵背邱陵爲陳無有後患則當引置平地勿迎而擊也據通典御覽補　李筌曰地勢也　杜牧曰向者仰也背者倚也逆者迎也言敵在高處不可仰攻敵倚邱山下來求戰不可逆之此言自下趨高者力乏自高趨下者勢順也故不可向迎　梅堯臣曰高陵勿向者敵處其高不可仰擊背邱勿逆者敵自高而來不可逆戰勢不便也　王晳曰如此不便則當嚴陳以待變也　何氏曰秦伐韓趙王令趙奢救之秦人聞之悉甲而至軍士許歷請以軍事諫曰秦人不意趙師至此其來氣盛將軍必厚集其陳以待之不然必敗今先據北山上者勝後至者敗奢從之卽發萬人趨之秦兵後至爭山不得上奢縱兵擊之大破秦軍後周遣將伐高齊圍洛陽齊將段韶禦之登邙坂聊欲觀周軍形

勢至太和谷便値周軍卽遣馳告諸營與諸將結陳以待之周軍以步人在前上山逆戰韶以彼步我騎且却且引得其力弊乃遣下馬擊之短兵始交周人大潰並卽奔遁　張預曰敵處高爲陳不可仰攻人馬之馳逐弧矢之施發皆不便也故諸葛亮曰山陵之戰不仰其高敵從高而來不可迎之勢不順也引至平地然後合戰

佯北勿從

杜佑曰北奔走也敵方戰氣勢未衰便奔走而陳却（原本作兵今从通典改）者必有奇伏勿深入從之故太公曰夫出甲陳兵縱卒亂行者欲以爲變也（通典作從卒亂所以多爲變）　李筌杜牧曰恐有伏兵也　賈林曰敵未衰忽然奔北必有奇伏要擊我兵謹勒將士勿令逐追　梅堯臣同杜牧註　王晳曰勢不至北必

有詐也則勿逐　何氏曰如戰國秦師伐趙趙奢之子括代廉頗將拒秦於長平秦陰使白起爲上將軍趙出兵擊秦秦軍佯敗而走張二奇兵以劫之趙軍逐勝追造秦辟辟堅不得入而秦奇兵二萬五千人絶趙軍後又一軍五千騎絶趙壁閒趙軍分而爲二糧道絶而秦出輕兵擊之趙戰不利因築壁堅守以待救至秦聞趙食道絶王自之河內發卒遮絶趙救及糧食趙卒不得食四十六日陰相殺食括中箭而死蜀劉表遣劉備北侵至鄴曹公遣夏侯惇李典拒之一朝備燒屯去惇遣諸將追擊之典曰賊無故退疑必有伏南道窄狹草木深不可追也不聽惇等果入賊伏裏典往救備見救至乃退西魏末遣將史寧與突厥同伐吐谷渾遂至樹敦即吐谷渾之舊都多諸珍藏而其主先已奔賀眞城留其征南

王及數千人固守寧攻之僞退吐谷渾人果開門逐之因回兵奪門門未及闔寧兵遂得入生擒其征南王俘獲男女財寶盡歸諸突厥北齊高澄立侯景叛歸梁而圍彭城澄遣慕容紹宗討之將戰紹宗以梁人剽悍恐其衆之撓也召將帥而語之曰我當佯退誘梁人使前汝可擊其背申明誡之景又命梁人曰逐北勿過二里會戰紹宗走梁人不用景言乘敗深入魏人以紹宗之言爲信爭掩擊遂大敗之唐安祿山反郭子儀圍衛州僞鄭王慶緒率兵來援分爲三軍子儀陳以待之預選射者三千人伏於壁內誡之曰俟吾小却賊必爭進則登城鼓譟弓弩齊發以逼之旣戰子儀僞退而賊果乘之乃開壘門遽聞鼓譟矢注如雨賊徒震駭整衆追之遂虜慶緒　張預曰敵人奔北必審眞僞若旗鼓齊應號令如

一紛紛紜紜雖退走非敗也必有奇也不可從之若旗靡轍亂人囂馬駭此眞敗却也

銳卒勿攻

李筌曰避彊氣也　杜牧曰避實也楚子伐隨隨臣季良曰楚人尚左君必左無與王遇且攻其右右無良焉必敗偏敗衆乃攜矣隨少師曰不當王非敵也不從隨師敗績　陳皥曰此說是避敵所長非銳卒勿攻之旨也蓋言士卒輕銳且勿攻之待其懈惰然後擊之所謂千里遠鬭其鋒莫當蓋近之爾　梅堯臣曰伺其氣挫　何氏曰如蜀先主率大衆東伐吳吳將陸遜拒之蜀主從建平連圍至夷陵界立數十屯以金帛爵賞誘動諸夷先遣將吳班以數千人於平地立營欲以挑戰諸將皆欲擊之遜曰備舉軍東至銳氣始盛且乘

高守險難可卒攻攻之縱下猶難盡克若有不利損我必大令但有獎勵將士廣施方略以觀其變備知其計不行乃引伏兵八千人從谷中出遜曰所以不聽諸軍擊班者揣之必有巧故也諸將並曰攻備當在初今乃令入五六百里相銜持經七八月其諸要害賊已固守擊之必無利矣遜曰備是猾虜其軍始集思慮精專未可干也今住已久不得我便兵疲意沮計不復生掎角此寇正在今日乃先攻一營不利遜曰吾已曉破之之術乃令各持一把茅以火攻拔之備因夜遁魏末吳將諸葛恪圍新城司馬景王使毋丘儉文欽等拒之儉欽請戰景王曰恪卷甲深入投兵死地其鋒未易當且新城小而固攻之未可拔遂令諸將高壘以弊之相持數日恪攻城力屈死傷大半景王乃令欽督鋭卒趣合榆斷其歸

路恪懼而遁前趙劉曜遣將討羌大酋權渠率衆保險阻曜將劉子遠頻敗之權渠欲降其子伊餘大言於衆中曰往年劉曜自來猶無若我何晨壓子遠壘門左右勸出戰子遠曰吾聞伊餘有專諸之勇慶忌之捷其父新敗怒氣甚盛且西戎勁悍其鋒不可擬也不如緩之使氣竭而擊之乃堅壁不戰伊餘有驕色子遠候其無備夜分誓衆秣馬蓐食先晨具甲掃壘而出遲明設覆而戰生擒伊餘於陳唐武德中太宗率師往河東討劉武周江夏王道宗從軍太宗登玉壁城覩賊顧謂道宗曰賊恃其衆來邀我戰汝謂如何對曰羣賊鋒不可當易以計屈難與力爭今衆深壁高壘以挫其鋒烏合之徒莫能持久糧運致竭自當離散可不戰而擒太宗曰汝意見暗與我合後賊食盡夜遁一戰敗之又太宗征薛仁杲

於折墌城賊十有餘萬兵鋒甚銳數來挑戰諸將請戰太宗曰我卒新經挫衄銳氣猶少賊驟勝必輕進好鬭我且閉壁以折之待其氣衰而後擊可一戰而破此萬全計也因令軍中曰敢言戰者斬相持久之賊糧盡軍中頗攜貳其將相繼來降太宗知仁杲心腹內離謂諸將曰可以戰矣令總管梁實營於淺水原以誘之賊大將宗羅睺自恃驕悍求戰不得氣憤者久之及是盡銳攻梁實冀逞其志梁實固險不出以挫其鋒羅睺攻之愈急太宗度賊已疲復謂諸將曰彼氣將衰吾當取之必矣申令諸將遲明合戰令將軍龐玉陳於淺水原南出賊之右先餌之羅睺併軍共戰玉軍幾敗太宗親御大軍奄自原北出其不意羅睺回師相拒我師表裏齊奮呼聲動天羅睺氣奪於是大潰又李靖從河間王孝恭討蕭

銑兵至夷陵銑將文士宏率精卒數萬屯淸江孝恭欲擊之靖曰士宏銑之健將士卒驍勇今新出荊門盡兵出戰此是救敗之師恐不可當也宜且泊南岸勿與爭鋒待其氣衰然後奮擊破之必矣孝恭不從留靖守營與賊戰孝恭果敗奔於南岸　張預曰敵若乘銳而來其鋒不可當宜少避之以伺疲挫晉楚相持楚晨壓晉軍而陳軍吏患之欒書曰楚師輕窕固壘以待之三日必退退而擊之必獲勝焉又唐太宗征薛仁杲賊兵鋒甚銳數來挑戰諸將咸請戰太宗曰當且閉壘以折之待其氣衰可一戰而破也果然

餌兵勿食通典作勿貪按李筌杜牧本皆作食御覽亦作食又陳皞云食字疑或爲貪則正本故作食也

杜佑曰以小利來餌己士卒勿取也據通典補　李筌曰秦人毒逕上流　杜牧曰敵忽棄飲食而去先須嘗試不可便食慮

毒也後魏文帝時庫莫奚侵擾詔濟陰王新成率衆討之王乃多爲毒酒賊既漸逼使棄營而去賊至喜競飲酒酣毒作王簡輕騎縱擊俘獲萬計　陳皥曰此之獲勝蓋非偶然固非爲將之道垂後世法也孫子豈以他人不能致毒於人腹中哉此言喻魚若見餌不可食也敵若懸利不可貪也曹公與袁紹將文醜等戰諸將以爲敵騎多不如還營荀攸曰此所以餌敵也安可去之即知餌兵非止謂寘毒也食字疑或爲貪字也　梅堯臣曰魚貪餌而亡兵貪餌而敗敵以兵來釣我我不可從　王晳曰餌我以利必有奇伏　何氏曰如春秋時楚伐絞軍其南門莫敖屈瑕曰絞小而輕輕則寡謀請無扞采樵者以誘之從之絞人獲三十人明日絞人爭出驅楚役徒於山中楚人坐其北門而覆諸山下大敗之爲城

下之盟而還又如赤眉佯敗棄輜重走車載土以豆覆其上鄧宏取之爲赤眉所敗曹公未得濟而放牛馬馬超取之而公得渡又如曹公棄輜重又醜劉備分取之而爲公所破又如後魏廣陽王元深以屯列河誘拔陵竟來抄掠拔陵爲于謹伏兵所破此皆餌之之術也　張預曰三略曰香餌之下必有懸魚言魚貪餌則爲釣者所得兵貪利則爲敵人所敗夫餌兵非止謂寘毒於飲食但以利留敵皆爲餌也若曹公以畜産餌馬超以輜重餌袁紹李矩以牛馬餌石勒之類皆是也

歸師勿遏

孟氏曰人懷歸心必能死戰則不可止而擊也　杜佑曰若窮寇退還依險而行人人懷歸故能死戰徐觀其變而勿遏

截之原本注云人人有室家鄉國之往不可遏截之徐觀其變而制之按此似後人所改從通典御覽訂正　李筌曰：士卒思歸，志不可遏也。　杜牧曰：曹公自征張繡於穰，劉表遣兵救繡，以絕軍後。公將引還，繡兵來追，公軍不得進。表與繡復合兵守險，公軍前後受敵。公乃夜鑿險爲地道，悉過輜重，設奇兵。會明，賊謂公爲遁也，悉軍來追。縱自奇兵以下十五字原本脫今補正奇兵步騎夾原本作來譌攻，大破之。公謂荀文若曰：虜遏吾歸師，而與吾死地，吾是以知勝矣。　梅堯臣曰：敵必死戰。　王晳曰：人自爲戰也，勿遏塞之。若猶有他慮，則可要而擊。曹公攻鄴，袁尚來救，諸將以爲歸師不如避之。公曰：尚從大道來則避之，若循西山來者，此成擒耳。蓋大道來則歸意全，循山來則顧負險，且有懼心也。　何氏曰：如魏初曹公圍張繡於穰，劉表遣兵救繡，以絕軍後。公將引還，繡兵來追，公軍不得進連營稍前到安衆繡與表合兵守險公軍前後受敵公乃夜鑿險爲地道悉過輜重設奇兵會明賊謂公爲遁也悉軍來追乃縱奇兵步騎夾攻大破之公謂荀彧曰虜遏吾歸師與吾死地是以知勝齊建武二年魏圍鍾離張欣泰爲軍主隨崔慧景救援及魏軍退而邵陽洲上餘兵萬人求輸馬五百匹假道慧景欲斷路攻之欣泰說慧景曰歸師勿遏古人畏之兵在死地不可輕也慧景乃聽過也前秦苻堅征晉至壽春兵敗還長安慕容泓起兵于華澤堅將苻叡竇衝姚萇討之苻叡勇果輕敵不恤士衆泓聞其至也懼率衆將奔關東叡馳兵邀之姚萇諫曰鮮卑有思歸之心宜驅令出關不可遏也叡弗從戰于華澤叡敗績被殺後涼呂宏攻段業於張掖不勝將東走業議欲擊之其將沮渠蒙遜諫曰

歸師勿遏窮寇勿追此兵家之戒不如縱之以爲後圖業曰一日縱敵悔將無及遂率衆追之爲宏所敗　張預曰兵之在外人人思歸當路邀之必致死戰韓信曰從思東歸之士何所不克曹公既破劉表謂荀彧曰虜遏吾歸師吾是以知勝又呂宏攻段業不勝將東走業欲擊之或諫曰歸師勿遏兵家之戒不如縱之以爲後圖業不從率衆追之爲宏所敗古人似此者多不可悉陳

圍師必闕

曹公曰司馬法曰圍其三面闕其一面所以示生路也　杜佑曰若圍敵平陸之地必空一面以示其虛故使戰守不固而有去留之心若敵臨危據險彊救在表當堅固守之未必闕也此用兵之法　李筌曰夫圍敵必空其一面示不固也

若四面圍之敵必堅守不拔也項羽坑外黃魏武圍壺關即其義也　杜牧曰示以生路令無必死之心因而擊之後漢妖巫維汜弟子單臣傅鎮等相聚入原武城劫掠吏人自稱將軍光武遣臧宮將北軍數千人圍之賊食多數攻不下士卒死傷帝召公卿諸侯王問方略明帝時爲東海王對曰妖巫相劫勢無久立其中必有悔者但外圍急不得走耳小挺緩令得逃亡則一亭長足以擒矣帝卽勑令開圍緩守賊衆分散遂斬臣鎮等大唐天寶末李光弼領朔方軍與史思明戰于土門賊衆退散四面圍合光弼令開東南角以縱之賊見開圍棄甲急走因追擊之盡殲其衆是開一面也　梅堯臣同曹公註　何氏曰如後漢初張步據齊地漢將耿弇總兵討之步使其大將費邑軍歷下又分守祝阿鍾城弇先擊

祝阿自晨攻城未日中而拔故開圍一角令其衆得奔歸鍾城鍾城人聞祝阿已潰大恐懼遂空壁亡去又朱儁與徐璆共討黄巾餘賊韓忠據宛乞降不許因急攻之連城不克儁登山觀之顧謂張超曰吾知之矣賊今外圍周固内營急逼乞降不受欲出不得所以死戰也萬人一心猶不可當況十萬乎其害甚矣今不如徹圍并兵入城忠見圍解則勢必自出出則意散易破之道也既而解圍忠果出戰儁因破之又魏太祖圍壺關下令曰城拔皆坑之連月不下曹仁曰圍城必示之活門所以開其生路也今公告之必死將人自爲守且城固而糧多攻之則士卒傷守之則日久今頓兵堅城之下攻必死之虜非良計也太祖從之關城遂降又後魏末齊神武起義兵於河北尒朱兆天光度律仲遠等四將同會鄴

南士馬精彊號二十萬圍神武於南陵山是時神武馬二千步卒不滿三萬入兆等設圍不合神武連繫牛驢自塞歸道於是將士死戰四面奮擊大破兆等　張預曰圍其三面開其一角示以生路使不堅戰後漢朱儁討賊師韓忠於宛急攻不克因謂軍吏曰賊今外圍周固所以死戰若我解圍勢必自出出則意散易破之道也果如其言又曹公圍壺關謂之曰城破皆坑之連攻不下曹仁謂公曰夫圍城必示之活門所以開其生路也今公許之必死令人自守非計也公從之遂拔其城是也

窮寇勿迫

杜牧曰春秋時吳伐楚楚師敗走及清發闔閭復將擊之夫槩王曰困獸猶鬬況人乎若知不免而致死必敗我若使半

濟而後可擊也從之又敗之漢宣帝時趙充國討先零羌羌
覩大軍棄輜重欲渡湟水道阨狹充國徐行驅之或曰逐利
行遲充國曰窮寇也不可迫緩之則走不顧急之則還致死
諸將曰善虜果赴水溺死者數萬於是大破之也　陳皞曰
鳥窮則搏獸窮則噬　梅堯臣曰困獸猶鬬物理然也　何
氏曰前燕呂護據野王陰通晉事覺燕將慕容恪等率衆討
之將軍傅顔言之恪曰護窮寇假合王師既臨則上下喪氣
殿下前以廣固天險守易攻難故爲長久之策今賊形不與
往同宜急攻之以省千金之費恪曰護老賊經變多矣觀其
爲備之道則未易卒圖也今圍之於窮城樵採路絕內無蓄
積外無彊援不過於十旬弊之必矣何必殘士卒之命而趨
一時之利哉此謂兵不血刃而坐以制勝也遂列長圍守之

凡經六月而野王潰護南奔于晉悉降其衆五代晉將苻彥卿杜重威經略北鄙遇虜於陽城戎人十萬圍晉師於中野乏水軍人鑿井取泥衣絞而吮之人馬渴死甚衆彥卿曰與其束手就擒曷若以身殉國我今窮蹙乃率勁騎出擊之會大風揚塵乘勢決戰戎人大潰此彥卿爲虜十萬所圍乃窮蹙之寇遂致死力以求生戎人不悟之致敗也　張預曰敵若焚舟破釜決一戰則不可逼迫來蓋獸窮則搏也晉師敗齊于鞌齊侯請盟晉人不許齊侯曰請收合餘燼背城借一晉人懼而與之盟吳夫槩王謂曰困獸猶鬭漢趙充國言緩之則走不顧急之則還致死蓋亦近之

此用兵之法也　鄭氏遺說法字下有妙字并述其義按妙字衍通典御覽皆無妙字

孫子十家註卷八

賜進士及第署山東提刑按察使兗沂曹濟黃河兵備道孫星衍　賜進士出身署萊州府知府候補同知吳人驥同校

九變篇

曹公曰變其正得其所用九也　王晳曰晳謂九者數之極用兵之法當極其變耳逸詩云九變復貫不知曹公謂何爲九或曰九地之變也　張預曰變者不拘常法臨事適變從宜而行之之謂也凡與人爭利必知九地之變故次軍爭

孫子曰凡用兵之法將受命於君合軍聚衆

張預曰已解上文

圮地無舍

曹公曰無所依也水毀曰圮　孟氏曰太下則爲敵所囚　杜佑曰擇地頓兵當趨利而避害也　李筌曰地下曰圮行必水淹也　陳皥曰圮低下也孔明謂之地獄獄者中下四面高也　梅堯臣曰山林險阻沮澤之地不可舍止無所依

也　何氏曰下篇言圮地則吾將進其塗謂必固之地宜速去之也　張預曰山林險阻沮澤凡難行之道爲圮地以其無所依故不可舍止

衢地合交原本作交合今從北堂書鈔改正

曹公曰結諸侯也　李筌曰四通曰衢結諸侯之交地也　賈林曰結諸侯以爲援　梅堯臣曰夫四通之地與旁國相通當結其交也　何氏曰下篇云衢地吾將固其結言交結諸侯使牢固也　張預曰四通之地旁有鄰國先往結之以爲交援

絶地無留

曹公曰無久止也　李筌曰地無泉井畜牧采樵之處爲絶地不可留也　賈林曰谿谷坎險前無通路曰絶當速去無

留　梅堯臣曰始去國始出境猶不居輕地是不可久留也　張預曰去國越境而師者絕地也危絕之地過於重地故不可淹留久止也

圍地則謀

曹公曰發奇謀也　李筌曰因地能通　賈林曰居四險之中曰圍地敵可往來我難出入居此地者可預設奇謀使敵不爲我患乃可濟也　梅堯臣曰往返險迂當出奇謀　何氏曰下篇亦云圍地則謀言在艱險之地與敵相持須用奇險詭譎之謀不至於害也　張預曰居前隘後固之地當發奇謀若漢高爲匈奴所圍用陳平奇計得出茲近之

死地則戰

曹公曰殊死戰也　李筌曰置兵於必死之地人自爲私鬬

王晳曰途雖可從而有所不從慮奇伏也若趙涉說周亞夫避殽黽阨陝之間慮置伏兵請走藍田出武關抵洛陽間不過差一二日是也　張預曰險阨之地車不得方軌騎不得成列故不可由也不得已而行之必爲權變韓信知陳餘不用李左車計乃敢入井陘口是也

軍有所不擊

曹公曰軍雖可擊以地險難久留之失前利若得之則利薄困窮之兵必死戰也　杜佑曰軍雖可擊以地險難久留之失前利若得之利薄也窮困之卒臨陷之軍不可攻爲死戰也當固守之以待隙也　杜牧曰蓋以銳卒勿攻歸師勿遏窮寇勿迫死地不可攻或我彊敵弱敵前軍先至亦不可擊恐驚之退走也言有如此之軍皆不可擊斯統言爲將須知

有此不可擊之軍卽須不擊益爲知變也故列於九變篇中　陳皥曰見小利不能傾敵則勿擊之恐重勞人也　賈林曰軍可威懷勢將降伏則不擊寇窮據險擊則死戰可自固守待其心惰取之　梅堯臣曰往無利也　王晳曰曹公曰軍雖可擊以地險難久留之失前利若得之則利薄晳謂餌兵銳卒正正之旗堂堂之陳亦是也　張預曰縱之而無所損克之而無所利則不須擊也又若我弱彼彊我曲彼直亦不可擊如晉楚相持士會曰楚人德刑政事典禮不易不可敵也不爲是征義相近也

城有所不攻

曹公曰城小而固糧饒不可攻也操所以置華費而深入徐州得十四縣也　杜牧曰操捨華費不攻故能兵力完全深

入徐州得十四縣也蓋言敵於要害之地深峻城隍多積糧食欲留我師若攻拔之未足爲利不拔則挫我兵勢故不可攻也宋順帝時荆州守沈攸之反素蓄士馬資用豐積戰士十萬甲馬二千軍至郢城功曹臧寅以爲攻守異勢非旬日所拔若不時舉挫鋭損威今順流長驅計日可捷既傾根本則郢城豈能自固故兵法曰城有所不攻是也攸之不從郢郡守柳世隆拒攸之攸之盡鋭攻之不克衆潰走入林自縊後周武帝欲出兵於河陽以伐齊吏部宇文弢進曰今用兵須擇地河陽要衝精兵所聚盡力攻之恐難得志如臣所見彼汾之曲戍小山平攻之易拔用武之地莫過於此帝不納師竟無功復大舉伐齊卒用弢計以滅齊國家自元和三年至于今三十年間凡四攻寇魏溥攻寇之南宫縣上黨攻寇

之臨城縣太原攻寇之河星鎮是寇三城池浚壁堅芻粟米石金炭麻膏凡城守之資常爲不可勝之計以備官軍擊虜攻既不拔兵頓力疲寇以勁兵來救故百戰百敗故三十年閉困天下之功力攻數萬之寇四圍其境通計十歲竟無尺寸之功者蓋常墮寇計中不能知變也　賈林曰臣忠義重稟命堅守者亦不可攻也　梅堯臣曰有所害也　王晳曰城非控要雖可攻然懼於鈍兵挫鋭或非堅實而得士死力又剋雖有期而救兵至吾雖得之利不勝其所害也　張預曰拔之而不能守委之而不爲患則不須攻也又若深溝高壘卒不能下亦不可攻如士匄請伐偪陽荀罃曰城小而固勝之不武弗勝爲笑是也

地有所不爭

曹公曰小利之地方爭得而失之則不爭也　杜牧曰言得之難守失之無害伍子胥諫夫差曰今我伐齊獲其地猶石田也東晉陶侃鎮武昌議者以武昌北岸有邾城宜分兵鎮之侃每不荅而言者不已侃乃渡水獵引諸將佐語之曰我所以設險而御寇正以長江耳邾城隔在江北內有所倚外接羣夷夷中利深晉人貪利夷不堪命必引寇虜乃致禍之由非御寇也且今縱有兵守之亦無益於江南若羯虜有可乘之會此又非所資也後庾亮戍之果大敗也　梅堯臣曰得之無益者　王晳曰謂地雖要害敵已據之或得之無所用若難守者　張預曰得之不便於戰失之無害於己則不須爭也又若遼遠之地雖得之終非己有亦不可爭如吳子伐齊伍員諫曰得地於齊猶獲石田也不如早從事於越不

聽爲越所滅是也

君命有所不受通典上有將在軍三字按蜀諸葛武侯曰將在軍君命有所不受此當是意增成文杜佑沿襲其語所以致誤也

曹公曰苟便於事不拘於君命也通典拘作狥　故曰不從中御據通典補　孟氏曰無敵於前無君於後閫外之事將軍制之　李筌曰苟便於事不拘君命穰苴斬莊賈魏絳戮楊干是也

杜牧曰尉繚子曰兵者凶器也爭者逆德也將者死官也無天於上無地於下無敵於前無主於後　賈林曰決必勝之機不可推於君命苟利社稷專之可也　梅堯臣曰從宜而行也此而上五利也　張預曰苟便於事不從君命夫槩王曰見義而行不待命是也自塗有所不由至此爲五利或曰自圮地無舍至地有所不爭爲九變謂此九事皆不從中覆

但臨時制宜故統之以君命有所不受

故將通於九變之利者知用兵矣原本利上有地字鄭氏遺說同按藝文類聚北堂書鈔太平御覽皆無地字今從刪

杜佑曰九事之變皆臨時制宜不由常道故言變也　李筌曰謂上之九事也　賈林曰九變上九事將帥之任機權遇勢則變因利則制不拘常道然後得其通變之利變之則九數之則十故君命不在常變例也　梅堯臣曰達九地之勢變而爲利也　王晳曰非賢智不能盡事理之變也　何氏曰孫子以九變名篇解者十有餘家皆不條其九變之目者何也蓋自圮地無舍而下至君命有所不受其數十矣使人不得不惑愚孰觀文意上下止述其地之利害爾且十事之中君命有所不受且非地事昭然不類矣蓋孫子之意言凡

受命之將合聚軍衆如經此九地有害而無利則當變之雖君命使之舍留攻爭亦不受也況下文言將不通於九變之利者雖知地形不能得地之利矣其君命豈得與地形而同算也況下之地形篇云戰道必勝主曰無戰必戰可也戰道不勝主曰必戰無戰可也厥旨盡在此矣　張預曰更變常道而得其利者知用兵之道矣

將不通於九變之利者雖知地形不能得地之利矣

賈林曰雖知地形心無通變豈惟不得其利亦恐反受害也將貴適變也　梅堯臣曰知地不知變安得地之利　張預曰凡地有形有變知形而不曉變豈能得地之利

治兵不知九變之術雖知五利不能得人之用矣

曹公曰謂下五事也九變一云五變　賈林曰五利五變亦

在九變之中遇勢能變則利不變則害在人故無常體能盡此理乃得人之用也五變謂途雖近知有險阻奇伏之變而不由軍雖可擊知有窮蹙死鬭之變而不擊城雖勢孤可攻知有糧充兵銳將智臣忠不測之變而不攻地雖可爭知得之難守得之無利有反奪傷人之變而不爭君命雖宜從之知有内御不利之害而不受此五變者臨時制宜不可預定貪五利者途近則由軍勢孤則擊城勢危則攻地可取則爭軍可用則受命貪此五利不知其變豈惟不得人用抑亦敗軍傷士也　梅堯臣曰知利不知變安得人而用　王晳曰雖知五地之利不通其變如膠柱鼓瑟耳　張預曰凡兵有利有變知利而不識變豈能得人之用曹公言下五事爲五利者謂九變之下五事也非謂雜於利害已下五事也

是故智者之慮必雜於利害

曹公曰在利思害在害思利當難行權也　李筌曰害彼利此之慮　賈林曰雜一爲親一爲難言利害相參雜智者能慮之愼之乃得其利也　梅堯臣同曹公註　王晳曰將通九變則利害盡矣　張預曰智者慮事雖處利地必思所以害雖處害地必思所以利此亦通變之謂也

雜於利而務可信也

曹公曰計敵不能依五地爲我害所務可信也　杜牧曰信申也言我欲取利於敵人不可但見取敵人之利先須以敵人害我之事參雜而計量之然後我所務之利乃可申行也　賈林曰在利之時則思害以自愼一云以害雜利行之威令以臨之刑法以戮之已不二三則衆務皆信人不敢欺也

梅堯臣曰以害參利則事可行　王晳曰曲盡其利則可勝矣　張預曰以所害而參所利可以伸己之事鄭師克蔡國人皆喜惟子產懼曰小國無文德而有武功禍莫大焉後楚果伐鄭此是在利思害也

雜於害而患可解也

曹公曰既參於利則亦計於害雖有患可解也　李筌曰智者爲利害之事必合於道不至於極　杜牧曰我欲解敵人之患不可但見敵能害我之事亦須先以我能取敵人之利參雜而計量之然後有患乃可解釋也故上文云智者之慮必雜於利害也譬如敵人圍我我若但知突圍而去志必懈怠卽必爲追擊未若勵士奮擊因戰勝之利以解圍也舉一可知也　賈林曰在害之時則思利而免害故措之死地則

生投之亡地則存是其患解也　梅堯臣曰以利參害則禍可脫　王晳曰周知其害則不敗矣　何氏曰利害相生明者常慮　張預曰以所利而參所害可以解已之難張方入洛陽連戰皆敗或勸方宵遁方曰兵之利鈍是常貴因敗以爲成耳夜潛進逼敵遂致克捷此是在害思利也

是故屈諸侯者以害

曹公曰害其所惡也　李筌曰害其政也　杜牧曰惡音一路反言敵人苟有其所惡之事我能乘而害之不失其機則能屈敵也　賈林曰爲害之計理非一途或誘其賢智令彼無臣或遺以姦人破其政令或爲巧詐閒其君臣或遺工巧使其人疲財耗或饋淫樂變其風俗或與美人惑亂其心此數事若能潛運陰謀密行不泄皆能害人使之屈折也　梅

堯臣曰制之以害則屈也　王晳曰窮屈於必害之地勿使可解也　張預曰致之於受害之地則自屈服或曰間之使君臣相疑勞之使民失業所以害之也若韋孝寬間斛律光高熲平陳之策是也

役諸侯者以業

曹公曰業事也使其煩勞若彼入我出彼出我入也　杜佑曰能以事勞役諸侯之人令不得安佚韓人令秦鑿渠之類是也或以奇技藝業淫巧功能令其耽之心口內役諸侯若此而勞　李筌曰煩其農也　杜牧曰言勞役敵人使不得休我須先有事業乃可爲也事業者兵衆國富人和令行也　梅堯臣曰撓之以事則勞　王晳曰常若爲攻襲之業以弊敵也田常曰吾兵業已加魯矣　張預曰以事勞之使不

得休或曰壓之以富彊之業則可役使若晉楚國彊鄭人以犧牲玉帛奔走以事之是也

趨諸侯者以利

曹公曰令自來也　孟氏曰趨速也善示以利令忘變而速至我作變以制之亦謂得人之用也　李筌曰誘之以利　杜牧曰言以利誘之使自來至我也墮吾畫中　梅堯臣同　杜牧註　王皙曰趨敵之間當周旋我利也　張預曰動之以小利使之必趨

故用兵之法無恃其不來恃吾有以待也通典御覽作恃吾有能以待之也

梅堯臣曰所恃者不懈也

無恃其不攻恃吾有所不可攻也通典作無恃其不攻吾也恃吾不可攻也御覽兩引并同

曹公曰安不忘危常設備也　杜佑曰安則思危存則思亡

勇之於將乃數分之一耳夫勇者必輕合輕合而不知利未可將也　梅堯臣同李筌註　何氏曰司馬法曰上死不勝言貴其謀勝也　張預曰勇而無謀必欲死鬬不可與力爭當以奇伏誘致而殺之故司馬法曰上死不勝言將無策略止能以死先士卒則不勝也

必生可虜也

曹公曰見利畏怯不進也　孟氏曰見利不進原本無案書內孟氏注每先引曹注下增釋之今據御覽補將之怯弱志必生返意不親戰士卒不精上下猶豫可急擊而取之新訓曰爲將怯懦見利而不能進太公曰失利後時反受其殃　李筌曰疑怯可虜也　杜牧曰晉將劉裕泝江追桓元戰于崢嶸洲于時義軍數千元兵甚盛而元懼有敗衂常漾輕舸於舫側故其衆莫有鬬心義

軍乘風縱火盡銳爭先元叡是以大敗也　梅堯臣曰怯而不果　王晳曰無鬭志曹公曰見利怯不進也晳謂見害亦輕走矣　何氏曰司馬法曰上生多疑疑爲大患也　張預曰臨陳畏怯必欲生返當鼓譟乘之可以虜也晉楚相攻晉將趙嬰齊令其徒先具舟於河欲敗而先濟是也

忿速可侮也

曹公曰疾急之人可忿怒而侮致之也原本作侮而致之也今从御覽改正杜佑曰疾急之人可忿怒而致死忿速易怒者狷戇疾急不計其難可動作欺侮　李筌曰急疾之人性剛而可侮致也太宗殺宋老生而平霍邑　杜牧曰忿者剛怒也速者褊急也性不厚重也若敵人如此可以凌侮使之輕進而敗之也十六國姚襄攻黄落前秦苻生遣苻黄眉鄧羌討之襄深溝

高壘固守不戰鄧羌説黄眉曰襄性剛狠易以剛動若長驅鼓行直壓其壘必忿而出師可一戰而擒也黄眉從之襄怒出戰黄眉等斬之　梅堯臣曰狷急易動　王晳曰將性貴持重忿狷則易撓　張預曰剛愎褊急之人可凌侮而致之楚子玉剛忿晉人執其使以怒之果從晉師遂爲所敗是也

廉潔可辱也

曹公曰廉潔之人可汙辱致之也　李筌曰矜疾之人可辱也　杜牧曰此言敵人若高壁固壘欲老我師我勢不可留利在速戰揣知其將多忿急則輕侮而致之性本廉潔則汙辱之如諸葛孔明遺司馬仲達以巾幗欲使怒而出戰仲達忿怒欲濟師魏帝遣辛毗仗節以止之仲達之才猶不勝其忿況常才之人乎　梅堯臣曰徇名不顧　王晳同曹公註

張預曰清潔愛民之士可垢辱以撓之必可致也

愛民可煩也

曹公曰出其所必趨愛民者則必倍道兼行以救之救之則煩勞也　李筌曰攻其所愛必卷甲而救愛其人乃可以計疲　杜牧曰言仁人愛民者惟恐殺傷不能捨短從長棄彼取此不度遠近不量事力凡爲我攻則必來救如此可以煩之令其勞頓而後取之也　陳皡曰兵有須救不必救者項羽救趙此須救也亞父委梁不必救也　賈林曰廉潔之人不好侵掠愛人之人不好鬪戰辱而煩之其動必敗　梅堯臣曰力疲則困　王晳曰以奇兵若將攻城邑者彼愛民必數救之煩勞也　張預曰民雖可愛當審利害若無微不救無遠不援則出其所必趨使煩而困也

凡此五者將之過也用兵之災也

陳皥曰良將則不然不必死不必生隨事而用不忿速不恥辱見可如虎否則閉戶動靜以計不可喜怒也　梅堯臣曰皆將之失爲兵之凶　何氏曰將材古今難之其性往往失於一偏爾故孫子首篇言將者智信仁勇嚴貴其全也　張預曰庸常之將守一而不知變故取則於己爲凶於兵智者則不然雖勇而不必死雖怯而不必生雖剛而不可侮雖廉而不可辱雖仁而不可煩也

覆軍殺將必以五危不可不察也

賈林曰此五種之人不可任爲大將用兵必敗也　梅堯臣曰當慎重焉　張預曰言須識權變不可執一道也

孫子十家註卷八終

孫子十家註卷九

賜進士及第署山東提刑按察使分巡兗沂曹濟黃河兵備道孫星衍 賜進士出身署萊州府知府候補同知吳人驥同校

行軍篇曹公曰擇便利而行也 王皙曰行軍當據地便察敵情也 張預曰知九地之變然後可以擇利而行軍故次九變

孫子曰凡處軍相敵御覽處作據譌

王皙曰處軍凡有四相敵凡三十有一 張預曰自絕山依谷至伏姦之所處則處軍之事也自敵近而靜至必謹察之則相敵之事也相猶察也料也

絕山依谷

曹公曰近水草利便也 李筌曰軍我敵彼也相其依止則勝敗之數彼我之勢可知也絕山守險也谷近水草夫列營壘必先分卒守隘縱畜牧收樵採而後寧 杜牧曰絕過也

依近也言行軍經過山險須近谷而有水草之利也吳子曰無當天竈大谷之口言不可當谷但近谷而處可也　賈林曰兩軍相當敵宜擇利而動絕山跨山依谷傍谷也跨山無後患依谷有水草也　梅堯臣曰前爲山所隔則依谷以爲固　王晳曰絕度也依謂附近耳曹公曰近水草便利也張預曰絕猶越也凡行軍越過山險必依附溪谷而居一則利水草一則負險固後漢武都羌爲寇馬援討之羌在山上援據便地奪其水草不與戰羌窮困悉降羌不知依谷之利也

視生處高

曹公曰生者陽也　杜佑曰向陽也原本作高揚也誤從御覽改正視謂目前生地處軍當在高　李筌曰向陽曰生在山曰高生高之

地可居也　杜牧曰言須處高而面南也　陳皥曰若地有東西其法如何荅曰然則面東也　賈林曰居陽曰生視生爲無蔽冒之物也處軍當在高　梅堯臣曰若在陵之上必向陽而居處高乘便也　張預曰視生謂面陽也處軍當在高阜

戰隆無登（通典御覽隆作降按全注云一本作降是也）

曹公曰無迎高也　杜佑曰無迎高也降下也（原本無降下也三字脫今據通典御覽補）謂山下也戰於山下敵引之上山無登逐也　李筌曰敵自高而下我無登而取之　杜牧曰隆高也言敵人在高我不可自下往高迎敵人而接戰也一作戰降無登降下也　賈林曰戰宜乘下不可迎高也　梅堯臣曰敵處地之高不可登而戰　張預曰敵處隆高之地不可登迎與戰一

本作戰降無登迎謂敵下山來戰引我上山則不登迎

此處山之軍也通典御覽山下有谷字

梅堯臣曰處山當知此三者　張預曰凡高而崇者皆謂之山處山拒敵以上三事爲法

絶水必遠水通典上有敵若二字案絶水必遠水者謂我過水而處軍則必遠於水也下云客絶水而來始就敵人言之吳起書曰敵若絶水半渡而薄之正用此下文語杜佑沿襲其文而不察所以致誤也

曹公李筌曰引敵使渡　杜佑曰引敵使寬而渡之據通典御覽補

杜牧曰魏將郭淮在漢中蜀主劉備欲渡漢水來攻諸將議衆寡不敵欲依水爲陳以拒之淮曰此示弱而不足挫敵不如遠水爲陳引而致之半濟而後擊備可破也既列陳備疑不敢渡　梅堯臣曰前爲水所隔則遠水以引敵　王晳曰我絶水也曹說是也　張預曰凡行軍過水欲舍止者必

去水稍遠一則引敵使渡一則進退無礙郭淮遠水爲陳劉備悟之而不渡是也

客絕水而來勿迎之於水內令半濟而擊之利通典御覽并作半度

杜佑曰半度勢不并故可敵據通典補　李筌曰韓信殺龍且於濰水夫槩敗楚子於淸發是也　杜牧曰楚漢相持項羽自擊彭越令其大司馬曹咎守成皋漢軍挑戰咎涉氾水戰漢軍候半涉擊大破之水內乃汭也誤爲內耳　梅堯臣曰敵之方來迎於水濱則不渡　王晳曰內當作汭迎於水汭則敵不敢濟遠則趨利不及當得其宜也　何氏曰如春秋時宋公及楚人戰於泓宋人既成列楚人未得濟司馬曰彼衆我寡及其未既濟也請擊之公曰不可既濟而未成列又以告公曰未可既陳而後擊之宋師敗績公傷股門官殲焉宋

公違之故敗也吳伐楚楚師敗及淸發將擊之夫槩王曰困獸猶鬬况人乎若知不免而致死必敗我若使先濟者知免後者慕之蔑有鬬心矣半濟而後可擊也從之又敗之魏將郭淮在漢中蜀主劉備欲渡漢水來攻時諸將等議曰衆寡不敵欲依水爲陳以拒之淮曰此則示弱而不足以挫敵非算也不如遠水爲陳引而致之半濟而後擊備可破也旣陳備疑不敢渡唐武德中薛萬均與羅藝守幽燕竇建德率衆十萬寇范陽萬均謂藝曰衆寡不敵今若出鬬百戰百敗當以計取之可令羸兵弱馬阻水背城爲陳以誘之賊若渡水交兵請公精騎百人伏於城側待其半渡而擊之從之建德渡水萬均擊破之　張預曰敵若引兵渡水來戰不可迎之於水邊俟其半濟行列未定首尾不接擊之必勝公孫瓚敗

黃巾賊於東光薛萬均破竇建德於范陽皆用此術也

欲戰者通典御覽俱無者字無附於水而迎客

曹公曰附近也　杜佑曰附近也近水待敵不得渡也　李筌曰附水迎客敵必不得渡而與我戰　杜牧曰言我欲用戰不可近水迎敵恐敵人疑我不渡也義與上同但客主詞異耳　梅堯臣曰必欲戰亦莫若遠水　王晳曰我利在戰則當差遠使敵必渡而與之戰也　張預曰我欲必戰勿近水迎敵恐其不得渡我不欲戰則阻水拒之使不能濟晉將陽處父與楚將子上夾泜水而軍陽子退舍欲使楚人渡子上亦退舍欲令晉師渡遂皆不戰而歸

視生處高

曹公曰水上亦當處其高也前向水後當依高而處之　梅

堯臣曰水上亦據高而向陽　王晳曰曹公曰水上亦當處其高晳謂謂近水之地下曹注云恐溉我也疑當在此下　何氏曰視生向陽遠視也軍處高遠見敵勢則敵人不得潛來出我不意也　張預曰或岸邊爲陳或水上泊舟皆須面陽而居高

無迎水流

曹公曰恐溉我也　杜佑曰恐溉我也逆水流在下流也不當處人之下流也爲其水流溉灌人若投毒藥於上流也據通典補　李筌曰恐溉我也智伯灌趙襄子光武潰王尋迎水處高乃敗之　杜牧曰水流就下不可於卑下處軍也恐敵人開決灌浸我也上文云視生處高也諸葛武侯曰水上之陳不逆其流此言我軍舟船亦不可泊於下流言敵人得以乘

流而薄我也　賈林曰水流之地可以溉吾軍可以流毒藥
迎逆也一云逆流而營軍兵家所忌　梅堯臣曰無留下流
防其決灌救艫之戰逆亦非便　王晳曰當乘上流魏曹仁
征吳欲攻濡須洲中蔣濟曰賊據西岸列船上流而兵入洲
中是謂自內地獄危亡之道也仁不從而敗　何氏曰順流
而戰則易爲力　張預曰卑地勿居恐決水溉我舟戰亦不
可處下流以彼沿我泝戰不便也兼慮敵人投毒於上流楚
令尹拒吳卜戰不吉司馬子魚曰我得上流何故不吉遂決
戰果勝是軍須居上流也

此處水上之軍也

梅堯臣曰處水上當知此五者　張預曰凡近水爲陳皆謂
水上之軍水上拒敵以上五事爲法

絶斥澤，惟亟去無留。

陳皥曰：斥，鹹鹵之地，水草惡，漸洳，不可處軍。新訓曰：地固斥澤，不生五穀者是也。　賈林曰：鹹鹵之地，多無水草，不可久留。　梅堯臣曰：斥，遠也，曠蕩難守，故不可留。　王晳曰：斥鹵也，地廣且下而無所依。　張預曰：刑法志云：山川沈斥。顔師古註曰：沈，深水之下；斥，鹹鹵之地。然則斥澤謂瘠鹵漸洳之所也，以其地氣濕潤，水草薄惡，故宜急過。

若交軍於斥澤之中，（通典、御覽若作爲，譌。）必依水草而背衆樹，（御覽背作倍。）

曹公曰：（自此至上雨水沫至節杜佑注，原本誤於衆草多障節下。）不得已與敵會於斥澤中。　杜佑曰：言不得已與敵戰而會斥澤之中，當背稠樹以爲固守，蓋地利兵之助也。　李筌曰：急過不得戰，必依水背樹。夫有水樹，其地無陷溺也。一本作背衆木。　杜牧曰：斥鹵之地草木不生謂之飛鋒言於此忽遇敵卽須擇有水草林木而止之　梅堯臣曰不得已而會敵則依近水草背倚衆木　王晳曰猝與敵遇於此亦必就利而背固也　張預曰不得已而會兵於此地必依近水草以便樵汲背倚林木以爲險阻

此處斥澤之軍也

梅堯臣曰處斥澤當知此二者　張預曰處斥澤之地以上二事爲法

平陸處易

曹公曰車騎之利也　杜牧曰言於平陸必擇就其中坦易平穩之處以處軍使我車騎得以馳逐　王晳同曹公註

何氏同杜牧註　張預曰平原廣野車騎之地必擇其坦易

無坎陷之處以居軍所以利於馳突也

而右背高御覽背作倍前死後生

曹公曰戰便也　李筌曰夫人利用皆便於右是以背之前死致敵之地後生我自處　杜牧曰太公曰軍必左川澤而右丘陵死者下也生者高也下不可以禦高故戰便於軍馬也　賈林曰岡阜曰生戰地曰死岡阜處軍穩前臨地用兵便高後在右回轉順也　梅堯臣曰擇其坦易車騎便利右背丘陵勢則有憑前低後隆戰者所便　王晳曰凡兵皆宜向陽既後背山即前生後死疑文誤也　張預曰雖是平陸須有高阜必右背之所以恃爲形勢者也前低後高所以便平奔擊也

此處平陸之軍也

梅堯臣曰處平陸當知此二者　張預曰居平陸之地以上二事爲法

凡此四軍之利

李筌曰四者山水斥澤平陸也　張預曰山水斥澤平陸之四軍也諸葛亮曰山陸之戰不升其高水上之戰不逆其流草上之戰不涉其深平地之戰不逆其虛此兵之利也

黄帝之所以勝四帝也

曹公曰黄帝始立四方諸侯無不稱帝（御覽作亦稱帝按王皙張預同）以此四地勝之也　李筌曰黄帝始受兵法於風后而滅四方故曰勝四帝也　梅堯臣曰四帝當爲四軍字之誤歟言黄帝得四者之利處山則勝山處水上則勝水上處斥澤則勝斥澤處平陸則勝平陸也　王皙曰四帝或曰當作四軍曹公

曰黃帝始立四方諸侯無不稱帝以此四地勝之也一本無作亦　何氏曰梅氏之說得之　張預曰黃帝始立四方諸侯亦稱帝以此四地勝之按史記黃帝紀云與炎帝戰於阪泉與蚩尤戰於涿鹿北逐葷粥又太公六韜言黃帝七十戰而定天下此即是有四方諸侯戰也兵家之法皆始於黃帝故云然也

凡軍喜高而惡下原本喜作好按御覽引注云喜一作好則故書正作喜也今從通典御覽改正

梅堯臣曰高則爽塏所以安和亦以便勢下則卑濕所以生疾亦以難戰　王晳曰有降無登且遠水患也　張預曰居高則便於覘望利於馳逐處下則難以爲固易以生疾

貴陽而賤陰

杜佑曰山南曰陽山北曰陰據通典御覽補　梅堯臣曰處陽則明

順處陰則晦逆　王晳曰久處陰濕之地則生憂疾且弊軍器也　張預曰東南爲陽西北爲陰

養生而處實

曹公曰恃滿實也養生向水草可放牧養畜乘實猶高也　梅堯臣曰養生便水草處實利糧道　王晳曰養生謂水草糧糒之屬處實者倚固之謂　張預曰養生謂就善水草放牧也處實謂倚隆高之地以居也

軍無百疾是謂必勝通典云是謂必勝軍無百疾御覽同按梅氏張氏注皆與通典本同

李筌曰夫人處卑下必癘疾惟高陽之地可居也　杜牧曰生者陽也實者高也言養之於高陽則無卑濕陰翳故百疾不生然後必可勝也　梅堯臣曰能知上三者則勢勝可必疾氣不生　張預曰居高面陽養生處厚可以必勝地氣乾

燥故疾癘不作

邱陵隄防必處其陽而右背之

杜佑曰隄者積土所作皆當處其陽而右背之戰之便也　杜牧曰凡遇邱陵隄防之地常居其東南也　梅堯臣曰雖非至高亦當前向明而右依實　王晳曰處陽則人舒以和器健以利也　張預曰面陽所以貴明顯背高所以爲險固

此兵之利地之助也

梅堯臣曰兵所利者得形勢以爲助　張預曰用兵之利得地之助

上雨水沫至（通典水上有下字御覽同）欲涉者待其定也

曹公曰恐半涉而水遽漲也　杜佑曰恐半渡水而遂漲上雨水當淸而反濁沫至此敵人權遏水之占也欲以中絕軍

凡地有水欲漲沫先至皆爲絶軍當待其定也　李筌曰恐水暴漲　杜牧曰言過溪澗見上流有沫此乃上源有雨待其沫盡水定乃可涉不爾半涉恐有暴水卒至也　梅堯臣曰流沫未定恐有暴漲　王晳曰水漲則沫涉步濟也曹說是也　張預曰渡未及畢濟而大水忽至也沫謂水上泡漚

凡地有絶澗

前後險峻水橫其中

天井通典御覽天井上有遇字者衍

四面峻坂澗壑所歸

天牢

三面環絶易入難出

天羅

草木蒙密鋒鏑莫施

天陷

卑下汙濘車騎不通

天隙通典隙作郄御覽同又御覽下有大害二字

兩山相向洞道狹惡六害皆梅堯臣註

必亟去之勿近也

曹公曰山深水大者爲絕澗四方高中央下爲天井深山所過若蒙籠者通典作深水大澤葭葦蒙籠所隱蔽者御覽作深水所居矇朧者爲天牢可以羅絕人者爲天羅地形陷者通典上有陂湖泥濘四字御覽無爲天陷山澗原本澗下有道字者衍據通典御覽改正迫狹地形深數尺長數丈者爲天隙案通典長數丈者下有丘陵坑坎地形墝埆者天郄也御覽無杜牧曰軍讖曰地形坳下大水所及謂之天井山澗迫狹可以絕人謂之天牢澗水澄闊

不測淺深道路泥濘人馬不通謂之天陷地多溝坑坎陷木石謂之天隙林木隱蔽葭葦深遠謂之天羅　賈林曰兩岸深闊斷人行爲絶澗下中之下爲天井四邊濶險小草相兼中央傾側出入皆難爲天牢道路崎嶇或寛或狹細澀難行爲天羅地多沮洳爲天陷兩邊險絶形狹長而數里中閒難通人行可以絶塞出入爲天隙此六害之地不可近背也　梅堯臣曰六害尚不可近況可留乎　王晳曰晳謂絶澗當作絶天澗脱天字耳此六者皆自然之形也牢謂如獄牢羅謂如網羅也陷謂溝坑淤濘之所隙謂木石若隙罅之地軍行過此勿近不然則脱有不虞智力無所施也　張預曰谿谷深峻莫可過者爲絶澗外高中下衆水所歸者爲天井山險環繞所入者隘爲天牢林木縱横葭葦隱蔽者爲天羅陂

地泥濘漸車凝騎者爲天陷道路迫狹地多坑坎者爲天隙

凡遇此地宜遠過不可近之

吾遠之敵近之吾迎之敵背之

曹公曰用兵常遠六害令敵近背之則我利敵凶　李筌曰善用兵者致敵之受害之地也　杜牧曰迎向也背倚也言遇此六害之地吾遠之向之則進止自由敵人近之倚之則舉動有阻故我利而敵凶也　梅堯臣曰言六害當使我遠而敵附我向而敵倚則我利敵凶　張預曰六害之地我旣遠之向之敵自近之倚之我則行止有利彼則進退多凶也

軍旁原本作軍行按此言處軍之地必謹覆索之故篇首云凡處軍相敵是也從通典御覽作旁又史記、、馬陵道狹而旁多阻險有險阻蔣潢原本無蔣字通典御覽俱有之按唐李靖兵法云蔣潢翳薈則必索其伏是用此語也無者脫井生葭葦原本無生字按後人因旣脫蔣字故并生字刪之也今據通典及御覽補又御覽一作并生葭葦

山林蘙薈（御覽山林作小林注同）必謹覆索之此伏姦之所藏處也（原本無藏字據通典御覽補）

曹公曰險者一高一下之地阻者多水也蔣者水草之蘩生也（蔣者以下原本無杜佑通典及御覽有之按杜佑注例先引曹注後附己意此所云乃用曹注語也後人妄刪之）潢者池也井者下也葭葦者（葦者御覽又引注云并生葭）衆草所聚山林者衆木所居也蘙薈者可屏蔽之處也此以上論地形也以下相敵情也　杜佑曰此言伏姦之地當覆索也險者一高一下之地阻者多水地也蔣者水草之蘩生也潢者池也井者下也葭葦者衆草所聚也山林者衆木所居也蘙薈者可以屏蔽之處也此以上相地形也此以下察敵情也蘙薈草木之相蒙蔽可以藏兵處必覆索之也（據通典御覽補）　李筌曰以下恐敵之奇伏誘詐也　梅堯臣曰險阻隘也山林

之所產潢井下也葭葦之所生皆蘙薈足以蒙蔽當掩搜恐有兵伏　張預曰險阻卭阜之地多生山林潢井卑下之處多產葭葦皆蘙薈可以蒙蔽必降索之恐兵伏其中又慮姦細潛隱覘我虛實聽我號令伏姦當爲兩事

敵近而靜者恃其險也

梅堯臣曰近而不動倚險故也　王晳曰恃險故不恐也

遠而挑戰者通典作敵遠而挑人者御覽同欲人之進也

杜牧曰若近以挑我則有相薄之勢恐我不進故遠也　陳皥曰敵人相近而不挑戰恃其守險也若遠而挑戰者欲誘我使進然後乘利而奮擊也　梅堯臣同陳皥註　王晳曰欲致人也挑謂摘驍敵求戰　張預曰兩軍相近而終不動者倚恃險固也兩軍相遠而數挑戰者欲誘我之進也尉繚

子曰分險者無戰心言敵人先得分險地則我勿與之戰也又曰挑戰者無全氣言相去遠則挑戰而延誘我進卽不可以全氣擊之與此法同也

其所居者易利也通典作其所處者居易利也御覽同原本作其所居易者利也按杜佑賈林諸家皆以此承上文言之不別爲一事則者字應在易字上後人以上下文比例之臆改在下耳又按注云士爭其所居者易利也者字亦在上從通典御覽改

曹公曰所居利也　杜佑曰所居利也言敵去我遠但遣輕捷欲使我前就之其所處者平利也挑徒弔反據通典御覽補　李筌曰居易之地致人之利　杜牧曰言敵不居險阻而居平易必有以便利於事也一本云士爭其所居者易利也　陳皞曰言敵人得其地利則將士爭以居之也　賈林曰敵之所居地多便利故挑我使前就已之便戰則易獲其利愼勿

從之也　梅堯臣曰所居易利故來挑我　王晳同曹公註

張預曰敵人捨險而居易者必有利也或曰敵欲人之進

故處於平易以示利而誘我也

衆樹動者來也

曹公曰斬伐樹木除道進來故動　梅堯臣同曹公註　張

預曰凡軍必遣善視者登高覘敵若見林木動搖者是斬木

除道而來也或曰不止除道亦將爲兵器也若晉人伐木益

兵是也

衆草多障者疑也

曹公曰結草爲障欲使我疑也　杜佑曰結草多障欲使我

疑稠草中多障蔽者敵必避去恐追及多作障蔽使人疑有

伏焉　杜牧曰言敵人或營壘未成或拔軍潛去恐我來追

或爲掩襲故結草使往往相聚如有人伏藏之狀使我疑而不敢進也　賈林曰自此至無約而請和節李筌注原本誤於將不重也注下結草多爲障蔽者欲使我疑之於中兵必不實欲別爲攻襲宜審備之　張預曰或敵欲追我多爲障蔽設留形而遁以避其追或欲襲我叢聚草木以爲人屯使我備東而擊西皆所以爲疑也

鳥起者伏也

曹公曰鳥起其上下有伏兵　杜佑曰下有伏兵往藏觸鳥而驚起也　李筌曰藏兵曰伏　張預曰鳥適平飛至彼忽高起者下有伏兵也

獸駭者覆也

曹公曰敵廣陳張翼來覆我也　李筌曰不意而至曰覆

杜牧曰凡敵欲覆我必由他道險阻林木之中故驅起伏獸駭逸也覆者來襲我也　陳皞曰覆者謂隱於林木之內潛來掩我候兩軍戰酣或出其左右或出其前後若驚駭伏獸也　梅堯臣曰獸驚而奔旁有覆　張預曰凡欲掩覆人者必由險阻草木中來故驚起伏獸奔駭也

塵高而銳者車來也

杜佑曰車來行疾塵相衝故高也　杜牧曰車馬行疾仍須魚貫故塵高而尖　梅堯臣曰蹄輪勢重塵必高銳　張預曰車馬行疾而勢重又轍迹相次而進故塵埃高起而銳直也凡軍行須有探候之人在前若見敵塵必馳報主將如潘黨望晉塵使騁而告是也

卑而廣者徒來也

杜牧曰步人行遲可以並列故塵低而闊也　梅堯臣曰人步低輕塵必卑廣　王晳曰車馬起塵猛步人則差緩也　張預曰徒步行緩而迹輕又行列疎遠故塵低而來

散而條達者樵採也通典御覽并作薪採也案此與李筌本同

杜佑曰塵散衍而條達各行所求據通典御覽補　李筌曰煙塵之候晉師伐齊曳柴從之齊人登山望而畏其衆乃夜遁薪來卽其義也此筌以樵採二字爲薪來字　杜牧曰樵採者各隨所向故塵埃散衍條達縱横斷絶貌也　梅堯臣曰樵採隨處塵必縱横　王晳曰條達纖微斷續之貌　張預曰分遣厮役隨處樵採故塵埃散亂而成遂道

少而往來者營軍也

杜佑曰原本作杜牧字誤耳今從通典改正欲立營壘以輕兵往來爲斥候故

塵少也　梅堯臣曰輕兵定營往來塵少　張預曰凡分柵營者必遣輕騎四面近視其地欲周知險易廣狹之形故塵微而來

辭卑而益備者進也

曹公曰其使來辭卑使間視之敵人增備也　杜牧曰言敵人使來言辭卑遜復增壘堅壁若懼我者是欲驕我使懈怠必來攻我也趙奢救閼與去邯鄲三十里增壘不進秦間來必善食遣之間以報秦將秦將果大喜曰閼與非趙所有矣奢既遣秦間乃倍道兼行掩秦不備擊之遂大破秦軍也　梅堯臣曰欲進者外則卑辭內則益備疑我也　張預曰使來辭遜敵復增備欲驕我而後進也田單守即墨燕將騎劫圍之單身操版插與士卒分功使妻妾編行伍之間散食饗

士乃使女子乘城約降燕大喜又收民金千鎰令富豪遺使
遺燕將書曰城即降願無虜掠妻妾燕人益懈乃出兵擊大破
之
辭詭而強進驅者退也原本作辭强而進驅者案曹注詭詐也杜佑注同是古本有詭字今據通典改正其御覽同今本者宋以後人改之也
曹公曰詭詐也　杜佑曰詭詐也示驅馳無所畏是知欲退
也　杜牧曰吳王夫差北征會晉定公於黃池越王句踐伐
吳吳晉方爭長未定吳王懼乃合大夫而謀曰無會而歸與
會而先晉孰利王孫雒曰必會而先之吳王曰先之若何雒
曰今夕必挑戰以廣民心乃能至也於是吳王以帶甲三萬
人去晉軍一里聲動天地晉使董褐視之吳王親對曰孤之
事君在今日不得事君亦在今日董褐曰臣觀吳王之色類

有大憂吳將毒我不可與戰乃許先歃吳王既會遂還焉

梅堯臣曰欲退者使既詞壯兵又彊進脅我也　王晳曰辭彊示進形欲我不虞其去也　張預曰使來辭壯軍又前進欲脅我而求退也秦行人夜戒晉師曰兩軍之士皆未慭也來日請相見晉臾駢曰使者目動而言肆懼我也秦果宵遁

輕車先出居其側者陳也（通典無出字按下文杜牧注引此亦有出字御覽同無者脫）

曹公曰陳兵欲戰也　杜佑曰陳兵欲戰也輕車馳車在陳側（據通典御覽補）　杜牧曰出輕車先定戰陳疆界也　賈林曰輕車前禦欲結陳而來也　張預曰輕車戰車也出軍其旁陳兵欲戰也按魚麗之陳先偏後伍言以車居前以伍次之然則是欲戰者車先出其側也

無約而請和者謀也

杜佑曰未有要約而使來請和有間謀也　李筌曰無質盟之約請和者必有謀於人田單詐騎劫紀信誑項羽即其義也　杜牧曰貞元三年吐蕃首領尚結贊因侵掠河曲遇疫癘人馬死者大半恐不得回乃詐與侍中馬燧疑懇因奏請盟會燧乃盟之時河中節度使渾瑊奏曰若國家勒兵境上以謀伐爲計蕃戎請盟亦聽信之今吐蕃無所求於國家遽請盟會必恐不實上不納渾瑊率衆二萬屯涇州平涼縣盟壇在縣西三十里五月十三日瑊率三千人會壇所吐蕃果衷甲劫盟焉　陳皥曰因盟相劫不獨國朝晉楚會於宋楚人衷甲欲襲晉晉人知之是以失信也今言無約而請和蓋總論兩國之師或侵或伐彼我皆未屈弱而無故請好和者此必敵人國內有憂危之事欲爲苟且暫安之計不然則知

我有可圖之勢欲使不疑先求和好然後乘我不備而來取也石勒之破王浚也先密爲和好又臣服於浚知浚不疑乃請修朝覲之禮浚許之及入因誅浚而滅之　梅堯臣曰無約請和必有姦謀　王晳曰無故驟請和者宜防他謀也　張預曰無故請和必有姦謀漢高祖欲擊秦軍使酈食其持重寶啗其將賈豎秦將果欲連和高祖因其怠而擊之秦師大敗又晉將李矩守滎陽劉暢以三萬人討之矩遣使奉牛酒請降潛匿精兵見其弱卒暢大饗士卒人皆醉飽矩夜襲之暢僅以身免

奔走而陳兵車者期也

杜佑曰自與偏將期也據通典御覽補　李筌曰戰有期及將用是以奔走之　杜牧曰上文輕車先出居其側者陳也蓋先出

車定戰場界立旗爲表奔走赴表以爲陳也旗者期也與民期於下也周禮大蒐曰車驟徒趨及表乃止是也　賈林曰尋常之期不合奔走必有遠兵相應有晷刻之期必欲合勢同來攻我宜速備之　梅堯臣曰立旗爲表奔以赴列　王晳曰陳而期民將來戰也　張預曰立旗爲表與民期於下故奔走以赴之周禮曰車驟徒趨及表乃止是也

半進半退者誘也

李筌曰散於前　杜牧曰僞爲雜亂不整之狀誘我使進也　梅堯臣曰進退不一欲以誘我　王晳曰詭亂形也　張預曰詐爲亂形是誘我也若吳子以囚徒示不整以誘楚師之類也

倚仗而立者原本作杖而立者按杜佑注云倚仗矛戟而立又梅氏張氏俱云倚兵而立是故書作倚仗也從通

典御覽改正飢也

杜佑曰倚仗矛戟而立者飢之意　李筌曰困不能齊　杜牧曰不食必困故杖也　梅堯臣曰倚兵而立者足見飢弊之色　王晳曰倚杖者困餒之相　張預曰凡人不食則困故倚兵器而立三軍飲食上下同時故一人飢則三軍皆然

汲而先飲者通典作汲役先飲者御覽作汲設飲者按御覽誤渴也

李筌曰汲未至先飲者士卒之渴　杜牧曰命之汲水未汲而先飲者渴也覩一人三軍可知也　梅堯臣同杜牧註　王晳曰以此見其衆行驅飢渴也　張預曰汲者未及歸營而先飲水是三軍渴也

見利而不進者勞也通典見利上有向人二字御覽同

曹公曰士卒之疲勞也　杜佑曰士疲勞也敵人來見我利

而不能擊進者疲勞也　李筌曰士卒難用也　梅堯臣曰人其困乏何利之趨　張預曰士卒疲勞不可使戰故雖見利將不敢進也

鳥集者虛也

杜佑曰敵大作營壘示我衆而鳥集止其上者其中虛也李筌曰城上有鳥師其遁也　杜牧曰設留形而遁齊與晉相持叔向曰鳥烏之聲樂齊師其遁後周齊王憲伐高齊將班師乃以柏葉爲幕燒糞壤去高齊視之二日乃知其空營追之不及此乃設留形而遁走也　陳皥曰此言敵人若去營幕必空禽鳥既無畏乃鳴集其上楚子元伐鄭將奔諜者告曰楚幕有烏乃止則知其設留形而遁也是此篇蓋孫子辯敵之情僞也　梅堯臣曰敵人既去營壘空虛鳥烏無猜

來集其上　張預曰凡敵潛退必奔營幕禽鳥見空鳴集其上楚伐鄭鄭人將奔諜告曰楚幕有烏乃止又晉伐齊叔向曰城上有烏齊師其遁此乃設留形而遁也

夜呼者恐也通典呼上有喧字

曹公曰軍士夜呼將不勇也　杜佑曰軍士夜喧呼將不勇也相驚無備者恐懼也據通典御覽補　李筌曰士卒怯而將懦故驚恐相呼　杜牧曰恐懼不安故夜呼以自壯也　陳皞曰十人中一人有勇雖九人怯懦恃一人之勇亦可自安今軍士夜呼蓋是將無勇曹說是也　孟氏同陳皞註　張預曰三軍以將爲主將無膽勇不能安衆故士卒恐懼而夜呼若晉軍終夜有聲是也

軍擾者將不重也

李筌曰將無威重則軍擾　杜牧曰言進退舉止輕佻率易無威重軍士亦擾亂也　陳皡曰將法令不嚴威容不重士因以擾亂也　梅堯臣同陳皡註　張預曰軍中多驚擾者將不持重也張遼屯長社夜軍中忽亂一軍盡擾遼謂左右勿動是必有造變者欲以動亂人耳乃令軍士安坐遼中陳而立有頃即定此則能持重也自遼中陳以下至下文惟無武進注當以正原本誤於依水草而背衆樹下今改正

旌旗動者亂也通典御覽俱無旌字

杜佑曰旌旗謬動抵東觸西傾倚者亂也　杜牧曰魯莊公敗齊于長勺曹劌請逐之公曰若何對曰視其轍亂而旗靡故逐之　梅堯臣曰旌旗輒動偃亞不次無紀律也　張預曰旌旗所以齊衆也而動搖無定是部伍雜亂也

曹公曰諄諄語貌翕翕失志貌　杜佑曰諄諄語貌又不足
貌翕翕者不真也其上失卒之心少氣之意徐言入入者與
之言安徐之貌也此將失其衆也諄章倫反翕許及反據通典御
覽補　李筌曰諄諄翕翕竊語貌士卒之心恐上則私語而言
是失衆也　杜牧曰諄諄者乏氣聲促也翕翕者顛倒失次
貌如此者憂在內是自失其衆心也　賈林曰諄諄竊議貌
翕翕不安貌徐與人言遞相問貌如此者必散失部曲也
梅堯臣曰諄諄吐誠懇也翕翕曠職事也緩言彊安恐衆離
也　王晳曰諄諄語誠懇之貌翕翕者患其上也將失人心
則衆相與語誠懇而患其上也　何氏曰兩人竊語誹議上
將者也　張預曰諄諄語也翕翕聚也徐緩也言士卒相聚
私語低緩而言以非其上是不得衆心也

數賞者窘也

孟氏曰軍實窘也恐士卒心怠故别行小惠也　杜佑曰軍不素敵數行賞欲士卒之力戰者此恐窘也渠殞反據通典御覽補　李筌曰窘則數賞以勸進　杜牧曰勢力窮窘恐衆爲叛數賞以悦之　梅堯臣曰勢窮憂叛離屢賞以悦衆　王晳曰衆窘而不和裕則數賞以悦之　張預曰勢窘則易離故屢賞以撫士

數罰者困也

杜佑曰數行刑罰者教令廢弛是困軍也據通典御覽補　李筌曰困則數罰以勵士　杜牧曰人力困弊不畏刑罰故數罰以懼之　梅堯臣曰人弊不堪命屢罰以立威　王晳曰衆困而不精勤則數罰以督之也　張預曰力困則難用故數罰

以畏衆

先暴而後畏其衆者不精之至也通典作不情之至也御覽同曹公曰先輕敵後聞其衆則心惡之也按注意則杜佑本作不情也杜佑曰先行卒暴於士卒而後欲畏己者此將不情之極也據通典御覽補李筌曰先輕後畏是勇而無剛者不精之甚也杜牧曰料敵不精之甚賈林曰教令不能分明士卒又非精練如此之將先欲彊暴伐人衆悖則懼也至儒之極也梅堯臣曰先行嚴暴後畏其衆離訓罰不精之極也王晳曰敵先行刻暴後畏其衆離爲將不精之甚也何氏曰寬猛相濟精於將事也張預曰先輕敵後畏人或曰先刻暴御下後畏衆叛已是用威行愛不精之甚故上文以數賞數罰而言也

來委謝者欲休息也

杜佑曰戰未相伏而下意氣相委謝者欲休息也　李筌曰徐前而疾後曰委謝　杜牧曰所以委質來謝此乃勢已窮或有他故必欲休息也　賈林曰氣委而言謝者欲求兩解　梅堯臣曰力屈欲休兵委質以來謝　王晳曰勢不能久　張預曰以所親愛委質來謝是勢力窮極欲休兵息戰也

兵怒而相迎久而不合又不相去必謹察之

曹公曰備奇伏也　孟氏曰備有別應　杜佑曰備奇伏也此必有間謀也據通典御覽補　李筌曰是軍必有奇伏須謹察之　杜牧曰盛怒出陳久不交刃復不解去有所待也當謹伺察之恐有奇伏旁起也　梅堯臣曰怒而來逆我久而不接戰且又不解去必有奇伏以待我此以上論敵情　張預曰勇怒而來既不合戰又不引退當密伺之必有奇伏也

兵非益多也

曹公曰權力均一云兵非貴益多　賈林曰不貴衆擊寡所貴寡擊衆　王晳曰晳謂權力均足矣不以多爲益　張預曰兵非增多於敵謂權力均也

惟無武進

曹公曰未見便也　賈林曰武不足專進專進則暴　王晳曰不可但恃武也當以計智料敵而行　張預曰武剛也未能用剛武以輕進謂未見利也

足以併力料敵取人而已

曹公曰厮養足也　李筌曰兵衆武用力均惟得人者勝也

杜牧曰言我與敵人兵力皆均惟未能用武前進者蓋未得見其人也但能於厮養之中揀擇其材亦足并力料敵而

取勝不假求於他也　陳皞曰言我兵力不多於敵又無利便可進不必他國乞師但於廝養中併力取人亦可破敵也　賈林曰雖我武勇之力而輕進足以智謀料敵併力而取敵人也　梅堯臣曰武繼也兵雖不足以繼進足以并給役廝養之力量敵而取勝也　王晳曰晳謂善分合之變者足以併力乘敵閒取勝人而已故雖廝養之輩可也況精兵乎曹說是也　張預曰兵力既均又未見便雖未足剛進足以取人於廝養之中以并兵合力察敵而取勝不必假他兵以助已故尉繚子曰天下助卒名爲十萬其實不過數萬其兵來者無不謂其將曰無爲天下先戰此言助卒無益不如已有兵法也

夫惟無慮而易敵者必擒於人

杜佑曰已無智慮而外易人者必爲人所擒據通典補　杜牧曰無有深謀遠慮但恃一夫之勇輕易不顧者必爲敵人所擒也　陳皞曰惟猶獨也此言殊無遠慮但輕敵者必爲其所擒不獨言其勇也左傳曰蜂蠆有毒而況國乎則小敵亦不可輕　王晳曰唯不能料敵但以武進則必爲敵所擒明患不在於不多也　張預曰不能料人反輕敵以武進必爲人所擒也齊晉相攻齊侯曰吾姑滅此而朝食不介馬而馳之爲晉所敗是也

卒未親附而罰之則不服不服則難用也

杜牧曰恩信未洽不可以刑罰齊之　梅堯臣曰傳上世德以至之恩以親之恩德未敷罰則不服故怨而難使　王晳曰恩信非素浹洽於人心未附也　張預曰驟居將師之位

恩信未加於民而遽以刑罰齊之則怨懟而難用故田穰苴曰臣素卑賤士卒未附百姓不信又伍參曰晉之從政者新未能行令是也

卒已親附而罰不行則不可用也

曹公曰恩信已洽若無刑罰則驕情難用也　梅堯臣曰恩德旣洽刑罰不行則驕不可用　王晳曰所謂若驕子也　張預曰恩信素洽士心已附刑罰寬緩則驕不可用也

故令之以文齊之以武

曹公曰文仁也武法也　李筌曰文仁恩武威罰　杜牧曰晏子舉司馬穰苴文能附衆武能威敵也　王晳曰吳起云總文武者軍之將兼剛柔者兵之事也

是謂必取

杜牧曰文武旣行必也取勝　梅堯臣曰令以仁恩齊以威刑恩威竝著則能必勝　張預曰文恩以悅之武威以肅之畏愛相兼故戰必勝攻必取或問曰書云威克厥愛允濟愛克厥威允罔功言先威也孫武先愛何也曰書之所稱仁人之兵也王者之於民恩德素厚人心已附及其用之惟患乎寡威也武之所陳戰國之兵也霸者之於民法令素酷人心易離及其用之惟患乎少恩也

令素行以教其民則民服通典作令素行以教其人者也令素行則人服御覽同　梅堯臣曰素舊也威令舊立教乃聽服　張預曰將令素行其民已信教而用之人人聽服

令不素行以教其民則民不服通典作令素不行則人不服御覽同　王晳曰民不素教難卒爲用　何氏曰人旣失訓安得服教

令素信著者原本作素行者按注意則故書當爲信著者從通典御覽改正與衆相得也

杜牧曰素先也言爲將居常無事之時須恩信威令先著於人然後對敵之時行令立法人人信伏韓信曰我非素得拊循士大夫所謂驅市人而戰也所以使之背水令其人人自戰以其非素受恩信威令之從也　陳皡曰晉文公始入國教其民二年欲用之子犯曰民未知義未安其居此言欲令民不苟其生也於是出定襄王此言示以事君之大義入務利民民懷生矣又將用之子犯曰民未知信未宣其用於是伐原以示之信此言在往年伐原不貪其利而守其信民易資者不求豐焉此言人無貪詐也明徵其辭公曰可矣子犯曰民未知禮未生其恭於是大蒐以示之禮及戰之時少長有禮其可用也此五者教人之本也夫令要在先申使人聽

之不惑法要在必行使人守之無輕信者也三令五申示人不惑也法令簡當議在必行然後可以與衆相得也　梅堯臣曰信服已久何事不從　王晳曰知此者始可言其并力勝敵矣　張預曰上以信使民民以信服上是上下相得也尉繚子曰令之之法小過無更小疑無申言號令一出不可反易自非大過大疑則不須更改申明所以使民信也諸葛亮與魏軍戰以寡對衆卒有當代者不留而遣之曰信不可失於是八人願留一戰遂大敗魏兵是也

孫子十家註卷九終

孫子十家註卷十

賜進士及第署山東提刑按察使司按察使兗沂曹濟黃河兵備道孫星衍　賜進士出身署萊州府知府候補同知吳人驥同校

地形篇　曹公曰欲戰審地形以立勝也　李筌曰軍出之後必有地形變動　王晳曰地利當周知險隘支挂之形也　張預曰凡軍有所行先五十里內山川形勢使軍士伺其伏兵將乃自行視地之勢因而圖之知其險易故行師越境審地形而立勝故次行軍

孫子曰地形有通者

梅堯臣曰道路交達

有挂者　通典作掛

梅堯臣曰網羅之地往必掛綴

有支者

梅堯臣曰相持之地

有隘者

梅堯臣曰兩山通谷之閒

有險者

梅堯臣曰山川邱陵也

有遠者

曹公曰此六者地之形也　杜佑曰此六地之名教民居之得便利則勝也　梅堯臣曰平陸也　張預曰地形有此六者之別也

我可以往彼可以來曰通

杜佑曰謂俱在平陸往來通利也　張預曰俱在平陸往來通達

通形者（通典作佑通地）先居高陽（通典先下有據其地三字）利糧道以戰則利

曹公曰寧致人無致於人　杜佑曰寧致人無致於人已先

據高地分爲屯守於歸來之路無使敵絶己糧道也　李筌曰先之以待敵　杜牧曰通者四戰之地須先據高陽之處勿使敵人先得而我後至也利糧道者每於津阨或敵人要衝則築壘或作甬道以護之　賈林曰通形者無有岡坡亦無要害故兩道往來處高易于望候向陽覩生通糧道便易轉運於此利於戰也　梅堯臣曰先據高陽利糧道阨敵人來至我戰則利　王晳同曹公註　何氏同杜佑註　張預曰先處戰地以待敵則致人而不致於人我雖高居面陽坐以致敵亦慮敵人不來赴戰故須使糧餉不絶然後爲利

可以往難以返曰挂

杜佑曰挂者牽掛也

挂形者（通典作曰挂者）敵無備出而勝之敵若有備（通典無若字）出而不勝難以返不利

李筌曰往難以返曰挂　杜牧曰挂者險阻之地與敵共有犬牙相錯動有挂礙也往攻敵敵若無備攻之必勝則雖與險阻相錯敵人已敗不得復邀我歸路矣若往攻敵人敵人有備不能勝之則爲敵人守險阻邀我歸路難以返也　陳皞曰不得已陷在此則須爲持久之計掠取敵人之糧以伺利便而擊之　杜佑曰敵無備出攻之勝可也有備不得勝之則難還返也　梅堯臣曰出其不意往則獲利若其有備往必受制　張預曰察知敵情果爲無備一舉而勝之則可矣若其有備出而弗克欲戰則不可畱欲歸則不得返非所利也

去也不可出攻我捨險則反爲所乘當自引去敵若來追伺其半出行列未定鋭卒攻之必獲利焉李靖兵法曰彼此不利之地引而佯去待其半出而邀擊之敵若躡我候其半出發兵擊之則利若敵人先去以誘我我不可出也

隘形者（通典者作曰）我先居之必盈之以待敵

杜佑曰盈滿也以兵陳滿隘形欲使敵不得進退也

若敵先居之盈而勿從不盈而從之

曹公曰隘形者兩山閒通谷也敵勢不得撓我也我先居之必前齊隘口陳而守之以出奇也敵若先居此地齊口陳勿從也即半隘陳者從之而與敵共此利也　杜佑曰謂齊口亦滿也如水之滿器與口齊也若我居之平易險阻皆制在我然後出奇以制敵若敵人據隘之半不知齊口滿盈之道

我則入隘以從之蓋敵亦在隘我亦在隘俱得地形勝敗在我不在地形也夫齊口盈滿之術非惟隘形獨解有口譬如平坡迴澤車馬不通舟楫不勝中有一逕亦須據其路口使敵不得進也諸可知矣　李筌曰盈平也敵先守隘我去之趙不守井陘之口韓信下之陳豨不守漳水高祖下之是也

杜牧曰盈者滿也言遇兩山之間中有通谷則須當山口爲營與兩山口齊如水之在器而盈滿也　陳皥曰隘口言陳是也言營非也　賈林曰從逐也盈實也敵若實而滿之則不可逐討若虛而無備則入而討之　梅堯臣同杜牧註

王晳同曹公註　張預曰左右高山中有平谷我先至之必齊滿山口以爲陳使敵不得進也我可以出奇兵彼不能以撓我敵若先居此地盈塞隘口而陳者不可從也若雖守

曹公曰隘形者兩山閒通谷也敵勢不得撓我也我先居之必前齊隘口陳而守之以出奇也敵若先居此地齊口陳勿從也卽半隘陳者從之而與敵共此利也

杜佑曰謂齊口亦滿也如水之滿器與口齊也若我居之平易險阻皆制在我然後出奇以制敵若敵人據隘之半不知齊口滿盈之道我則入隘以從之蓋敵亦在隘我亦在隘俱得地形勝敗在我不在地形也夫齊口盈滿之術非惟隘形獨解有口譬如平坡迴澤車馬不通舟楫不勝中有一逕亦須據其路口使敵不得進也諸可知矣　李筌曰盈平也敵先守隘我去之趙不守井陘之口韓信下之陳豨不守漳水高祖下之是也

杜牧曰盈者滿也言遇兩山之閒中有通谷則須當山

口爲營與兩山口齊如水之在器而盈滿也　陳皞曰隘口言陳是也言營非也　賈林曰從逐也盈實也敵若實而滿之則不可逐討若虛而無備則入而討之　梅堯臣同杜牧註　王晳同曹公註　張預曰左右高山中有平谷我先至之必齊滿山口以爲陳使敵不得進也我可以出奇兵彼不能以撓我敵若先居此地盈塞隘口而陳者不可從也若雖守隘口俱不滿齊者入而從之與敵共此險阻之利吳起曰無當天竈天竈者大谷之口言不可迎隘口而居之也

險形者通典者作曰我先居之必居高陽以待敵

杜佑曰居高陽之地以待敵人敵人從其下陰而來擊之則勝

若敵先居之引而去之勿從也

曹公曰地形險隘尤不可致於人　杜佑曰地險先據不可致於人也　李筌曰若險阻之地不可後於人　杜牧曰險者山峻谷深非人力所能作爲必居高陽以待敵若敵人先據之必不可以爭則當引去陽者南面之地恐敵人持久我居陰而生疾也今若於崤澠遇敵則先據北山此乃是面陰而背陽也高陽二者止可捨陽而就高不可捨高而就陽孫子乃統而言之也　梅堯臣曰先得險固居高就陽待敵則彊敵苟先之就戰則殆引去勿疑　王晳曰此亦爭地若唐太宗先據虎牢以待竇建德是也　張預曰平陸之地尚宜先據況險阨之所豈可以致於人故先處高陽以佚待勞則勝

矣若敵已據此地宜速引退不可與戰裴行儉討突厥嘗際晚下營塹壘方周忽令移就崇岡將士不悅以謂不可勞衆行儉不從速令徙之是夜風雨暴至前設營所水深丈餘將吏驚服以此觀之居高陽不惟戰便亦無水潦之患也

遠形者（通典作夫通形）勢均（通典作均勢）難以挑戰戰而不利

曹公曰挑戰者延敵也　孟氏曰兵勢既均我遠入挑則不利也　杜佑曰挑迎敵也遠形去國遠也地勢均等無獨便利先挑之戰不利也　李筌曰力敵而挑則利未可知也　杜牧曰譬如我與敵壘相去三千里若我來就敵壘而延敵欲戰者是我困敵銳故戰者不利若敵來就我壘延我欲戰者是我佚敵勞敵亦不利故

延勢均然則如何曰欲必戰者則移相近也　陳皥曰夫與敵營壘相遠兵力又均難以挑戰戰則不利故下文云勢均以一擊十曰走是也夫挑戰先須料我兵衆强弱可以形敵則爲之不然則不可輕進自取敗也　梅堯臣曰勢既均一挑戰則勞致敵則佚　王晳曰以遠致我勞也　張預曰營壘相遠勢力又均止可坐以致敵不宜挑人而求戰也

凡此六者地之道也將之至任不可不察也

李筌曰此地形之勢也將不知者以敗　賈林曰天生地形可以目察　梅堯臣曰夫地形者助兵立勝之本豈得不度也　張預曰六地之形將不可不知

故兵有走者有弛者有陷者有崩者有亂者有北者凡此

六者非天之災將之過也

賈林曰走弛陷崩亂北皆敗壞大小變易之名也　張預曰凡此六敗咎在人事

夫勢均以一擊十曰走

曹公曰不料力　李筌曰不量力也若得形便之地用奇伏之計則可矣　杜牧曰夫以一擊十之道先須敵人與我將之智謀兵之勇怯天時地利飢飽勞佚十倍相懸然後可以奮一擊十若勢均力敵不能自料以我之一擊敵之十則須奔走不能返舍復爲駐止矣　梅堯臣曰勢雖均而兵甚寡以寡擊衆必走之道也　王晳曰不待鬭而走也　張預曰勢均謂將之智勇兵之利鈍一切相敵也夫體敵勢等自不可輕戰况奮寡以

擊衆能無羞乎

卒强吏弱曰弛

曹公曰吏不能統故弛壞　杜牧曰言卒伍豪强將帥懦弱不能驅率故弛坼壞散也國家長慶初命田布帥魏以伐王廷湊布長在魏魏人輕易之數萬人皆乘驢行營布不能禁居數月欲合戰兵士潰散布自剄身死　賈林曰令之不從威之不服見敵則亂不壞何爲　梅堯臣曰吏無統率者則軍政弛壞　王晳同曹公註　何氏曰言卒伍豪强將帥懦弱不能驅領故弛坼壞散也　張預曰士卒豪悍將吏懦弱不能統轄約束故軍政弛壞也吳楚相攻吳公子光曰楚軍多寵政令不一帥賤而不能整無大威命楚可敗果大敗楚師也

吏强卒弱曰陷

曹公曰吏强欲進卒弱輒陷敗也　李筌曰陷敗也卒弱不一則難以爲戰是以强陷也　杜牧曰言欲爲攻取士卒怯弱不量其力强進之則陷沒於死地也　陳皥曰夫人皆有血氣惟無鬬敵之心若將之刑德士之訓練則人皆懦怯不可用也　賈林曰士卒皆羸鼓之不進吏强獨戰徒陷其身也　梅堯臣曰吏雖强進不能激之以勇故陷於死　王晳曰爲下所陷　張預曰將吏剛勇欲戰而士卒素乏訓練不能齊勇同奮苟用之必陷於亡敗

大吏怒而不服遇敵懟而自戰將不知其能曰崩

曹公曰大吏小將也大將怒之而不厭服忿而赴敵不量輕

重則必崩壞　李筌曰：將爲敵所怒，不料強弱，驅士卒如命者，必崩壞。　杜牧曰：春秋時，楚子伐鄭，晉師救之。伍參言於楚子曰：「晉之從政者新，未能行令。其佐先縠剛愎不仁，未肯用命。其三帥者專行不獲，聽而無上，衆無適從，此行也，晉師必敗。」晉魏錡求公族未得，而怒，欲敗晉師。請致師，不許；請使，許之。遂往請戰而還。趙旃求卿未得，請挑戰，不許；召盟，許之。與魏錡皆命而往。郤克曰：「二憾往矣，弗備必敗。」隨會曰：「若二子怒楚，楚人乘我，喪師無日矣，不如備之。」先縠曰：「不可。」隨會使鞏朔、韓穿帥七覆於敖前，故上軍不敗，而中軍、下軍果敗。七覆，七處伏兵也。敖，山名也。　陳皥曰：此大將無理而怒小將，使之心内懷不服，因緣怨怒，遇敵便戰，不顧能否，所以大敗也。　賈林曰：自上墜下曰崩。大吏小將不相壓伏，崩壞之道將又不量己之能否不知卒之勇怯强與敵鬬自取賊害豈非自上而崩乎　梅堯臣曰小將心怒而不服遇敵怨懟而不顧自取崩敗者蓋將不知其能也　王晳曰謂將怒不以理且不知裨佐之才激致其兇懟如山之崩壞也　何氏曰三軍同力上下一心則勝也　張預曰大凡百將一心三軍同力則能勝敵今小將恚怒而不服於大將之令意欲俱敗逢敵便戰不量能否故必崩覆晉伐秦荀偃行令是也曰雞鳴而駕唯余馬首是瞻欒書怒曰晉國之命未是有也遂棄之歸又趙穿惡臾駢而逐秦魏錡怒晉師而乘楚

將弱不嚴教道不明吏卒無常陳兵縱橫曰亂

曹公曰爲將若此亂之道也　李筌曰將或有一於此亂之道也　杜牧曰言吏卒皆不拘常度故引兵出陳或縱或橫

皆自亂之也　賈林曰威令既不嚴明士卒則無常禀如此軍幕不亂何爲謂將無嚴令賞罰不行之故　梅堯臣曰懦而不嚴則士無常檢教而不明則出陳縱横不整亂之道也　王晳曰亂者不勝其敗　張預曰將弱不嚴謂將帥無威德也教道不明謂教閱無古法也吏卒無常謂將臣無久任也陳兵縱横謂士卒無節制也爲將若此自亂之道

將不能料敵以少合衆以弱擊强兵無選鋒曰北

曹公曰其勢若此必走之兵也　李筌曰軍敗曰北不料敵也　杜牧曰衛公李靖兵法有戰鋒隊言揀擇敢勇之士每戰皆爲先鋒司馬法曰選良次兵益人之强註曰勇猛勁捷戰不得功後戰必選於前當以激致其鋭氣也東晉大將軍謝元北鎮廣陵時苻堅强盛元多募勇勁劉牢之何謙諸葛

侃高衡劉軌田洛孫無終等以驍猛應募元以牢之領精銳爲前鋒百戰百勝號爲北府兵敵人畏之所向必克也　賈林曰兵鋒不選利鈍士卒不知勇怯如此用兵自取北道也　梅堯臣曰不能量敵情以少當衆不能選精銳以弱擊强皆奔北之理也　何氏曰夫士卒疲勇不可混同爲一一則勇士不勸疲兵因有所容出而不戰自敗也故兵法曰兵無選鋒曰北昔齊以伎擊强魏以武卒奮秦以銳士勝漢有三河俠士劍客奇材吳謂之解煩齊謂之決命唐謂之跳盪是皆選鋒之別名也兵之勝術無先於此凡軍衆既具則大將勒諸營各選精銳之士須趫健出衆武藝軼格者部爲別隊大約十人選一人萬人選千人所選務寡要在必當擇腹心健將統率自大將親兵前鋒奇伏之類皆品量配之也　張

預曰設若奮寡以擊衆驅弱以敵強又不選驍勇之士使爲先鋒兵必敗北也凡戰必用精銳爲前鋒者一則壯吾志一則挫敵威也故尉繚子曰武士不選則衆不強曹公以張遼爲先鋒而敗鮮卑謝元以劉牢之領精銳而拒苻堅是也

凡此六者敗之道也

陳皞曰一曰不量寡衆二曰本乏刑德三曰失於訓練四曰非理興怒五曰法令不行六曰不擇驍果此名六敗也

將之至任不可不察也

張預曰已上六事必敗之道

夫地形者兵之助也

孟氏曰地利待人而險　杜牧曰夫兵之主在於仁義節制而已若此地形可以爲兵之助所以取勝也助一作易　陳

皥曰天時不如地利　賈林曰戰雖在兵得地易勝故曰兵之易也山可障水可灌高勝卑險勝平也　王晳曰兵道則在人　張預曰能審地形者兵之助耳乃末也料敵制勝者兵之本也

料敵制勝計險阸遠近通典作計極險易利害遠近御覽同上將之道也

杜牧曰饋用之費人馬之力攻守之便皆在險阸遠近也言若能料此以制敵乃爲將臻極之道　王晳曰料敵窮極之情險阸遠近之利害此兵道也　何氏曰知敵知地將軍之職　張預曰旣能料敵虛實强弱之情又能度地險阸遠近之形本末皆知爲將之道畢矣

知此而用戰者必勝不知此而用戰者必敗

杜牧曰謂知險阸遠近也　梅堯臣曰將知地形又知軍政

則勝不知則敗　張預曰旣知敵情又知地利以戰則勝俱不知之以戰卽敗

故戰道必勝主曰無戰必戰可也戰道不勝主曰必戰無戰可也

孟氏曰寧違於君不逆士衆　李筌曰得戰勝之道必戰可也失戰勝之道必無戰可也立主人者發其行也　杜牧曰主者君也黃石公曰出軍行師將在自專進退內御則功難成故聖主明王跪而推轂曰閫外之事將軍裁之　梅堯臣曰將在軍君命有所不受　張預曰苟有必勝之道雖君命不戰可必戰也苟無必勝之道雖君命必戰可不戰也與其從令而敗事不若違制而成功故曰軍中不聞天子之詔

故進不求名退不避罪

王晳曰皆忠以爲國也　何氏曰進豈求名也見利於國家士民則進也退豈避罪也見其蹙國殘民之害雖君命使進而不進罪及其身不悔也

唯民是保而利合於主國之寶也

李筌曰進退皆保人非爲身也　杜牧曰進不求戰勝之名退不避違命之罪也如此之將國家之珍寶言其少得也　陳皥曰合猶歸也　梅堯臣曰寧違命而取勝勿順命而致敗　王晳曰戰與不戰皆在保民利主而已矣　張預曰進退違命非爲己也皆所以保民命而合主利此忠臣國家之寶也

視卒如嬰兒故可與之赴深谿視卒如愛子故可與之俱死

李筌曰若撫之如此得其死力也故楚子一言三軍之士皆

如挾纊也　杜牧曰戰國時吳起爲將與士卒最下者同衣食卧不設席行不乘騎親裹贏糧與士卒分勞苦卒有病疽吳起吮之其卒母聞而哭之或問曰子卒也而將軍自吮疽何爲而哭母曰往年吳公吮其父其父不旋踵而死於敵今復吮此子妾不知其死所矣　梅堯臣曰撫而育之則親而不離愛而勞之則信而不疑故雖死與死雖危與危　王晳曰以仁恩結人心也　何氏曰如後漢段熲爲破羌將軍以征西羌行軍仁愛士卒傷者親自瞻省手爲裹瘡在邊十餘年未嘗一日蓐寢與將士同苦故皆樂爲死戰也晉王濬爲巴郡太守郡邊吳境兵士苦役生男多不舉濬乃嚴其科條寬其徭役課其產育皆與休復所全活者數千人及後伐吳先在巴郡之所全活者皆堪徭役供軍其父母戒之曰王府

教亂法而不治猶如驕子安得而用也　王晳曰恩不以嚴未可濟也　何氏曰言恩不可純任純任則還爲己害　張預曰恩不可以專用罰不可以獨行專用恩則卒如驕子而不能使此曹公所以割髮而自刑卧龍所以垂涕而行戮楊素所以流血盈前而言笑自若李靖所以十殺其三使畏我而不畏敵也獨行罰則士不親附而不可用此古將所以投酒楚子所以挾纊吳起所以分衣食闔閭所以同勞佚也在易之師初六曰師出以律謂齊衆以法也九二曰師中承天寵謂勸士以賞也以此觀之王者之兵亦德刑參任而恩威並行矣尉繚子曰不愛悅其心者不我用也不嚴畏其心者不我舉也故善將者愛與畏而已

知吾卒之可以擊而不知敵之不可擊勝之半也

梅堯臣曰知已而不知彼或有勝耳

知敵之可擊而不知吾卒之不可以擊勝之半也

杜牧曰可擊者勇敢輕死也不可擊者頓弊怯弱也　陳皡曰此說非也可擊不可擊者所謂兵衆孰强士卒孰練賞罰孰明也　梅堯臣曰知彼而不知已或有勝耳　王晳曰知已不知彼知彼不知已皆未可以決勝也　張預曰或知已而不知彼或知彼而不知已則有勝有負也唐太宗曰吾嘗臨陳先料敵心與已之心孰審然後我可得而知焉察敵氣與已之氣孰治然後我可得而知焉言料心審治亂察氣見强弱形也可戰與不可戰也

知敵之可擊知吾卒之可以擊而不知地形之不可以戰勝之半也

曹公李筌曰勝之半者未可知也　杜牧曰地形者險易遠近出入迂直也　梅堯臣曰知彼知已而不知地形亦或不勝　王晳曰雖知彼已可以戰然不可虧地利也　張預曰既知已而又知彼但不得地形之助亦不可全勝

故知兵者動而不迷舉而不窮通典不窮作不頓御覽同按注曰一云不頓是也

杜牧曰未動未舉勝負已定故動則不迷舉則不窮也一云動而不困舉而不頓　陳皡曰窮者困也我若識彼此之動否量地形之得失則進而不迷戰而不困者也　梅堯臣曰無所不知則動不迷闇舉不困窮也　王晳曰善計者不迷善軍者不窮　張預曰不妄動故動則不誤不輕舉故舉則不困識彼我之虛實得地形之便利而後戰也

故曰知彼知已勝乃不殆

張預曰曉攻守之術則有勝而無危

知地知天原本作知天知地按上文云知敵之可擊知吾卒之可以擊故此云知彼知己也上文又云不知地形之不可以戰蓋地形者兵之助故孫子亟言之也從通典及杜佑注改正勝乃可全原本作勝乃不窮按舉而不窮者謂窮困也此云勝不可以窮言也上文諸言勝之半也故此云可全以足其義所謂全勝全字與天爲韻從通典及杜佑注改正

杜佑曰知地之便知天之時地之便依險阻向高陽也天之時順寒暑法刑德也旣能知彼知己又按地形法天道勝乃可全又何難也　李筌曰人事天時地利三者同知則百戰百勝　梅堯臣曰知彼利知此利故不危知天時知地形故不極　王晳同梅堯臣註　張預曰順天時得地利取勝無極

孫子十家註卷十一

賜進士及第署山東提刑按察使司按察使分巡兗沂曹濟黃河兵備道孫星衍 賜進士出身署萊州府知府候補同知吳人驥同校

九地篇

曹公曰欲戰之地有九 李筌曰勝敵之地有九故次地形之下 王晳曰用兵之地利害有九也 張預曰用兵之地其勢有九此論地勢故次地形

孫子曰用兵之法有散地有輕地有爭地有交地有衢地有重地有圮地有圍地有死地

曹公曰此九地之名也 張預曰此九地之名

諸侯自戰其地爲散地

曹公曰士卒戀土道近易散 杜佑曰戰其境内之地士卒意不專有潰散之心故曰散地 李筌曰卒恃土懷妻子急則散是爲散地 杜牧曰士卒近家進無必死之心退有歸投之處 梅堯臣同杜牧註 王晳同曹公註 何氏曰散

地士卒恃土懷戀妻子急則散走是爲散地一曰地無關鍵士卒易散走居此地者不可數戰又曰地遠四平更無要害志意不堅而易離故曰散地吳王問孫武曰散地士卒顧家不可與戰則必固守不出若敵攻我小城掠吾田野禁吾樵採塞吾要道待吾空虛而急來攻則如之何武曰敵人深入吾都多背城邑士卒以軍爲家專志輕鬥吾兵在國安土懷生以陳則不堅以鬥則不勝當集人合衆聚穀蓄帛保城備險遣輕兵絕其糧道彼挑戰不得轉輸不至野無所掠三軍困餒因而誘之可以有功若欲野戰則必因勢依險設伏無險則隱於天氣陰晦昏霧出其不意襲其懈怠可以有功

張預曰戰於境內士卒顧家是易散之地也鄖人將伐楚師鬥廉曰鄖人軍其郊必不誡恃近其城莫有鬥志果爲楚所

敗是也

入人之地而不深者爲輕地

曹公曰士卒皆輕返也　杜佑曰入人之地未深意尙未專輕走謂之輕地據通典補　李筌曰輕於退也　杜牧曰師出越境必焚舟梁示民無返顧之心　梅堯臣曰入敵未遠道近輕返　王晳曰初涉敵境勢輕士未有鬥志也　何氏曰輕地者輕於退也入敵境未深往輕返易不可止息將不得數動勞入吳王問孫武曰吾至輕地始入敵境士卒思還難進易退未背險阻三軍恐懼大將欲進士卒欲退上下異心敵守其城壘整其車騎或當吾前或擊吾後則如之何武曰軍至輕地士卒未專以入爲務無以戰爲故無近其名城無由其通路設疑佯惑示若將去乃選驍騎啣枚先入掠其牛馬

六畜三軍見得進乃不懼分吾良卒密有所伏敵人若來擊之勿疑若其不至捨之而去又曰軍入敵境敵人固壘不戰士卒思歸欲退且難謂之輕地當選驍騎伏要路我退敵追來則擊之也　張預曰始入敵境士卒思還是輕返之地也尉繚子曰征役分軍而歸或臨戰自北則逃傷甚焉言民兵四集分屯占地使北來者當北道則多逃以其開之耳

我得則利彼得亦利者爲爭地

曹公曰可以少勝衆弱勝強　杜佑曰謂山水阨口有險固之利兩敵所爭　李筌曰此阨喉守險地先居者勝是爲爭地也　杜牧曰必爭之地乃險要也前秦苻堅先遣大將吕光討西域堅敗績後光自西域還師至宜禾堅凉州刺史梁熙謀拒之高昌太守楊翰曰吕光新定西國兵强氣鋭其鋒

不可當若出流沙其勢難測高梧谷口險要宜先守之而奪其水彼旣困竭人自然投戈如以爲遠不可守伊吾之關亦可拒之若廢此二要難爲計矣地有所必爭眞此機也熙不從竟爲先所滅也　陳皥曰彼我若先得其地者則可以少勝衆弱勝强也　梅堯臣曰無我無彼先得則利　王晳同陳皥註　何氏曰爭地便利之地先居者勝是以爭之吳王問孫武曰敵若先至據要保利簡兵練卒或出或守以備我奇則如之何武曰爭地之法先據爲利敵得其處愼勿攻之引而佯走建旗鳴鼓趣其所愛曳柴揚塵惑其耳目分吾良卒密有所伏敵必出救人欲我與人棄我取此爭先之道也若我先至而敵用此術則選吾銳卒固守其所輕兵追之分伏險阻敵人還鬥伏兵旁起此全勝之道　張預曰險固之

云先至得其國助晳謂先至者結交先至也言天下者謂能廣功則天下可從　何氏曰衢地者地要衝控帶數道先據此地衆必從之故得之則安失之則危也吳王問孫武曰衢地必先若吾道遠發後雖馳車驟馬至不能先則如之何武曰諸侯三屬其道四通我與敵相當而旁有他國所謂先者必重幣輕使約和旁國交親結恩兵雖後至衆已屬矣我有衆助彼失其黨諸國犄角震鼓齊攻敵人驚恐莫知所當　張預曰衢者四通之地我所敵者當其一面而旁有鄰國三面相連屬當往結之以爲己援先至者謂先遣使以重幣約和旁國也兵雖後至已得其國助矣

入人之地深背城邑多者爲重地通典城邑多下有難以返三字

曹公曰難返之地　杜佑曰難返還也背去也背與倍同多

道里多也遠去已城郭深入敵地心專意一謂之重地也　李筌曰堅志也白起攻楚樂毅伐齊皆爲重地　杜牧曰入人之境已深過人之城已多津梁皆爲所恃要衝皆爲所據還師返旆不可得也　梅堯臣曰乘虛而入涉地愈深過城已多津要絕塞故曰重難之地　王晳曰兵至此者事勢重也　何氏曰重地者入敵已深國糧難應資給將士不掠何取吳王問孫武曰吾引兵深入重地多所踰越糧道絕塞設欲歸還勢不可過欲食於敵持兵不失則如之何武曰凡居重地士卒輕勇轉輸不通則掠以繼食下得粟帛皆貢於上多者有賞士無歸意若欲還出即爲戒備深溝高壘示敵且久敵疑通途私除要害之道乃令輕車銜枚而行揚其塵埃以牛馬爲餌敵人若出鳴鼓隨之陰伏吾士與之中期內外

相應其敗可知也　張預曰深涉敵境多過敵城士卒心專無有歸志此難退之地也司馬景王謂諸葛恪卷甲深入其鋒不可當是也

行山林險阻沮澤凡難行之道者爲圮地

曹公曰少固也　杜佑曰少固也沮洳之地圮音皮美反據通典補　賈林曰經水所毀曰圮沮洳圮地不得久留宜速去也　梅堯臣曰水所毀圮行則猶難況戰守乎　何氏曰圮地者少固之地也不可爲城壘溝隍宜速去之吳王問孫武曰吾入圮地山川險阻難從之道行久卒勞敵在吾前而伏吾後營居吾左而守吾右良車驍騎要吾隘道則如之何武曰先進輕車去軍十里與敵相候接期險阻或分而左或分而右大將四觀擇空而取皆會中道倦而乃止　張預曰險阻

漸洳之地進退艱難而無所依

所由入者隘所從歸者迂彼寡可以擊吾之衆者爲圍地

杜佑曰所從入阸險歸道遠也持久則糧乏故敵可以少擊吾衆者爲圍地也　李筌曰舉動難也　杜牧曰出入艱難易設奇伏覆勝也　梅堯臣曰山川圍繞入則隘歸則迂也　何氏曰圍地入則隘險歸則迂回進退無從雖衆何用能爲奇變此地可由吳王問孫武曰吾入圍地前有强敵後有險難敵絶我糧道利我走勢敵鼓譟不進以觀吾能則如之何武曰圍地之宜必塞其闕示無所往則以軍爲家萬人同心三軍齊力并炊數日無見火煙故爲毀亂寡弱之形敵人見我備之必輕則告勵士卒令其奮怒陳伏良卒左右險阻擊鼓而出敵人若當疾擊務突我則前鬥後拓左右犄角也

又曰敵在吾圍伏而深謀示我以利縈我以旗紛紜若亂不知所之奈何武曰千人操旌分塞要道輕兵進挑陳而勿搏交而勿去此敗謀之法　張預曰前狹後險之地一人守之千人莫向則以奇伏勝

疾戰則存不疾戰則亡者爲死地

曹公曰前有高山後有大水進則不得退則有礙　杜佑曰前有高山後有大水進不得前退則有阻礙又乏絕糧故爲死地在死地者當及士卒尚飽強志殊死戰故可以俱免也據通典補　李筌曰阻山背水食盡利速不利緩也　杜牧曰衛公李靖曰我有進軍行師不因鄉導陷於危敗爲敵所制左谷右山束馬懸車之逕前窮後絕鴈行魚貫之嚴兵陳未整而強敵忽臨進無所息退無所固求戰不得自守莫安駐則

曰月稽留動則首尾受敵野無水草軍乏資糧馬困人疲智窮力極一人守隘萬夫莫向如彼要害敵皆據之如此之利我已失守縱有驍兵利器亦何以施其用乎若此死地疾戰則存不疾戰則亡當須上下同心併氣一力抽腸濺血一死於前因敗爲功轉禍爲福此乃是也　陳皥曰人在死地如坐漏船伏燒屋　賈林曰左右高山前後絕澗外來則易內出則難誤居此地速爲死戰則生若待士卒氣挫糧儲又無而持久不死何待　梅堯臣曰前不得進後不得退旁不得走不得不速戰也　何氏曰死地力戰或生守隅則死吳王問孫武曰吾師出境軍於敵人之地敵人大至圍我數重欲突以出四塞不通欲勵士激衆使之投命潰圍則如之何武曰深溝高壘示爲守備安靜勿動以隱吾能告令三軍示不

杜佑曰志未堅不可遇敵　李筌曰恐逃　杜牧曰兵法之所謂輕地云者出軍行師始入敵境未背險要士卒思還難進易退以入爲難故曰輕地也當必選精騎密有所伏敵人卒至擊之勿疑若是不至踰之速去　梅堯臣曰始入敵境未背險阻士心不專無以戰爲勿近名城勿由通路以速進爲利　王晳曰無敵不可止也　張預曰士卒輕返不可輒留吳王曰士卒思還難進易退未背險阻三軍恐懼則如之何武曰軍在輕地士卒未專以入爲務無以戰爲故無近其名城無由其通路設疑佯惑示若將去乃選精騎銜枚先入掠其六畜三軍見得進乃不懼分吾良卒密有所伏敵人若來擊之勿疑若其不至捨之而去

爭地則無攻

曹公曰不當攻當先至爲利也　杜佑曰三道攻當先至得其地者不可攻（據通典補）　李筌曰敵先居地險不可攻　杜牧曰無攻者[redacted]已先得其地則不可攻[redacted]曰敵居形勝之地先據乎利而我不得其處則不可攻　張預曰我欲往而爭之而敵已先至也吳王曰敵若先至據要保利簡兵練卒或出或守以備我奇則如之何武曰爭地之法讓之者得求之者失敵得其處慎勿攻之引而佯走建旗鳴鼓趣其所愛曳柴揚塵惑其耳目分吾良卒密有所伏敵必出救人欲我與人棄我取此爭先之道也若我先至而敵用此術則選吾銳卒固守其所輕兵追之分伏險阻敵人還鬭伏兵旁起此全勝之道也

交地則無絕（通典作無相絕）

曹公曰相及屬也　杜佑曰相及屬也俱可進退不可以兵絕之　李筌曰不可絕間也　杜牧曰川廣地平四面交戰須車騎部伍首尾聯屬不可使斷絕恐敵人因而乘我　賈林曰可以交結不可杜絕絕之致隙　梅堯臣曰道既錯通恐其邀截當令部伍相及不可斷也　王晳曰利糧道也交相往來之地亦謂之通地居高陽以待敵宜無絕糧道　張預曰往來交通不可以兵阻絕其路當以奇伏勝也吳王曰交地吾將絕敵使不得來必令吾邊城修其守備深絕通道固其隘塞若不先圖之敵人已備彼可得而來吾不得而往衆寡又均則如之何武曰吾既不可以往彼可以來則分卒匿之守而易怠示其不能敵人且至設伏隱廬出其不意

衢地則合交原本作交合從通典改正

曹公曰結諸侯也　孟氏曰得交則安失交則危也　杜佑曰交結於諸侯據通典補　李筌曰結行也　杜牧曰諸侯之交又云旁國也　梅堯臣曰地處四通何以得天下之助當以重幣合交　王晳曰四通之境非交援不強　張預曰四通之地先結交旁國也吳王曰衢地貴先若吾道遠而發後雖馳車驟馬至不得先則如之何武曰諸侯三屬其道四通我與敵相當而旁有他國所謂先者必重幣輕使約和旁國交親結恩兵雖後至衆已屬矣簡兵練卒阻利而處我有衆助彼失其黨諸國犄角敵人莫當

重地則掠

曹公曰畜積糧食也　孟氏曰因糧於敵也　杜佑曰蓄積糧食入深士卒堅固則可掠取財物據通典補　李筌曰深入敵

境不可非義失人心如漢高祖入秦無犯婦女無取寶貨得人心也此筌以掠字爲無掠字　杜牧曰言居於重地進未有利退復不得則須運糧爲持久之計以伺敵也　梅堯臣曰去國既遠多背城邑糧道必絶則掠畜積以繼食　王晳曰深入敵境則掠饒野以豐儲也難地食少則危　張預曰深入敵境饋餉不繼當勵士掠食以備其乏也吳王曰重地多逾城邑糧道絶塞設欲歸還勢不可過則如之何武曰凡居重地士卒輕勇轉輸不通則掠以繼食下得粟帛皆貢於上多者有賞若欲還出深溝高壘示敵且久敵疑通途私除要害乃令輕車銜枚而行揚其塵埃餌以牛馬敵人若出鳴鼓隨之陰伏吾士與之中期內外相應其敗可知

圮地則行

曹公曰無稽留也　杜佑曰無稽留不可止據通典補　李筌曰不可爲溝隍宜急去之　梅堯臣曰既毀圮不可依止則當速行勿稽留也　王晳曰合聚軍衆圮無舍止　張預曰難行之地則不可稽留也吳王曰山川險阻難從之道行久卒勞敵在吾前而伏吾後營居吾左而守吾右良車驍騎要吾險道則如之何武曰先進輕車去軍十里與敵相候接期險阻或分而左或分而右大將四觀擇空而取皆會中道倦而乃止

圍地則謀

曹公曰發奇謀也　杜佑曰發奇謀也居此則當權謀詐譎可以免難　李筌曰智者不困　杜牧曰難阻之地與敵相持須用奇險詭譎之計　梅堯臣曰前有隘後有險歸道又

迂則發謀慮以取勝　張預曰難以力勝易以謀取也吳王曰前有强敵後有險難敵絶我糧道利我走勢彼鼓譟不進以觀吾能則如之何武曰圍地必塞其闕示無所往則以軍爲家萬人同心三軍齊力并炊數日無見火煙故爲毁亂寡弱之形敵人見我備之必輕則告勵士卒令其奮怒陳伏良卒左右險阻擊鼓而出敵人若當疾擊務突我則前鬭後拓左右犄角

死地則戰

曹公曰殊死戰也　李筌曰殊死戰不求生也　陳皞曰陷在死地則軍中人人自戰故曰置之死地而後生也　賈林曰力戰或生守隅則死　梅堯臣曰前後左右無所之示必死人人自戰也　張預曰陷在死地則人自爲戰吳王曰敵

人大至圍我數重欲突以出四塞不通欲勵士激衆使之投命則如之何武曰深溝高壘安靜勿動告令三軍示不得已殺牛燔車以饗吾士燒盡糧食填夷井竈割髮捐冠絕去生慮砥甲礪刃并氣一力或攻兩旁震鼓疾譟敵人亦懼莫知所當銳卒分行疾攻其後此是失道而求生故曰困而不謀者窮窮而不戰者亡

所謂古之善用兵者能使敵人前後不相及

梅堯臣曰設奇衝掩

衆寡不相恃

梅堯臣曰驚撓之也

貴賤不相救

梅堯臣曰散亂也

上下不相扶原本作救從御覽改正

梅堯臣曰倉惶也

卒離而不集兵合而不齊

孟氏曰多設疑事出東見西攻南引北使彼狂惑散擾而集聚不得也　李筌曰設變以疑之救左則擊其右惶亂不暇計　杜牧曰多設變詐以亂敵人或衝前掩後或驚東擊西或立僞形或張奇勢或則無形以合戰敵則必備而衆分使其意懾離散上下驚擾不能和合不得齊集此善用兵也

梅堯臣曰或已離而不能合或雖合而不能齊　王晳曰將有優劣則然要在於奇正相生手足相應也　張預曰出其不意掩其無備驍兵銳卒猝然突擊彼救前則後虛應左則右隙使倉皇散亂不知所禦將吏士卒不能相赴其卒已散

而不復聚其兵雖合而不能一

合於利而動不合於利而止

曹公曰暴之使離亂之使不齊動兵而戰　李筌曰撓之令見利乃動不亂則止　梅堯臣曰然能使敵若此當須有利則動無利則止　張預曰彼雖驚擾亦當有利則動無利則止

敢問敵衆整而將來待之若何

曹公曰或問也　梅堯臣曰此設疑以自問言敵人甚衆將又嚴整我何以待之耶　張預曰前所陳者須兵衆相敵然後可爲故或人問於我而又整肅則以何術待之也

曰先奪其所愛則聽矣

曹公曰奪其所恃之利若先據利地則我所欲必得也　李

筌曰孫子故立此問者以此爲秘要也所謂愛謂敵所便愛也或財帛子女吾先困辱之則敵進退皆聽也　杜牧曰據我便地畧我田野利其糧道斯三者敵人之所愛惜倚恃者也若能俱奪之則敵人雖强進退勝敗皆須聽我也　陳皥曰愛者不止所恃利但敵人所顧之事皆可奪也　梅堯臣曰當先奪其所顧愛則我志得行然後使其驚撓散亂無所不至也　王晳曰先據利地以奇兵絕其糧道則如我之謀也　張預曰武曰敵所愛者便地與糧食耳我先奪之則無不從我之計

兵之情主速乘人之不及由不虞之道攻其所不戒也

曹公曰孫子應難以覆陳兵情也　李筌曰不虞不戒破敵之速　杜牧曰此統言兵之情狀以乘敵間隙由不虞之道

攻其不戒之處此乃兵之深情將之至事也　陳皥曰此言乘敵人有不及不虞不戒之便則須速進不可遲疑也蓋孫子之旨言用兵貴疾速也　梅堯臣曰兵機貴速當乘人之不備乘人之不備者行不虞之道攻不戒之所也　王晳曰兵上神速奪愛猶當然也　何氏曰如蜀將孟達之降魏魏朝以達領新城太守達復連吳固蜀潛圖中國謀洩司馬宣王秉政恐達速發以書紿達以安之達得書猶預不決宣王乃潛軍進討諸將皆言達與二賊交構宜審察而後動宣王曰達無信義此其相疑之時也當及其未定往討之乃倍道兼行八日到其城下吳蜀各遣其將向西城安橋木闌塞以救達宣王分諸將拒之初達與諸葛亮書曰宛去洛八百里去吾一千一百里聞吾舉事當表上天子比相反覆一月間

也則吾城已固諸軍足辦所在深險司馬公必不自來諸侯來吾無患矣及兵到達又告亮曰吾舉事八日而兵至城下何其神速也上庸城三面阻水達於城下爲木柵以自固宣王渡水破其柵直造城下八道攻之旬有六日達甥鄧賢將李輔等開門出降遂斬達李靖征蕭銑集兵於夔州銑以時屬秋潦江水泛漲三峽路陷必謂靖不能進遂休兵不設備九月靖乃率師而進將下峽諸將皆請停兵待水退靖曰兵貴神速機不可失今兵始集銑尙未知若乘水漲之勢倏忽至城下所謂疾雷不及掩耳此兵家上策縱彼知我倉卒徵兵無以應敵此必成擒也遂降蕭銑衛公兵法曰兵用上神戰貴其速簡練士卒申明號令曉其目以麾幟習其耳以鼓金嚴賞罰以誡之重芻豢以養之浚溝壍以防之指山川以

導之召才能以任之述奇正以教之如此則雖敵人有雷電之疾而我則有所待也若兵無先備則不應卒卒不應則失於機失於機則後於事後於事則不制勝而軍覆矣故呂氏春秋云凡兵者欲急捷所以一決取勝不可久而用之矣或曰兵之情雖主速乘人之不及然敵將多謀戎卒輯睦令行禁止兵利甲堅氣銳而嚴力全而勁豈可速而犯之邪答曰若此則當卷跡藏聲蓄盈待竭避其鋒勢與其持久安可犯之哉廉頗之拒白起守而不戰宣王之抗武侯抑而不進是也　張預曰復[redacted]或八曰用兵之理惟尚神速所貴乎速者乘人之倉卒使不及為備也出兵於不虞之徑以掩其不戒故敵驚擾散亂而前後不相及衆寡不相待也

凡為客之道深入則專主人不克

李筌曰夫爲客深入則志專主人不能禦也　杜牧曰言大凡爲攻伐之道若深入敵人之境士卒有必死之志其心專一主人不能勝我也克者勝也　梅堯臣曰爲客者入人之地深則士卒專精主人不能克我　張預曰深入敵境士卒心專則爲主者不能勝也客在重地主在輕地故耳故趙廣武君謂韓信去國遠鬬其鋒不可當是也

掠於饒野三軍足食

王晳曰饒野多稼穡

謹養而勿勞併氣積力運兵計謀爲不可測

曹公曰養士併氣運兵爲不可測度之計　李筌曰氣盛力積加以謀慮則非敵之可測　杜牧曰斯言深入敵人之境須掠田野使我足食然後閉壁養之勿使勞苦氣全力盛一

發取勝動用變化使敵人不能測我也　陳皞曰所處之野須水草便近積蓄不乏謹其來往善撫士卒王翦伐楚楚人挑戰翦不出勤於撫御并兵一力聞士卒投石爲戲知其養勇思戰然後用之一舉遂滅楚但深入敵境未見可勝之利則須爲此計　梅堯臣曰掠其富饒以足軍食息人之力并兵爲不可測之計　王晳曰謹養謂撫循飲食周謹之也并銳氣積餘力形藏謀密使敵不測俟其有可勝之隙則進之　張預曰兵在重地須掠糧於富饒之野以豐吾食乃堅壁自守勤撫其士卒勿任以勞苦令氣盛而力全常爲不可測度之計伺敵可擊則一舉而克王翦伐荆常用此術

投之無所往死且不北

李筌曰能得其力者投之無往之地　杜牧曰投之無所往

謂前後進退皆無所之士以此皆求力戰雖死不北也　梅堯臣曰置在必戰之地知死而不退走　張預曰置之危地左右前後皆無所往則守戰至死而不奔北矣

死焉不得

曹公曰士死安不得也　孟氏曰士死無不得也　杜牧曰言士必死安有不得勝之理　梅堯臣曰兵焉得不用命　張預曰士卒死戰安不得志尉繚子曰一賊仗劒擊於市萬人無不避之者非一人之獨勇萬人皆不肖也必死與必生不侔也

士人盡力

曹公曰在難地心并也　梅堯臣曰士安得不竭力以赴戰　王晳曰人在死地豈不盡力　何氏曰獸困猶鬥鳥窮則

喙況靈萬物者人乎　張預曰同在難地安得不共竭其力

兵士甚陷則不懼

杜牧曰陷于危險勢不獨死三軍同心故不懼也　梅堯臣同杜牧註　王晳曰陷之難地則不懼不懼則鬥志堅也　張預曰陷在危亡之地人持必死之志豈復畏敵也

無所往則固深入則拘

曹公曰拘縛也　李筌曰固堅也　杜牧曰往走也言深入敵境走無生路則人心堅固如拘縛者也　梅堯臣曰投無所往則自然心固入深則自然志專也　張預曰動無所之人心堅固兵在重地走無所適則如拘係也

不得已則鬥

曹公曰人窮則死戰也　李筌曰決命　杜牧曰不得已者

皆疑陷在死地必不生以死救死盡不得已也則人皆悉力而鬥也　梅堯臣何氏同杜牧註　張預曰勢不獲已須力鬥也

是故其兵不修而戒不求而得不約而親不令而信

曹公曰不求索其意自得力也　孟氏曰不求其勝而勝自得也　李筌曰投之必死不令而得其用也　杜牧曰此言兵在死地上下同志不待修整而自戒懼不待收索而自得心不待約令而自親信也　梅堯臣曰不修而兵自戒不索而情自得不約而衆自親不令而人自信皆所以陷於危難故三軍同心也　王晳曰謂死難之地人心自然故也　張預曰危難之地人自同力不修整而自戒慎不求索而得情意不約束而親上不號令而信命所謂同舟而濟則吳越何

患乎異心也

禁祥去疑至死無所之

曹公曰禁妖祥之言去疑惑之計[illegible]一本作至死無所災

李筌曰妖祥之言疑惑之事而禁之故無所災　杜牧曰黃石公曰禁巫祝不得爲吏士卜問軍之吉凶恐亂軍士之心言既去疑惑之路則士卒至死無有異志也　梅堯臣曰妖祥之事不作疑惑之言不入則軍士必不亂死而後已　王晳曰災祥神異有以惑人則禁止之　張預曰欲士死戰則禁止軍吏不得用妖祥之事恐惑衆也去疑惑之計則至死無他慮司馬法曰滅厲祥此之謂也倘士卒未有必戰之心則亦有假妖祥以使衆者田單守卽墨命一卒爲神每出入約束必稱神遂破燕是也

吾士無餘財非惡貨也無餘命非惡壽也

曹公曰皆燒焚財物非惡貨之多也棄財致死者不得已也　杜牧曰若有財貨恐士卒顧戀有苟生之意無必死之心也　梅堯臣曰不得已竭財貨不得已盡死戰　王晳曰足用而已士顧財富則媮生死戰而已士顧生路則無死志矣　張預曰貨與壽人之所愛也所以燒擲財寶割棄性命者非憎惡之也不得已也

令發之日士卒坐者涕霑襟偃臥者涕交頤

曹公曰皆持必死之計　李筌曰棄財與命有必死之志故感而流涕也　杜牧曰士皆以死爲約未戰之日先令曰今日之事在此一舉若不用命身膏草野爲禽獸所食也　梅堯臣曰決以死力牧說是也　王晳曰感勵之使然　張

預曰感激之故涕泣也未戰之日先令曰今日之事在此一舉若不用命身膏草野爲禽獸所食或曰凡行軍饗士使酒拔劒起舞作朋角抵伐鼓叫呼所以爭其氣若令涕泣無乃挫其壯心乎荅曰先決其死力後決其鋭氣則無不勝倘無必死之心其氣雖盛無由克之若荆軻與易水士皆垂淚涕泣及復爲羽聲忼慨則皆瞋目髮上指冠是也

投之無所往者諸劌之勇也

李筌曰大獸窮則搏鳥窮則啄令急廹則專諸曹劌之勇也　杜牧曰言所投之處皆爲專諸曹劌之勇　梅堯臣曰既令以必死則所往皆有專諸曹劌之勇　張預曰人懷必死則所向皆有專諸曹劌之勇也專諸吳公子光使刺殺吳王僚者劌當爲沬曹沬以勇力事魯莊公嘗執匕首劫齊桓公

故善用兵譬如率然

梅堯臣曰相應之容易也

率然者常山之蛇也擊其首則尾至擊其尾則首至擊其中（御覽一引作擊其腹）則首尾俱至（初學記引此文微有異）

梅堯臣曰蛇之爲物也不可擊擊之則率然相應　張預曰率猶速也擊之則速然相應此喻陣法也八陳圖曰以後爲前以前爲後四頭八尾觸處爲首敵衝其中首尾俱救

敢問兵可使如率然乎

梅堯臣曰可使兵首尾率然相應如一體乎

曰可夫吳人與越人相惡也當其同舟而濟遇風其相救也如左右手

梅堯臣曰勢使之然　張預曰吳越仇讐也同處危難則相

救如兩手況非仇讐者豈不猶率然之相應乎
是故方馬埋輪未足恃也
曹公曰方縛馬也埋輪示不動也此言專難不如權巧故曰設方馬埋輪不足恃也　李筌曰投兵無所往之地人自鬥如蛇之首尾故吳越之人同舟相救雖縛馬埋輪未足恃也
杜牧曰縛馬埋輪使爲方陳使爲不動雖如此亦未足稱爲專固而足爲恃須任權變置士於必死之地使人自爲戰相救如兩手此乃守固必勝之道而足爲恃也　陳皞曰人之相惡莫甚吳越同舟遇風而猶相救何則勢使之然也夫用兵之道若陷在必死之地使懷必死之憂則首尾前後不得不相救也有吳越之惡猶如兩手相救況無吳越之惡乎蓋言貴於設變使之則勇怯之心一也　梅堯臣同杜牧註

王晳曰此謂在難地自相救耳蛇之首尾人之左右皆喻相救之敏也同舟而濟在險難也吳越猶無異心況三軍乎故其足恃甚於方馬埋輪曹公說是也　張預曰上文歷言置兵於死地使人心專固然此未足爲善也雖置之危地亦須用權智使人令相救如左右手則勝矣故曰雖縛馬埋輪未足恃固以勝取所可必恃者要使士卒相應如一體也

齊勇若一政之道也

李筌曰齊勇者將之道　杜牧曰齊正勇敢三軍如一此皆在於爲政者也　陳皥曰政令嚴明則勇者不得獨進怯者不得獨退三軍之士如一也　梅堯臣曰使人齊勇如一心而無怯者得軍政之道也　王晳同梅堯臣註　張預曰既置之危地又使之相救則三軍之衆齊力同勇如一夫是軍

政得其道也

剛柔皆得地之理也

曹公曰强弱一勢也　李筌曰剛柔得者因地之勢也　杜牧曰强弱之勢須用地形而制之也　梅堯臣曰兵無强弱皆得用者是因地之勢也　王晳曰剛柔猶强弱也言三軍之士强弱皆得其用者地利使之然也曹公曰强弱一勢是也　張預曰得地利則柔弱之卒亦可以克敵況剛柔之兵乎剛柔俱獲其用者地勢使之然也

故善用兵者攜手若使一人不得已也

曹公曰齊一貌也　李筌曰理衆如理寡也　杜牧曰言使三軍之士如牽一夫之手不得已故順我之命喻易也　賈林曰攜手翻迭之道便於回運以後爲前以前爲後以左爲

右以右爲左故百萬之衆如一人也　梅堯臣曰用三軍如攜手使一人者勢不得已自然皆從我所揮也　王晳曰攜使左右前後率從我也　張預曰三軍雖衆如提一人之手而使之言齊一也故曰將之所揮莫不從移將之所指莫不前死

將軍之事靜以幽正以治

曹公曰謂清淨幽深平正　杜牧曰清淨簡易幽深難測平正無偏故能致治　梅堯臣曰靜以幽邃人不能測正而自治人不能撓　王晳曰靜則不撓幽則不測正則不媮治則不亂　張預曰其謀事則安靜而幽深人不能測其御下則公正而整治人不敢慢

能愚士卒之耳目使之無知

曹公曰愚誤也民可與樂成不可與慮始　李筌曰爲謀未熟不欲令士卒知之可以樂成不可與謀始是以先愚其耳目使無見知　杜牧曰言使軍士非將軍之令其他皆不知如聾如瞽也　梅堯臣曰凡軍之權謀使由之而不使知之　王晳曰杜其見聞　何氏同杜牧註　張預曰士卒懵然無所聞見但從命而已

易其事革其謀使人無識

李筌曰謀事或變而不識其原　有所之謀不使其造意意之端識其所緣之本也　梅堯臣曰改其所行之事變其所爲之謀無使人能識也　王晳曰已行之事已施之謀當革易之不可再也　何氏曰將術以不窮爲奇也　張預曰前所行之事舊所發之謀皆變易之使人不

可知也若裴行儉令軍士下營訖忽使移就崇岡初將吏皆不悦是夜風雨暴至前設營所水深丈餘將士驚服因問曰何以知風雨也行儉笑曰自今但依我節制何須問我所由知也

易其居迂其途使人不得慮

李筌曰行路之便衆人不得知其情　杜牧曰易其居去安從危迂其途捨近即遠士卒有必死之心　陳皥曰將帥凡舉一事切委曲而致之無使人得計慮者　賈林曰居我要害能使自移途近於我能使迂之發機微路人不能知也　梅堯臣曰更其所安之居迂其所趨之途無使人能慮也　王晳曰處易者將致敵以求戰也迂途者示遠而密襲也　張預曰其居則去險而就易其途則捨近而從遠人初不曉

其旨及取勝乃服太白山人曰兵貴詭道者非止詭敵也抑詭我士卒使由而不使知之也

帥與之期如登高而去其梯

杜牧曰使無退心孟明焚舟是也一本帥與之登高　梅堯臣曰可進而不可退也

帥與之深入諸侯之地而發其機

陳皥曰發其心機　賈林曰動我機權隨事應變　梅堯臣曰發其危機使人盡命　王晳曰皆勵決戰之志也機之發無復迴也賈詡勸曹公曰必決其機是也　張預曰去其梯可進而不可退發其機可往而不可返項羽濟河沉舟之類也

焚舟破釜若驅羣羊而往驅而來莫知所之

曹公曰一其心也　李筌曰還師者焚舟梁堅其志既不知謀又無返顧之心是以如驅羊也　杜牧曰三軍但知進退之命不知攻取之端也　梅堯臣曰但馴然從驅莫知其他也　何氏曰士之往來唯將之令如羊之從牧者　張預曰羣羊往來牧者之隨三軍進退惟將之揮

聚三軍之衆投之於險此謂將軍之事也

曹公曰險難也　梅堯臣曰措三軍於險難而取勝者爲將之所務也　張預曰去梯發機置兵於危險以取勝者此將軍之所務也

九地之變屈伸之利人情之理不可不察也

曹公曰人情見利而進見害而退　杜牧曰言屈伸之利害人情之常理皆因九地以變化今欲下文重舉九地故於此

重言發端張本也　梅堯臣曰九地之變有可屈可伸之利人情之常理須審察之　王晳曰明九地之利害亦當極其變耳言屈伸之利者未見便則屈見便則伸言人情之理者深專淺散圍禦之謂也　張預曰九地之法不可拘泥須識變通可屈則屈可伸則伸審所利而已此乃人情之常理不可不察

凡爲客之道深則專淺則散

梅堯臣曰深則專固淺則散歸此而下重言九地者孫子勤勤於九變也　張預曰先舉兵者爲客入深則專固入淺則士散此而下言九地之變

去國越境而師者絶地也

梅堯臣曰進不及輕退不及散在二地之間也　王晳曰此

越鄰國之境也是爲鄰絶之地當速決其事若吳王伐齊近之[redacted]如此者鮮故不同九地之例　張預曰去已國越人境而用師者危絶之地也若秦師過周而襲鄭是也此在九地之外而言之者戰國時間有之也

四達者衢地也

梅堯臣曰馳道四出敵當一面　張預曰敵當一面旁有國四屬

入深者重地也

梅堯臣曰士卒以軍爲家故心無散亂

入淺者輕地也

梅堯臣曰歸國尚近心不能專

背固前隘者圍地也

梅堯臣曰背負險固前當阸塞　張預曰前狹後險進退受制於人也

無所往者死地也

梅堯臣曰窮無所之　張預曰前後左右窮無所之也

是故散地吾將一其志

李筌曰一卒之心　杜牧曰守則志一戰則易散　梅堯臣曰保城備險可一志堅守候其虛懈出而襲之　張預曰集人聚穀一志固守依險設伏攻敵不意

輕地吾將使之屬通典之作其鄭氏遺說同今本

曹公李筌曰使相及屬　杜佑曰使相仍也輕地還師當安道促行然令相屬續以備不虞也　杜牧曰部伍營壘密近聯屬蓋以輕散之地一者備其逃逸二者恐其敵至使易相

救　梅堯臣曰行則隊校相繼止則營壘聯屬脫有敵至不有散逸也　王晳曰絕則人不相恃　張預曰密營促隊使相屬續以備不虞以防逃遁

爭地吾將趨其後

曹公曰利地在前當速進其後也　杜佑曰利地在前當進其後爭地先據者勝不得者負故從其後使相及也　李筌曰利地必爭益其備也此筌以趨字爲多字　杜牧曰必爭之地我若已後當疾趨而爭況其不後哉　陳皞曰二說皆非也若敵據地利我後爭之不亦後據戰地而趨戰之勞乎所謂爭地必趨其後者若地利在前先分精銳以據之彼若恃衆來爭我以大衆趨其後■不尅者趙奢所以破秦軍也　梅堯臣曰敵未至其地我若在後則當疾趨以爭之　張

預曰爭地貴速若前驅至而後不及則未可故當疾進其後使首尾俱至或曰趨其後謂後發先至也

交地吾將謹其守通典作固其結按此通典本誤也

杜佑曰交結諸侯固其交結從通典增補　杜牧曰嚴壁壘也　梅堯臣曰謹守壁壘斷其通道　王晳曰懼襲我也　張預曰不當阻絕其路但嚴壁固守候其來則設伏擊之

衢地吾將固其結通典作謹其市按通典本誤

杜佑曰衢地四通交易之地市變事之端也方與諸侯結和當謹約使勿殆使諸侯爭從通典增補　杜牧曰結交諸侯使之牢固　梅堯臣曰結交諸侯使之堅固勿令敵先　王晳曰固以德禮威信且示以利害之計　張預曰財帛以利之盟誓以要之堅固不渝則必爲我助

重地吾將繼其食

曹公曰掠彼也　杜佑曰將掠彼也深入當繼其糧不可使絕也　李筌曰館穀於敵也繼一作掠　賈林曰使糧相繼而不絕也　梅堯臣曰道既遐絕不可歸國取糧當掠彼以食軍　張預曰兵在重地轉輸不通不可乏糧當掠彼以續食

圮地吾將進其塗

曹公曰疾過去也　杜佑曰疾過去也疾行無留　李筌曰不可留也　梅堯臣曰無所依當速過　張預曰遇圮塗之地宜引兵速過

圍地吾將塞其闕

曹公李筌曰以一士心也　孟氏曰意欲突圍示以守固

杜佑曰以一士心也塞其闕不欲走之意　杜牧曰兵法圍師必闕示以生路令無死志因而擊之今若我在圍地敵開生路以誘我卒我返自塞之令士卒有必死之心後魏末齊神武起義兵于河北爲爾朱兆天光度律仲遠等四將會于鄴南士馬精强號二十萬圍神武於南陵山時神武馬二千步軍不滿三萬兆等設圍不合神武連繫牛驢自塞之于是將士死戰四面奮擊大破兆等四將也　梅堯臣曰自塞其旁使士卒必死戰也　王晳曰懼人有走心　張預曰吾在敵圍敵開生路當自塞之以一士心齊神武繫牛馬以塞路而士卒死戰是也

死地吾將示之以不活

曹公李筌曰勵士也　杜佑曰勵士也焚輜重棄糧食塞井

夷竈示之無活必殊死戰也　杜牧曰示之必死令其自奮以求生也　賈林曰焚財棄糧塞井破竈示必死也　梅堯臣曰必死可生人盡力也　王晳同梅堯臣註　何氏同杜牧註　張預曰焚輜重棄糧食塞井夷竈示以無活勵之死戰也

故兵之情圍則禦

曹公曰相持禦也　杜佑曰相禦持也窮則同心守禦　李筌曰敵圍我則禦之　杜牧曰言兵在圍地始乃人人有禦敵持勝之心　梅堯臣同杜牧註　張預曰在圍則自然持禦

不得已則鬥

曹公曰勢有不得已也　杜佑曰勢有不得已也言鬥太過

戰不可以惡勝走不能脫恐其有降人之心據通典補　李筌曰有不得已則戰　梅堯臣曰勢無所往必鬥　王晳曰脫死者唯鬥而已　張預曰勢不可已須悉力而鬥

過則從

曹公曰陷之甚過則從計也　孟氏曰甚陷則無所不從　李筌曰過則審躡又云陷之於過則謀從之　梅堯臣同孟氏註　張預曰深陷于危難之地則無不從計若班超在鄯善欲與麾下數十人殺虜使乃諄諭之其士卒曰今在危亡之地死生從司馬是也

是故不知諸侯之謀者不能預交不知山林險阻沮澤之形者不能行軍不用鄉導者不能得地利

曹公曰上已陳此三事而復云者力惡不能用兵故復言之

李筌曰三事軍之要也　梅堯臣曰已解軍爭篇中重陳此三者蓋言敵之情狀地之利害當預知焉　王晳曰再陳者勤戒之也　張預曰知此三事然後能審九地之利害故再陳於此也

四五者不知一非霸王之兵也

曹公曰謂九地之利害或曰上四五事也　張預曰四五謂九地之利害有一不知未能全勝

夫霸王之兵伐大國則其衆不得聚威加於敵御覽敵下有家字下同則其交不得合

孟氏曰以義制人人誰敢拒　李筌曰夫并兵震威則諸侯自顧不敢預交　杜牧曰權力有餘也能分散敵也　陳皡曰雖有霸王之勢伐大國則衆不得聚要在結交外援若不

如此但以威加於敵逞已之强則必敗也　梅堯臣曰伐大國能分其衆則權力有餘也權力有餘則威加敵威加敵則旁國懼旁國懼則敵交不得合也　王晳曰能知敵謀能得地利又能形之使其不相救不相恃則雖大國豈能聚衆而拒我哉威之所加者大則敵交不得合　張預曰恃富强之勢而亟伐大國則已之民衆將怨苦而不得聚也甲兵之威倍勝於敵國則諸侯懼而不敢與我交合也或曰侵伐大國若大國一敗則小國離而不聚矣若晉楚爭鄭晉勝則鄭附晉敗則鄭叛也小國既離則敵國之權力分而弱矣或我之兵威得以爭勝於彼是則諸侯豈敢與敵人交合乎

是故不爭天下之交（御覽不爭作不事）不養天下之權信（音伸）已之私威加於敵故其城可拔其國可隳

曹公曰霸王者不結成天下諸侯之交權者也絕天下之交奪天下之權以威德伸已之私　李筌曰能絕天下之交惟得伸已之私志威而無外交者　杜牧曰信伸也言不結鄰援不蓄養機之之計但逞兵威加於敵國貴伸已之私欲若此者則其城可拔其國可隳齊桓公問於管仲曰必先頓甲兵修文德正封疆而親四鄰則可矣於是復魯衛燕所侵地而以好成四鄰大親乃南伐楚北伐山戎東制令支折孤竹西服流沙兵車之會六乘車之會三乃率諸侯而朝天子吳夫差破越於會稽敗齊於艾陵闕溝於商魯會晉於黃池爭長而反威加諸侯諸侯不敢與爭勾踐伐之乞師齊楚齊楚不應民疲兵頓爲越所滅越王勾踐問戰於申包胥曰越國南則楚西則晉北則齊春秋皮幣玉帛子女以賓服焉未嘗

敢絕求以報吳願以此戰包胥曰善哉蔑以加焉遂伐吳滅之　陳皥曰智力既全威權在我但自養士卒爲不可勝之謀天下諸侯無權可事也仁智義謀己之私有用以濟衆故曰伸私威振天下德光四海恩沾品物信及豚魚百姓歸心無思不服故攻城必拔伐國必隳也　賈林曰諸侯既懼不得附聚不敢合從我之智謀威力有餘諸侯自歸何用養交之也　不養一作不事　梅堯臣曰敵既不得與諸侯交合則我言不爭其交不養其權用己力而已爾威亦爭勝於敵矣故可拔其城可隳其國此謂霸王之兵也　王晳曰結交養權則天下可從申私損威則國城不保　張預曰不爭交援則勢孤而助寡不養權力則人離而國弱伸一己之私忿暴兵威於敵國則終取敗亡也或曰敵國衆既不得聚交又

不得合則我當絕其交奪其權得伸己所欲而威倍於敵國

故人城可得而拔人國可得而奪之

施無法之賞懸無政之令

曹公曰言軍法令不應預施懸也司馬法曰見敵作誓瞻功作賞此之謂也此注原本脫今據通典補正　賈林曰欲拔城隳國之時故懸國外之賞罰行政外之威令故不守常法常政故曰無法無政　梅堯臣曰瞻功行賞法不預設臨敵作誓政不先懸　王晳曰杜姦媮也曹公曰軍法令不預施懸之司馬法曰見敵作誓瞻功行賞此之謂也　張預曰法不先施政不預告皆臨事立制以勵士心司馬法曰見敵作誓瞻功行賞

犯三軍之衆若使一人

曹公曰犯用也言明賞罰雖用衆若使一人也　李筌曰善

用兵者爲法作攻而人不知懸事無令而人從之是以犯衆如一人也　梅堯臣曰犯用也賞犯嚴明用多若用寡也　張預曰賞功不逾時罰罪不遷列賞罰之典旣明且速則用衆如寡也

犯之以事勿告以言

梅堯臣曰但用以戰不告以謀　王晳曰情泄則謀乖　張預曰任用之於戰鬭勿諭之以權謀人知謀則疑也若裴行儉不告士卒以徙營之由是也

犯之以利勿告以害

曹公曰勿使知害　李筌曰犯用也卒知言與害則生疑難　梅堯臣曰用令知利不令知害　王晳曰慮疑懼也　張預曰人情見利則進知害則避故勿告以害也

必捷諸將壯其計從之魏人掎角作十三城慶之銜枚夜出陷其四壘所餘九城兵甲猶盛乃陳其俘馘鼓噪而攻遂大奔潰斬獲畧盡後魏末齊神武興義兵於河北時爾朱兆等四將兵馬號二十萬夾洹水而軍時神武士馬不滿三萬以衆寡不敵遂於韓陵山爲圓陳繫牛驢以塞道於是將士皆死戰四面奮擊大破之齊神武兵少天光等兵十倍圍而缺之神武乃自塞其缺士皆有必死之志是以破敵也高齊北豫州刺史司馬消難請降後周周將楊忠與柱國達武援之於是共率騎士五千人各乘馬一匹從間道馳入齊境五百里前後遣三使報消難而皆不反命去豫州三十里武疑有變欲還忠曰有進死無退生獨以千騎夜趣城下四面峭絕徒聞擊柝之聲武親來麾數百騎以西忠勒餘騎不動候門

開而入乃騎遣召武時齊鎮城將伏敬遠勒甲士二千人據東陴舉烽嚴警武懼之不欲保城乃多取財帛以消難及其屬先歸忠以三千騎爲殿到洛南皆解鞍而臥齊衆來追於洛北忠謂將士曰但飽食今在死地賊必不敢渡水以當吾鋒食畢齊兵佯若渡水忠馳將擊之齊兵不敢逼遂徐引而退　張預曰置之死亡之地則人自爲戰乃可存活也項將救趙破釜焚廬示以必死諸侯從壁上觀楚戰士無不一當十遂虜秦將是也

夫衆陷於害然後能爲勝敗

梅堯臣曰未陷難則士卒心不專既陷危難然後勝勝敗在人爲之耳　張預曰士卒用命則勝敗之事在我所爲

故爲兵之事在於順詳敵之意

曹公曰佯愚也或曰彼欲進設伏而退欲去開而擊之　李筌曰敵欲攻我以守待之敵欲戰我以奇待之退伏利誘皆順其所欲　杜牧曰夫順敵之意蓋言我欲擊敵未見其隙則藏形閉跡敵人之所爲順之勿驚假如强以陵我我則示怯而伏且順其强以驕其意候其懈怠而攻之假如欲退而歸則開圍使去以順其退使無鬥志遂因而擊之皆順敵之旨也　陳皞曰順敵之旨不假多說但强示之弱進示之退使敵心不戒然後攻而破之必矣　梅堯臣曰佯怯佯弱佯亂佯北敵人輕來我志乃得　張預曰彼欲進則誘之令進彼欲退則緩之令退奉順其旨設奇伏以取之或曰敵有所欲當順其意以驕之留爲後圖若東胡遣使謂冒頓曰欲得頭曼千里馬冒頓與之復遣使來曰願得單于一閼氏冒頓

又與之及其驕怠而擊之遂滅東胡是也

并敵一向千里殺將

曹公曰并兵向敵雖千里能擒其將也　杜牧曰上文言爲兵之事在順敵之意此乃未見敵人之隙耳若已見其隙有可攻之勢則須并兵專力以向敵人雖千里之遠亦可以殺其將也　賈林曰能以利誘敵人使一向趨之則我雖遠千里亦可擒殺其將　梅堯臣曰隨敵一向然後發伏出奇則能遠擒其將　王晳曰順敵意隨敵形及其空虛不虞并兵一力以向之可以覆其軍殺其將則明如冒頓滅東胡之事是也

此謂巧能成事者也

曹公曰是成事巧者也一作是謂巧攻成事　梅堯臣曰能

順敵而取勝機巧者也　何氏曰能如此者是巧攻之成事者也　張預曰始順其意後殺其將成事之巧也

是故政舉之日夷關折符無通其使

曹公曰謀定則閉關折符無得有所沮議恐惑衆士心也

杜牧曰其所不通豈敵人之使乎若敵人之使不受則何必夷關折符然後爲不通乎荅曰夷關折符者不令國人出入蓋恐敵人有間使潛來或藏形隱跡由危歷險或竊符盜信假託姓名而來窺我也無通其使者敵人若有使來聘亦不可受之恐有智能之士如張孟談婁敬之屬見其微而知著測我虚實也此乃兵形未成恐敵人先事以制我也兵形已成出境之後則使在其間古之道也　梅堯臣曰夷滅也折斷也舉政之日滅塞道梁斷毀符節使不通者恐泄我事也

張預曰廟筭已定軍謀已成則夷塞關梁毀折符信勿通使命恐泄我事也彼有使來則當納之故下文云敵之開闔必亟入之

勵於廊廟之上以誅其事

曹公曰誅治也　杜牧曰勵揣厲也言廊廟之上誅治其事成敗先定然後興師一本作以謀其事　梅堯臣曰嚴整於廊廟之上以計其事言其密也　何氏曰磨勵廟勝之策以責成其事　張預曰兵者大事不可輕議當惕勵於廟堂之上密治其事貴謀不外泄也

敵人開闔必亟入之

曹公曰敵有間隙當急入之也　孟氏曰開闔間者也有間來則疾內之　李筌曰敵開閤未定必急來也　梅堯臣同

孟氏註　張預曰開闔謂間使也敵有間來當急受之或曰謂敵人或開或闔出入無常進退未決則宜急乘之

先其所愛

曹公曰據利便也　李筌曰先攻其積聚及妻子利不擇其用也　杜牧曰凡是敵人所愛惜倚恃以爲軍者則先奪之也　梅堯臣曰先察其便利愛惜之所也　何氏同杜牧註

微與之期

曹公曰後人發先人至　杜牧曰微者潛也言以敵人所愛利便之處爲期將欲謀敵之故潛往赴期不令敵人知也　陳皞曰我若先奪便地而敵不至雖有其利亦奚用之是以欲取其愛惜之處必先微與敵人相期誤之使必至　梅堯臣曰微露之期使間歸告然後我後人發先人至也後發者

欲其必趣也先至者奪其所愛也　王晳曰權譎也微者所以示密也公曰先敵至也　張預曰兵所愛者便利之地我欲先據當微露其意與之相期敵方趨之我乃後發而先至也所以使敵先趨者恐我至而敵不來也故曰爭地吾將趨其後

踐墨隨敵以決戰事

曹公曰行踐規矩無常也　李筌曰墨者出道也出邏道而從之恐不及　杜牧曰墨規矩也言我常須踐履規矩深守法制隨敵人之形若有可乘之勢則出而決戰　陳皞曰兵雖要在迅速以決戰事然自始及末須守法制縱獲勝捷亦不可爭競擾亂也城濮之戰晉文公登有莘之墟以望其師曰少長有禮其可用也踐墨一作剗墨　賈林曰剗除也墨

繩墨也隨敵計以決戰事惟勝是利不可守以繩墨而爲
梅堯臣曰舉動必踐法度而隨敵屈伸因利以決戰也
王晳曰踐兵法如繩墨然後可以順敵決勝　張預曰循守
法度踐履規矩隨敵變化形勢無常乃可以決戰取勝墨繩
墨也婦人左右前後跪起皆中規矩繩墨是也

是故始如處女敵人開戶後如脫兔敵不及拒

曹公李筌曰處女示弱脫兔往疾也　杜牧曰言敵人初時
謂我所能爲如處女之弱我因急去攻之險迅疾速如兔之
脫走不捍拒也或曰我避敵走如脫兔曰非也　梅堯臣曰
始若處女踐規矩之謂也後若脫兔應敵決戰之謂也　王
晳曰處女隨敵也開戶不虞也脫兔疾也若田單守即墨而
破燕軍是也　張預曰守則如處女之弱令敵懈怠是以啟

隙攻則猶脫兎之疾乘敵倉卒是以莫禦太史公謂田單守
即墨攻騎刧正如此語不其然乎

孫子十家註卷十二

賜進士出身署山東提刑按察使司分巡兗沂曹濟黃河兵備道孫星衍　賜進士出身署萊州府知府候補同知吳人驥同校

火攻篇

曹公曰以火攻人當擇時日也　王晳曰助兵取勝戒虛發也　張預曰以火攻敵當使姦細潛行地里之遠近途徑之險易先熟知之乃可往故次九地

孫子曰凡火攻有五一曰火人

杜佑曰與敵陳師敵傍近草因焚燒之戰之助也據通典補　李筌曰焚其營殺其士卒也　杜牧曰焚其營柵因燒兵士吳起曰凡軍居荒澤草木幽穢可焚而滅蜀先主伐吳吳將陸遜拒之於夷陵先攻一營不利諸將曰空殺兵耳遜曰吾已曉破敵之術矣乃勅各持一把茅以火攻拔之一爾勢成通率諸軍同時俱攻斬張南馮習及胡王沙摩柯等破四十餘營死者萬數備因夜遁軍資器械略盡遂歐血而殂　梅堯

臣曰焚營柵荒穢以助攻戰也　何氏曰魯桓公世焚邾婁之咸邱始以火攻也後世兵家者流故有五火之攻以佐取勝之道也如後漢班超使西域到鄯善初夜將吏士奔虜營會天大風超令十人持鼓藏虜舍後約曰見火燃皆當鳴鼓大呼餘人悉持兵弩夾門而伏超順風縱火前後鼓譟虜衆驚亂超手格殺三人餘衆悉燒死又皇甫嵩率衆討黃巾賊張角嵩保長社賊來圍城嵩兵少軍中皆恐召軍吏謂曰兵有奇變不在衆寡今賊依草結營易爲風火若因夜縱火必大驚亂吾出兵擊之其功可成其夕遂大風嵩乃約勒軍士皆束苣乘城使銳士間出圍外縱火大呼城上舉燎應之嵩因鼓而奔其陳賊驚亂奔走大破之又五代梁太祖乾寧中親領大軍由鄆州東北次於魚山朱宣覘知卽以兵徑至且

圖速戰帝軍出砦時宣瑾已陣於前須臾東南風大起帝軍旌旗失次甚有懼色帝卽令騎士揚鞭呼嘯俄而西北風驟發時兩軍皆在草莽中帝因令縱火旣而煙燄亘天乘勢以攻賊陳宣瑾大破餘衆擁入清河因築京觀于魚山之下又後唐伐蜀工部任圜以大軍至漢州康延孝來逆戰圜命董璋以東川懦卒當其鋒伏精兵於其後延孝擊退東川之軍急追之遇伏兵延孝敗馳入漢州閉壁不出西川孟知祥以兵二萬與圜合勢攻之漢州四面樹竹木爲柵三月圜陳于金雁橋卽率諸軍鼓譟而進四面縱火風燄亘空延孝危急引騎出陳于金鴈橋又大敗之　張預曰焚彼營舍以殺其士火攻之先也班超燒匈奴使者是也

二曰火積

杜佑曰燒其積蓄據通典補　李筌曰焚積聚也　杜牧曰積者積蓄也糧食薪芻是也高祖與項羽相持成臯爲羽所敗北渡河得張耳韓信軍軍修武深溝高壘使劉賈將二萬人騎數百渡白馬津入楚地燒其積聚以破其業楚軍乏食隋文帝時高熲獻取陳之策曰江南土薄舍多茅竹所有儲積皆非地窖可密遣行人因風縱火待彼修葺復更燒之不出數年自可財力俱盡帝行其策由是陳人益斃　梅堯臣曰焚其委積以困芻糧　張預曰焚其積聚使芻糧不足故曰軍無委積則亡劉賈燒楚積聚是也

三曰火輜四曰火庫

杜佑曰燒其輜重使奸人入敵營燒其兵庫據通典補　李筌曰燒其輜重焚其庫室　杜牧曰器械財貨及軍士衣裝在車

中上道未止曰輜在城營壘已有止舍曰庫其所藏二者皆同後漢末袁紹相許攸降曹公曰今袁氏輜重有萬餘兩車屯軍不嚴今以輕兵襲之不意而至焚其積聚不過三日袁氏自敗公大喜選精騎五千皆用袁氏旗幟銜枚縛馬口從間道出入抱束薪所歷道有問者語之曰袁公恐曹公抄略後軍遣兵以益備聞者信以爲然皆自若旣至圍屯大放火營中驚亂因大破之輜重悉焚之矣　陳皡曰夫敵有愛惜之物亦可以攻之彼若出救是我以火分其勢也更遇其心神撓惑自可破軍殺將也　梅堯臣曰焚其輜重以窘貨財焚其庫室以空蓄聚　何氏曰如前秦苻堅遣將王猛伐前燕慕容評率兵四十萬禦之以持久制之猛遣將郭慶率步騎五千夜從間道起火于晉山燒評輜重火見鄴中因而滅

之　張預曰焚其輜重使器用不供故曰軍無輜重則亡曹公燒袁紹輜重是也焚其府庫使財貨不充故曰軍無財則士不來

五曰火隊按通典本隊又作墜

杜佑曰墜墮也以火墮敵營中也火墜之法以鐵籠火着箭頭頸强弩射敵營中一曰火道燒絕其糧道據通典御覽補　李筌曰焚其隊仗兵器　杜牧曰焚其行伍因亂而擊之　賈林曰隊道也燒絕糧道及轉運也　梅堯臣曰焚其隊仗以奪兵具隧一作隊　何氏同賈林註　張預曰焚其隊仗使兵無戰具故曰器械不利則難以應敵也

行火必有因

曹公曰因姦人　杜佑曰因姦人也又因風燥而焚之據通典御

覽補　李筌曰因姦人而內應也　陳皥曰須得其便不獨姦人　賈林曰因風燥而焚之　張預曰火攻皆因天時燥旱營舍茅竹積芻聚糧居近草莽因風而焚之

煙火必素具

曹公曰煙火燒具也　杜佑曰燒具也先具燧之屬據通典御覽補　李筌曰薪芻蒿艾糧糞之屬　杜牧曰艾蒿荻葦薪芻膏油之屬先須修事以備用兵法有火箭火簾火杏火兵火戰火禽火盜火弩凡此者皆可用也　梅堯臣曰潛姦伺隙必有便也秉秆持燧必先備也傳曰惟事事有備乃無患也　張預曰貯火之器燃火之物常須預備伺便而發

發火有時起火有日

梅堯臣曰不妄發也　張預曰不可偶然當伺時日

時者天之燥也

曹公曰燥者旱也　梅堯臣曰旱熯易燎　張預曰天時旱燥則火易燃

月者宿在箕壁翼軫也（原本宿作月從通典御覽改正又箕壁通典御覽皆作戊箕東壁）凡此四宿者風起之日也

杜佑曰戊翼參曰月宿此宿之日風起蕭世誠曰春丙丁夏戊己秋壬癸冬甲乙此日有疾風猛雨也吾勘太乙中有飛鳥十精知風雨期五子元運式也各候其時可以用火也（據通典御覽補）　李筌曰天文志月宿此者多風玉經云常以月加日從營室順數十五至翼月宿在於此也　杜牧曰宿者月之所宿也四宿者風之使也　梅堯臣曰箕龍尾也壁東壁也翼軫鶉尾也宿在者謂月之所次也四宿好風月離必起

張預曰四星好風月宿則起當推步躔次知所宿之日則行火一說春丙丁夏戊巳秋壬癸冬甲乙此日有疾風猛雨又占風法取雞羽重八兩掛於五丈竿上以候風所從來四宿卽箕壁翼軫也

凡火攻必因五火之變而應之

梅堯臣曰因火爲變以兵應之　張預曰因其火變以兵應之五火卽人積輜庫隊也

火發於內則早應之於外御覽早作軍課

曹公曰以兵應之也　杜佑曰以兵應之使間人縱火於敵營內當速進以攻其外也　李筌曰乘火勢而應之也　杜牧曰凡火乃使敵人驚亂因而擊之非謂空以火敗敵人也聞火初作卽攻之若火闌衆定而攻之當無益故曰早也

梅堯臣曰內若驚亂外以兵擊　張預曰火纔發於內則兵急擊於外表裏齊攻敵易驚亂

火發而其兵靜者原本無而其二字從通典補待而勿攻

杜牧曰火作不驚敵素有備不可遽攻須待其變者也　梅堯臣曰不驚擾者必有備也　王晳曰以不變也　何氏曰火作而敵不驚者必有備也我往攻則反或受害　張預曰火雖發而兵不亂者敵有備也復防其變故不可攻

極其火力可從而從之不可從而止

曹公曰見可而進知難而退　杜佑曰見利則進知難則退極盡也盡火力可則應不可則止無使敵知吾所爲　李筌曰夫火發兵不亂不可攻　杜牧曰俟火盡已來若敵人擾亂則攻之若敵終靜不擾則收兵而退也　梅堯臣曰極其

火勢待其變則攻不變則勿攻　王晳曰伺其變亂則乘之終不變亂則自治而蓄力　何氏曰如魏滿寵征吳勅諸將曰今夕風甚猛賊必來燒我營宜爲之備諸軍皆警夜半果來燒營寵掩擊破之者是也　張預曰盡其火勢亂則攻安靜則退

火可發於外無待於內以時發之

李筌曰魏武破袁紹於官渡用許攸計燒輜重萬餘則其義也　杜牧曰上文云五火變須發於內若敵居荒澤草穢或營柵可焚之地卽須及時發火不必更待內發作然後應之恐敵人自燒野草我起火無益漢時李陵征匈奴戰敗爲單于所逐及於大澤匈奴於上風縱火陵亦先放火燒斷蒹葭用絕火勢　陳皥曰以時發之所謂天之燥月之宿在四星

也　賈林曰火可發於外不必待內應得時卽應發不可拘於常勢也　梅堯臣同杜牧註　張預曰火亦可發於外不必須待作於內但有便則應時而發黃巾賊張角圍漢將皇甫嵩於長社賊依草結營嵩使銳士間出圍外縱火大呼城上舉燎應之嵩因鼓而奔其陳賊驚亂遂敗走

火發上風無攻下風

曹公曰不便也　杜佑曰不便也燒之必退退而逆攻之必爲所害也據通典御覽補　李筌曰隋江東賊劉元進攻王世充於延陵令把草東方因風縱火俄而廻風悉燒元進營軍人多死者　杜牧曰若是東則焚敵之東我亦隨以攻其東若火發東面攻其西則與敵人同受也故無攻下風則順風也若舉東可知其他也　梅堯臣曰逆火勢非便也敵必死戰

王晳曰或擊其左右可也　張預曰燒之必退退而逆擊之必死戰則不便也

晝風久夜風止

曹公曰數當然也　杜佑曰數常也陽風也晝風則火氣相動也夜風卒欲縱火亦當知風之長短也（據通典御覽補）　李筌曰不知始也　杜牧曰老子曰飄風不終朝　梅堯臣曰凡晝風必夜止夜風必晝止數當然也　王晳同梅堯臣註　張預曰晝起則夜息數當然也故老子曰飄風不終朝

凡軍必知有五火之變以數守之

杜佑曰既知起五火之變當復以數消息其可否　杜牧曰須筭星躔之數守風起日乃可發火不可偶然而爲之　梅堯臣曰數星之躔以候風起之日然而發火亦當有防其變

張預曰不可止知以火攻人亦當防人攻己推四星之度數知風起之日則嚴備守之

故以火佐攻者明

杜佑曰取勝明也（據通典補） 梅堯臣曰明白易勝 張預曰用火助攻灼然可以取勝

以水佐攻者强

杜佑曰水以爲衝故强 梅堯臣曰勢之强也 張預曰水能分敵之軍彼勢分則我勢强

水可以絕不可以奪

曹公曰火佐者取勝明也水佐者但可以絕敵道分敵軍不可以奪敵蓄積 杜佑曰水但能絕其敵道分敵軍耳不可以奪敵蓄積及計數也（從通典補） 李筌曰軍者必守術數而佐

之水火所以明强也光武之敗王莽魏武之擒吕布皆其義也以水絶敵人之軍分爲二則可難以奪敵人之蓄積　杜牧曰水可絶敵糧道絶敵救援絶敵奔逸絶敵衝擊不可以久奪險要蓄積也　王晳曰强者取其決注之暴　張預曰水止能隔絶敵軍使前後不相及取其一時之勝然不若火能焚奪敵之積聚使之滅亡者韓信決水斬楚將龍且是一時之勝曹公焚袁紹輜重紹因以敗是使之滅亡也水不若火故詳於火而畧於水

夫戰勝攻取而不修其功者凶命曰費留

曹公曰若水之留不復還也或曰賞不以時但費留也賞善不踰日也　李筌曰賞不踰日罰不踰時若功立而不賞有罪而不罰則士卒疑惑日有費也　杜牧曰修者舉也夫戰

勝攻取若不藉有功舉而賞之則三軍之士必不用命也則有凶咎徒留滯費耗終不成事也　賈林曰費留惜費也　梅堯臣曰欲戰必勝攻必取者在因時乘便能作爲功也作爲功者修火攻水攻之類不可坐守其利也坐守其利者凶也是謂費留矣　王晳曰戰勝攻取而不修功賞之差則人不勸不勸則費財老師凶害也已　張預曰戰攻所以能必勝必取者水火之助也水火所以能破軍敗敵者士卒之用命也不修舉有功而賞之凶咎之道也財竭師老而不得歸費留之謂也

故曰明主慮之良將修之

杜牧曰黄石公曰夫霸者制士以權結士以信使士以賞信衰則士疏賞虧則士不爲用　賈林曰明主慮其事良將修

其功　梅堯臣曰始則君發其慮終則將修其功　張預曰君當謀慮攻戰之事將當修舉尅捷之功

非利不動御覽作不起按此與李筌杜牧本皆同

李筌曰明主賢將非見利不起兵　杜牧曰先見起兵之利然後兵起　梅堯臣曰凡兵非利於民不興也一作非利不起也

非得不用

杜牧曰先見敵人可得然後用兵　賈林曰非得其利不用也

非危不戰

曹公曰不得已而用兵　李筌曰非至危不戰　梅堯臣曰凡用兵非危急不戰也所以重凶器也　張預曰兵凶器戰

危事須防禍敗不可輕舉不得已而後用

主不可以怒而興師通典御覽皆兩引作興軍

王晳曰不可但以怒也若息侯伐鄭　張預曰因怒興師不亡者鮮若息侯與鄭伯有違言而伐鄭君子是以知息之將亡

將不可以慍而致戰御覽一引作合戰

王晳曰不可但以慍也若晉趙穿　張預曰因忿而戰罕有不敗若姚襄怒苻堅黃眉壓壘而陳因出戰爲黃眉所敗是也怒大於慍故以主言之慍小於怒故以將言之君則可以興兵將則可以言戰

合於利而動通典御覽兩引動皆爲用按九地篇亦云合於利而動也不合於利而止

曹公曰不得以己之喜怒而用兵也　杜佑曰人主聚衆興

軍以道理勝負之計不可以已之私怒將舉兵則以策不可以慍恚之故而合戰也　賈林曰慍怒內作不顧安危固不可也　梅堯臣曰兵以義動無以怒興戰以利勝無以慍敗　張預曰不可因已之喜怒而用兵當顧利害所在尉繚子曰兵起非可以忿也見勝則興不見勝則止

怒可以復喜慍可以復悅

張預曰見於色者謂之喜得於心者謂之悅

亡國不可以復存死者不可以復生

杜佑曰凡主怒興軍伐人無素謀明計則破亡矣將慍怒而門倉卒而合戰所傷殺必多怒慍復可以悅喜言亡國不可復存死者不可復生者言當慎之　杜牧曰亡國者非能亡人之國也言不度德不量力因怒興師因慍合戰則其兵自

死其國自亡者也　梅堯臣曰一時之怒可返而喜也一時之慍可返而悅也國亡軍死不可復已　王晳曰喜怒無常則威信去矣　張預曰君因怒而興兵則國必亡將因慍而輕戰則士必死

故明君愼之良將警之此安國全軍之道也（通典及御覽無全軍二字脫）

杜牧曰警言戒之也　梅堯臣曰主當愼重將當警懼　張預曰君常愼於用兵則可以安國將常戒於輕戰則可以全軍

孫子十家註卷十二終

孫子十家註卷十三

賜進士及第署山東提刑按察使分巡兗沂曹濟黃河兵備道孫星衍　賜進士出身署萊州府知府候補同知吳人驥同校

用間篇

曹公李筌曰戰者必用間諜以知敵之情實也　張預曰欲素知敵情者非間不可也然用間之道尤須微密故次火攻也

孫子曰凡興師十萬出兵千里百姓之費公家之奉日費千金內外騷動怠於道路御覽無怠於道路句脫也不得操事者七十萬家

曹公曰古者八家爲鄰一家從軍七家奉之言十萬之師舉不事耕稼者七十萬家　李筌曰古者發一家之兵則鄰里三族共資之是以不得耕稼者七十萬家而資十萬之衆矣

杜牧曰古者一夫田一頃夫九頃之地中心一頃鑿井樹廬八家居之是爲井田怠疲也言七十萬家奉十萬之師轉輸疲於道路也　梅堯臣曰輸糧供用公私煩役疲於道路

廢於耒耜也曹說是也　張預曰井田之法八家爲鄰一家從軍七家奉之興兵十萬則輟耕作者七十萬家也或問曰重地則掠疲於道路而轉輸何也曰非止運糧亦供器用也且兵貴掠敵者謂深踐敵境則當備其乏故須掠以繼食非專館穀於敵也亦有磧鹵之地無糧可因得不餉乎

相守數年以爭一日之勝而愛爵祿百金不知敵之情者不仁之至也

李筌曰惜爵賞不與間諜令窺敵之動靜是爲不仁之至也

杜牧曰言不能以厚利使間也　梅堯臣曰相守數年則七十萬家所費多矣而乃惜爵祿百金之微不以遺間鈎情取勝是不仁之極也　王晳曰恡財賞不用間也　張預曰相持且久七十萬家財力一困不知恤此而反靳惜爵賞之

細不以啗間求索知敵情者不仁之甚也

非人之將也

梅堯臣曰非將人成功者也

非主之佐也

一本作非仁之佐也　梅堯臣曰非以仁佐國者也

非勝之主也

梅堯臣曰非致勝主利者也　張預曰不可以將人不可以佐主不可以主勝勤勤而言者歎惜之也

故明君賢將所以動而勝人成功出於衆者先知也

李筌曰爲間也　杜牧曰知敵情也　梅堯臣曰主不妄動動必勝人將不苟功功必出衆所以者何也在預知敵情也

王晳曰先知敵情制如神也　何氏曰周官士師掌邦諜

蓋異國間伺之謂也故兵家之有四機二權曰事機曰智權皆善用間諜者也故能敵人動靜我預知矣韋孝寬爲驃騎大將軍鎮玉壁孝寬善於撫御能得人心所遣間諜入齊者皆爲盡力亦有齊人得孝寬金貨遥通書疏故齊之動靜朝廷皆先知之時有主帥許盆孝寬委以心膂令守一戍盆乃以城東入孝寬怒遣諜取之俄而斬首而還其能致物情如此又李逵爲都督義州宏農等二十一防諸軍事每厚撫境外之人使爲間諜敵中動靜必先知之至有事泄被誅戮者亦不以爲悔其得人心也如此　張預曰先知敵情故動則勝人功業卓然超絶羣衆

先知者不可取於鬼神

張預曰禱祀之不見聽之不聞不可以禱祀而取

不可象於事

曹公曰不可以禱祀而求亦不可以事類而求也　李筌曰不可取於鬼神象類唯問者能知敵之情　杜牧曰象者類也言不可以他事比類而求　梅堯臣曰不可以卜筮知也不可以象類求也　張預曰不可以事之相類者擬象而求

不可驗於度

曹公曰不可以事數度也　李筌曰度數也夫長短闊狹遠近小大即可驗之於度數人之情僞度不能知也　梅堯臣曰不可以度數驗也言先知之難也　張預曰不可以度數

推驗而知

必取於人知敵之情者也

曹公曰因人也　李筌曰因間人也　梅堯臣曰鬼神之情

可以筮卜知形氣之物可以象類求天地之理可以度數驗唯敵之情必由間者而後知也　張預曰鬼神象類度數皆不可以求先知必因人而後知敵情也

故用間有五有因間有內間有反間有死間有生間

梅堯臣曰五間之名也　張預曰此五間之名因間當爲鄉間故下文云鄉間可得而使

五間俱起莫知其道是爲神紀（通典御覽爲作謂）人君之寶也

曹公曰同時任用五間也　李筌曰五間者因五人用之杜牧曰五間俱起者敵人不知其情泄形露之道乃鬼神之綱紀人君之重寶也　賈林曰紀理也言敵人俱莫知我以何道知通神理也　梅堯臣曰五間俱起以間敵而莫知我用之之道是曰神妙之綱紀人君之所貴也　張預曰五間

循環而用人莫能測其理茲乃神妙之綱紀人君之重寶也

因間者因其鄉人而用之

杜佑曰因敵鄉人知敵表裏虛實之情故就而用之可使伺候也　杜牧曰因敵鄉國之人而厚撫之使爲間也晉豫州刺史祖逖之鎭雍邱愛人下士雖疎交賤隸皆恩禮而遇之河上堡固先有任子在胡者皆聽兩屬時遣游軍僞抄之明其未附諸塢主感戴胡有異圖輒密以聞前後克獲蓋由於此西魏韋孝寬使齊人斬許盆而來猶其義也　賈林曰讀因間爲鄉間　梅堯臣曰因其國人利而使之　何氏曰如春秋時楚師伐宋九月不服將去宋楚大夫申叔時曰築室反耕者宋必聽命楚子從之宋人懼使華元夜入楚師登子反之牀起之曰寡君使元以病告曰弊邑易子而食析骸以

釁雖然城下之盟有以國斃不能從也去我三十里唯命是聽子反懼與之盟而告楚子退三十里宋及楚平　張預曰因敵國人知其底裏就而用之可使伺候也韋孝寬以金帛啗齊人而齊人遺通書疏是也

內間者因其官人而用之

杜佑曰因其在官失職者若刑戮之子孫與受罰之家也因其有隙就而用之　李筌曰因敵人失職之官魏用許攸也　杜牧曰敵之官人有賢而失職者有過而被刑者亦有寵嬖而貪財者有屈在下位者有不得任使者有欲因敗喪以求展已之材能者有飜覆變詐常持兩端之心者如此之官皆可以潛通問遺厚貺金帛而結之因求其國中之情察其謀我之事復間其君臣使不和同也　梅堯臣曰因其官屬

結而用之　何氏曰如益州牧羅尚遣將隗伯攻蜀賊李雄於郫城互有勝負雄乃募武都人朴泰鞭之見血使譎羅尚欲爲內應以火爲期尚信之悉出精兵遣隗伯等率兵從泰擊雄雄將李驤於道設伏泰以長梯倚城而舉火伯軍見火起而爭緣梯泰又以繩汲上尚軍百餘人皆斬之雄因放兵內外擊之大破尚軍此用內間之勢也又隋陰壽爲幽州總管高寶寧舉兵反壽討之寶寧奔于磧北壽班師留開府成道昂鎮之寶寧遣其子僧伽率輕騎掠城下而去尋引契丹靺鞨之衆來攻道昂苦戰連日乃退壽患之於是重賂寶寧又遣人陰間其所親任者趙世模王威等月餘世模率其衆降寶寧復走契丹爲其麾下趙修羅所殺北邊遂安又唐太宗討竇建德入武牢進薄其營多所傷殺凌敬進說曰宜悉

兵濟河攻取懷州河陽使重將居守更率衆鳴鼓建旗踰太行入上黨先聲後實傳檄而定漸趨壺口稍駭蒲津收河東之地此策之上也行必有三利一則入無人之境師有萬全二則拓土得兵三則鄭圍自解建德將從之王世充之使長孫安世陰齎金玉啗其諸將以亂其謀衆咸進諫曰淩敬書生耳豈可與言戰乎建德從之退而謝敬曰今衆心甚銳此天贊我矣因此決戰必然大捷已依衆議不得從公言也敬固爭建德怒扶出焉於是悉衆進逼武牢太宗按甲挫其銳建德中槍竄於牛口渚車騎將軍白士讓楊武威生獲之又王翦爲秦將攻趙趙使李牧司馬尚禦之李牧數破走秦軍殺秦將桓齮翦惡之乃多與趙王寵臣郭開等金使爲反間曰李牧司馬尚欲與秦廢趙以多取封於秦趙王疑之使趙

葱及顏聚代將斬李牧廢司馬尚後三月翦因急擊趙大破
殺趙葱虜趙王遷及其將顏聚也　張預曰因其失意之官
或刑戮之子弟凡有隙者厚利使之晉任析公吳納子胥皆
近之

反間者因其敵間而用之

杜佑曰敵使間來視我我知之因厚賂重許反使爲我間也
蕭世誠曰言敵使人來候我我佯不知而示以虛事前卻期
會使師相語是曰反間據通典御覽補　李筌曰敵有間來窺我得
失我厚賂之而令反爲我間也　杜牧曰敵有間來窺我我
必先知之或厚賂誘之反爲我用或佯爲不覺示以僞情而
縱之則敵人之間反爲我用也陳平初爲漢王護軍尉項羽
圍於滎陽漢王患之請割滎陽以西和項王勿聽平曰顧楚

數以爲讓而睢使人行千金於趙爲反間曰秦之所惡獨畏趙括耳廉頗軍易與且降矣趙王既怒廉頗軍多亡失數敗又反堅壁不戰又聞秦反間之言因使括代頗秦聞括將以白起爲上將軍射殺括及坑降卒四十萬　張預曰敵有間來或重賂厚禮以結之告以僞辭或佯爲不知疎而慢之示以虛事使之歸報則反爲我利也趙奢善食秦間漢軍佯驚楚使是也

死間者爲誑事於外令吾間知之而傳於敵通典御覽傳皆作待按此與李筌本同也

杜佑曰作誑詐之事於外佯漏泄之使吾間知之吾間至敵中爲敵所得必以誑事輸敵敵從而備之吾所行不然間則死矣又云敵間來聞我誑事以持歸然皆非所圖也二間皆

不能知幽隱深密故曰死間也蕭世誠曰所獲敵人及已叛亡軍士有重罪繫者故爲貸免相勅勿泄佯不秘密令敵聞竊聞之吾因縱之使亡亡必歸敵必信焉往必死故曰死間　李筌曰情詐爲不足信吾知之令吾動此間而待之此筌以待字爲非傳也　杜牧曰誑者詐也言吾間在敵未知事情我則詐立事跡令吾間憑其詐跡以輸誠於敵而得敵信也若吾進取與詐跡不同間者不能脱則爲敵所殺故曰死間也漢王使酈生下齊下之齊罷守備韓信因而下之田横怒烹酈生此事甚近　梅堯臣曰以誑告敵事乖必殺　王晳曰詐而間使敵得之間以吾詐告敵事決必殺之也　何氏曰如戰國鄭武公欲伐胡先以其子妻胡因問羣臣曰吾欲用兵誰可伐者大夫關思期曰胡可武公怒而戮之曰胡

兄弟之國子言伐之何也胡君聞之以鄭爲親已不備鄭襲而取之此用死間之勢也又班超發于闐諸國兵擊莎車龜茲二國揚言兵少不敵罷散乃陰緩生口歸以告龜茲王喜而不虞超即潛勒兵馳赴莎車大破降之斯亦同死間之勢又李靖伐突厥頡利可汗以唐儉先在突厥結和親突厥不備靖因掩擊破之　張預曰欲使敵人殺其賢能乃令死士持虛僞以赴之吾間至敵爲彼所得彼以誑事爲實必俱殺之我朝曹太尉嘗貸人死使僞爲僧吞蠟彈入西夏至則爲其所囚僧以彈告即下之開讀乃所遺彼謀臣書也戎主怒誅其臣并殺間僧此其義也然死間之事非一或使吾間詐敵約和我反伐之則間者立死酈生烹於齊王唐儉殺於突厥是也

生間者反報也

杜佑曰擇己之有賢材智能能自開通於敵之親貴察其動靜知其事計所爲己知其實還以報我故曰生間　李筌曰往來之使　杜牧曰往來相通報也生間者必取内明外愚形劣心壯趫捷勁勇閑於鄙事能忍饑寒垢耻者爲之　賈林曰身則公行心乃私覘往反報復常無所害故曰生間　梅堯臣曰使智辨者往覘其情而以歸報也　何氏曰如華元登子反之牀而歸又如隋達奚武爲東秦刺史時齊神武趣沙苑太祖遣武覘之武從三騎皆衣敵人衣服至日暮去營數百步下馬潛聽得其軍號因上馬歷營若警夜者有不如法者往往撻之具知敵之情狀以告太祖太祖深嘉焉遂破之　張預曰選智能之士往視敵情歸以報我若婁敬知

非仁義不能使間

孟氏曰太公曰仁義著則賢者歸之賢者歸之則其間可用也　陳皥曰仁者有恩以及人義者得宜而制事主將者旣能仁結而義使則間者盡心而覘察樂爲我用也　梅堯臣曰撫之以仁示之以義則能使　王晳曰仁結其心義激其節仁義使人有何不可　張預曰仁則不愛爵賞義則果決無疑旣啗以厚利又待以至誠則間者竭力

非微妙不能得間之實（通典本微妙作微密御覽同）

杜佑曰精微用意密不泄漏　杜牧曰間亦有利於財寶不得敵之實情但將虛辭以赴我約此須用心淵妙乃能酌其情僞虛實也　梅堯臣曰防間反爲敵所使思慮故宜幾微臻妙　王晳曰謂間者必性識微妙乃能得所間之事實

張預曰間以利害來告須用心淵微精妙乃能察其眞僞

微哉微哉無所不用間也

杜牧曰言每事皆須先知也　梅堯臣曰微之又微則何所不知　王晳曰丁寧之當事事知敵之情也　張預曰密之又密則事無巨細皆先知也

間事未發而先聞者間與所告者皆死通典作先聞其間者與所告者皆死御覽同

杜牧曰告者非誘間者則不得知間者之情殺之可也　陳皞曰間者未發其事有人來告其間者所告者亦與間者俱殺以滅口無令敵人知之　梅堯臣曰殺間者惡其泄殺告者滅其言　[redacted]曰間敵之事泄者當誅告人亦殺恐傳諸衆　張預曰間敵之事謀定而未發忽有聞者來告必與間俱殺之一惡其泄一滅其口秦巳間趙不用廉頗秦乃以白

起爲將令軍中曰有泄武安君將者斬此是已發其事尚不欲泄況未發乎

凡軍之所欲擊城之所欲攻人之所欲殺必先知其守將左右謁者門者舍人之姓名令吾間必索知之

杜佑曰守謂官守職任者謁告也主告事者也門者守門者也舍人守舍之人也必先知之爲親舊有急則呼之則不見呵止亦因此知敵之情　李筌曰知其姓名則易取也　杜牧曰凡欲攻戰必須知敵所用之人賢愚巧拙則量材以應之漢王遣韓信曹參灌嬰擊魏豹問曰魏大將誰也對曰柏直漢王曰是口尚乳臭不能當韓信騎將誰也曰馮敬曰是秦將馮無擇子也雖賢不能當灌嬰步卒將誰也曰項它曰是不能當曹參吾無患矣　陳皡曰此言敵人左右姓名必

須我先知之或敵使來間我當使間去若不知其左右姓名則不能成間者之說漢高伐秦至嶢關張良曰吾聞其將賈豎[illegible]可以利啗之又曰其將雖曰欲和其軍士未肯不如因其懈而擊之乃進兵擊破之又宋華元夜登子反之床以告宋病若非素知門人舍人左右姓名先使開導之又何由得登其床也　梅堯臣曰凡敵之左右前後之姓名皆須審省而令吾間先知則吾間可行矣　王晳曰不可臨事求也　張預曰守將守官任職之將也謁者典賓客之將也門者閽吏也舍人守舍之人也凡欲擊其軍欲攻其城欲殺其人必先知此左右之姓名則可也欲潛入其軍則呼其名姓而往若華元夜登子反之床以告宋病杜元凱註引此文謂元用此術得以自通是也又漢高祖入韓信臥內取其印亦近之

必索敵人之間來間我者，因而利之，導而舍之，通典、御覽無必索二字

杜佑曰：舍，居止也。令吾人遺以重利，復導而舍止之，則可令詭其辭。

故反間可得而用也。

曹公曰：舍，居止也。　杜佑曰：故能取敵之間而用之。　杜牧曰：敵間之來，必誘以厚利，而止舍之，使爲我反間也。　梅堯臣曰：必探索知敵之來間者，因而利誘之，引而舍止之，然後可爲我反間也。　王晳曰：此留敵間以詢其情者也。必謹舍之，曲爲辯說，深致情愛，然後啗以大利，威以大刑，自非至忠於其君王者，皆爲我用矣。　張預曰：索，求也。求敵間之來窺我者，因以厚利誘導而館舍之，使反爲我間也。言舍之者，謂稽留其使也。淹延既久，論事必多，我因得察敵之情。下文言

四間皆因反間而知非久留其人極論其事則何以悉知因是而知之故鄉間內間可得而使也今本通典鄉間作因間後人妄改也杜佑曰因反敵間而知敵情鄉間內間者皆可得使　杜牧曰若敵間以利導之尚可使為我反間因此乃知厚利亦可使鄉間內間也此言使間非利不可故上文云相守數年爭一日之勝而愛爵祿百金不知敵情者不仁之至也下文皆同其義也　陳皞曰此說疎也言敵使間來以利啗之誘令止舍因得敵之情因間內間可使反間誘而使之　梅堯臣曰其國人之可使者其官人之可用者皆因反間而知之張預曰因是反間知彼鄉人之貪利者官人之有隙者誘而使之

因是而知之故死間為誑事可使告敵通典下有因是可得而攻也句御覽同

杜佑曰因誑事而知敵情生間徃反可使知其敵之腹心所在（據通典御覽補）　張預曰因是反間知彼可誑之事使死間徃告之

因是而知之故生間可使如期

杜牧曰可使徃來如期　陳皥曰言五間皆循環相因惟生間可使如期　梅堯臣曰令吾間以誑告敵者須因反間而知敵之可誑也生間以利害覘敵情須因反間而知其疎密則可徃得實而歸如期也　張預曰因是反間知彼之情故生間可徃復如期也

五間之事主必知之

李筌曰孫子殷勤於五間主切知之

知之必在於反間故反間不可不厚也

杜佑曰人主當知五間之用厚其祿豐其財而反間者五間之本事之要也故當在厚待　杜牧曰鄉間内間死間生間四間者皆因反間知敵情而能用之故反間最切不可不厚也　梅堯臣曰五間之始皆因緣於反間故當厚遇之　張預曰人主當用五間以知敵情然五間皆因反間而用則是反間者豈可不厚待之耶

昔殷之興也伊摯在夏

曹公曰伊摯伊尹也

周之興也吕牙在殷

曹公曰吕牙太公也　梅堯臣曰伊尹吕牙非叛於國也夏不能任而殷任之殷不能用而周用之其成大功者爲民也　何氏曰伊吕聖人之耦豈爲人間哉今孫子引之者言五

間之用須上智之人如伊吕之才智者可以用間蓋重之之辭耳　張預曰伊尹夏臣也後歸於殷吕望殷臣也後歸於周伊吕相湯武以兵定天下者順乎天而應乎人也非同伯州犁之奔楚苗賁皇之適晉狐庸之在吳士會之居秦也

故惟明君賢將能以上智爲間者必成大功此兵之要三軍之所恃而動也

李筌曰孫子論兵始於計而終于間者蓋不以攻爲主爲將者可不慎之哉　杜牧曰不知敵情軍不可動知敵之情非間不可故曰三軍所恃而動李靖曰夫戰之取勝此豈求於天地在乎因人以成之歷觀古人之用間其妙非一即有間其君者有間其親者有間其賢者有間其能者有間其助者有間其鄰好者有間其左右者有間其縱横者故子貢史廖

陳軫蘇秦張儀范雎等皆憑此而成功也且間之道有五焉有因其邑人使潛伺察而致辭焉有因其仕子故洩虛假令告示焉有因敵之使矯其事而返之焉有審擇賢能使覘彼向背虛實而歸說之焉有佯緩罪戾微漏我僞情浮計使亡報之焉凡此五間皆須隱祕重之以賞密之又密始可行焉若敵有寵嬖任以腹心者我當使間遺其珍玩恣其所欲順而旁誘之敵有重臣失勢不滿其志者我則啗以厚利詭相親附採其情實而致之敵有親貴左右多辭誇誕好論利害者我則使間曲情尊奉厚遺珍寶揣其所間而反間之敵若使聘於我我則稽留其使令人與之共處矯致慇懃僞相親暱朝夕慰諭倍供珍味觀其辭色而察之仍朝夕令使獨與已伴居我遣聰耳者潛於複壁中聽之使旣遲違恐彼惟責

必是竊論心事我知事計遣使用之且夫用間間人人亦用間以間已已以密往人以密來理須獨察於心參會於事則不失矣若敵人來候我虛實察我動靜覘知事計而行其間者我當佯爲不覺舍止而善飯之微以我僞言誑事示以前卻期會則我之所須爲彼之所失者因其有間而反間之彼若將我虛以爲實我卽乘之而得志矣夫水所以能濟舟亦有因水而覆沒者間所以能成功亦有憑間而傾敗者若束髮事主當朝正色忠以盡節信以竭誠不詭伏以自容不權宜以爲利雖有善間其可用乎　陳皞曰晉伯州犁奔楚楚苗賁皇奔晉及晉楚合戰於鄢陵苗奔皇在晉侯之側伯州犁侍於楚王二人各言舊國長短之情然則晉所以勝楚者楚所以敗者其故何也二子則有優劣也是知用間之道間

敵之情得不慎擇其人深究其說也故上文云非聖智莫能用間者夫聖智知人人卽附之賢者受知則戮力爲效非聖非智必猜必忌公道不啟仁義不施則義士賢人因而銜憤此將上天不祐幽有鬼神設無人事之變恐有陰誅之禍豈上智之士爲其用哉故上文云非仁義莫能使間然則湯武之聖伊呂宜用伊呂獲用事宜必濟聖賢一會交泰時乘道合乾坤功格霄宇當其耕夫於畎畝釣叟於渭濱知我者誰能無念也　賈林曰軍無五間如人之無耳目也　王晳曰未知敵情也不可動也　張預曰用師之本在知敵情故曰此兵之要也未知敵情則軍不可舉故曰三軍所恃而動也然處十三篇之末者蓋非用兵之常也若計戰攻形勢虛實之類兵動則用之至於火攻與間則有時而爲耳

孫子十家註卷十三終

傳古樓景印

“四部要籍選刊”已出書目

序號	書名	底本	定價 / 圓
1	四書章句集注（3 册）	清嘉慶吴氏刻本	150
2	阮刻周易兼義（3 册）	清嘉慶阮元刻本	150
3	阮刻尚書注疏（4 册）	清嘉慶阮元刻本	200
4	阮刻毛詩注疏（10 册）	清嘉慶阮元刻本	500
5	阮刻禮記注疏（14 册）	清嘉慶阮元刻本	700
6	阮刻春秋左傳注疏（14 册）	清嘉慶阮元刻本	700
7	杜詩詳注（9 册）	清康熙四十二年初刻本	450
8	文選（12 册）	清嘉慶十四年胡克家影宋刻本	600
9	管子（3 册）	明萬曆十年趙用賢刻本	150
10	墨子閒詁（3 册）	清光緒毛上珍活字印本	150
11	李太白文集（8 册）	清乾隆寶笏樓刻本	400
12	韓非子（2 册）	清嘉慶二十三年吴鼒影宋刻本	98
13	荀子（3 册）	清乾隆五十一年謝墉刻本	148
14	文心雕龍（1 册）	清乾隆六年黄氏養素堂刻本	148
15	施注蘇詩（8 册）	清康熙三十九年宋犖刻本	398
16	李長吉歌詩（典藏版）（1 册）	顧起潛先生過録何義門批校 清乾隆王氏寶笏樓刻本	198
17	阮刻毛詩注疏（典藏版）（6 册）	清嘉慶阮元刻本	598
18	阮刻春秋公羊傳注疏（5 册）	清嘉慶阮元刻本	298

序號	書名	底本	定價 / 圓
19	楚辭（典藏版）（1 册）	清汲古閣刻本	148
20	阮刻儀禮注疏（8 册）	清嘉慶阮元刻本	398
21	阮刻春秋穀梁傳注疏（3 册）	清嘉慶阮元刻本	164
22	柳河東集（8 册）	明三徑草堂本	398
23	阮刻爾雅注疏（3 册）	清嘉慶阮元刻本	164
24	阮刻孝經注疏（1 册）	清嘉慶阮元刻本	55
25	阮刻論語注疏解經（3 册）	清嘉慶阮元刻本	164
26	阮刻周禮注疏（9 册）	清嘉慶阮元刻本	480
27	阮刻孟子注疏解經（4 册）	清嘉慶阮元刻本	218
28	孫子十家注（2 册）	清嘉慶二年刻本	108

圖書在版編目（CIP）數據

孫子十家注 /（春秋）孫武著．-- 杭州：浙江大學出版社，2022.8（2024.12 重印）
（四部要籍選刊 / 蔣鵬翔主編）
ISBN 978-7-308-19941-4

Ⅰ．①孫… Ⅱ．①孫… Ⅲ．①兵法－中國－春秋時代②《孫子兵法》－注釋 Ⅳ．①E892.25

中國版本圖書館 CIP 數據核字（2019）第 297248 號

孫子十家注
SUNZI SHIJIA ZHU
（春秋）孫武 著

叢書策劃 陳志俊
叢書主編 蔣鵬翔
責任編輯 胡　畔
責任校對 趙　静
封面設計 温華莉
出版發行 浙江大學出版社
（杭州市天目山路 148 號 郵政編碼 310007）
（網址：http://www.zjupress.com）
排　　版 杭州尚文盛致文化策劃有限公司
印　　刷 浙江海虹彩色印務有限公司
開　　本 850mm×1168mm 1/32
印　　張 20
彩　　插 1
字　　數 78 千
印　　數 1001—1500
版 印 次 2022 年 8 月第 1 版 2024 年 12 月第 2 次印刷
書　　號 ISBN 978-7-308-19941-4
定　　價 108.00 圓（全二册）

浙江大學出版社市場運營中心聯繫方式：(0571)88925591;http://zjdxcbs.tmall.com